8° 11500 (76).

8° 57370

RELATIONS POLITIQUES DU PAPE URBAIN V

AVEC

LES ROIS DE FRANCE JEAN II ET CHARLES V

MACON, IMP. PROTAT FRÈRES

BIBLIOTHÈQUE

DE L'ÉCOLE

DES HAUTES ÉTUDES

PUBLIÉE SOUS LES AUSPICES

DU MINISTÈRE DE L'INSTRUCTION PUBLIQUE

___

SCIENCES PHILOLOGIQUES ET HISTORIQUES

___

SOIXANTE-SEIZIÈME FASCICULE

ÉTUDE SUR LES RELATIONS POLITIQUES DU PAPE URBAIN V AVEC LES ROIS
DE FRANCE JEAN II ET CHARLES V (1362-1370),
PAR MAURICE PROU.

PARIS

F. VIEWEG, LIBRAIRE-ÉDITEUR

E. BOUILLON ET E. VIEWEG, SUCCESSEURS
67, RUE DE RICHELIEU, 67

1888

A

MON PÈRE

ÉTUDE

SUR LES RELATIONS POLITIQUES DU PAPE URBAIN V

AVEC

LES ROIS DE FRANCE JEAN II ET CHARLES V

(1362-1370)

Le séjour des papes à Avignon eut pour la France d'heureux résultats. Nos rois n'eurent garde de le laisser infructueux pour leur politique. Ils surent gagner la faveur des souverains pontifes, dont l'autorité était reconnue de toute l'Europe et dont la voix ne se faisait jamais entendre sans qu'on y prît garde. On vit l'influence française grandir chaque jour dans le collège des cardinaux, jusqu'à y devenir prépondérante. Aussi, du moment que la guerre eut éclaté entre la France et l'Angleterre, les papes ne cessèrent de s'entremettre entre les deux nations rivales. Leur intervention provoqua diverses trêves. Mais il semble que la papauté se soit montrée plus favorable au roi de France qu'à son ennemi. Philippe VI et Jean II trouvèrent le trésor pontifical toujours ouvert. Dans leurs embarras financiers, ils ne manquèrent pas d'y recourir [1]. Innocent VI aida le roi Jean à payer sa rançon [2]. Quelques jours avant sa mort, il prêtait une somme de dix mille florins [3] au maréchal Arnoul d'Audrehem, lieutenant du Lan-

---

1. Voyez Faucon, *Prêts faits au roi de France par Clément VI, Innocent VI et le comte de Beaufort*, dans *Bibliothèque de l'École des Chartes*, t. XL, p. 570.

2. Voyez Luce, *Histoire de Bertrand du Guesclin*, p. 367.

3. « Die eadem (ultima die mensis octobris 1364), cum dia VI[a] mensis septembris, anno Domini millesimo CCCLXII proxime preterito, dominus Ranulphus miles, dominus d'Audenam, marescallus, et Petrus Scatisse, thesaurarius Francie, ambo insimul habuissent et recepissent mutuo a felicis recordationis domino Innocentio papa sexto et ejus camera apostolica, de pecuniis ejusdem camere, pro necessitatibus dicti regni, decem milia florenorum auri in II[m] VIII[c] LXVIII franch. auri, V[m] III[c] regal. novis,

1

guedoc, et à Pierre Scatisse, trésorier de France, qui se trouvaient dans le plus grand embarras pour payer aux routiers et aux Espagnols cent mille florins qu'ils leur avaient promis par un traité conclu le 23 juillet précédent avec Henri de Trastamarre.

Ce fut pour demander à Innocent VI de nouveaux subsides et acquérir une couronne qu'en l'an 1362 le roi Jean se dirigea vers Avignon. Il suivait l'exemple de son père, Philippe de Valois, qui en 1336 s'était rendu auprès de Benoît XII. Ces deux voyages présentent des analogies. Philippe et Jean en profitèrent pour visiter la Bourgogne et les parties méridionales de leur royaume. Tous deux reçurent la croix des mains du souverain pontife; mais les circonstances empêchèrent le fils, comme le père, d'accomplir son vœu. Le roi Jean quitta Paris vers le 29 août 1362 [1]. Il s'achemina lentement à travers la Bourgogne. Le 19 octobre nous le trouvons à Chalon-sur-

VIIe LXXX regal. de primis(?), CLXX flor. auri Francie, que omnes monete reducte ad franchos valent VIII^m CLXI franch. auri, per ipsos marescallum et thesaurarium Francie solvendos dicte camere in festo Omnium Sanctorum ex tunc proxime secuturo, prout in instrumento per dominum Johannem Palaysini, notarium predicte camere, super hiis recepto plenius continetur ; hinc est quod predicti marescallus et thesaurarius Francie pro complemento dicte summe de alia predicta majori summa per manus Colini Bertrandi, servientis armorum domini nostri pape, die ista ultima hujus mensis octobris solvi et assignari fecerunt M. Ve XXXIII franchos bonos, X s. monete Avinionis. » (Archives du Vatican, *Introitus et exitus*, registre 305, fol. 72.)

1. Les *Grandes Chroniques*, éd. Paulin Paris, t. VII, p. 226, disent : « L'an de grace 1362 au moys d'aoust, le roy de France, Jehan, se parti de Paris pour aler à Avignon visiter le pape Innocent, qui lors vivoit. » Froissart (éd. Luce, l. I, § 499, t. VI, p. 78) est plus précis : « Si fist li dis rois faire ses pourveances et se parti de le cité de Paris entours le Saint Jehan Baptiste, l'an mil trois cens soissante et deux. » Baluze (*Vitæ papar. Aven.*, t. I, col. 982) a conclu de ce passage de Froissart, que le roi avait quitté Paris à la fin de juin ; M. Luce remarque que Froissart commet une grave erreur de date (Froissart, éd. Luce, t. VI, p. XXXVIII). Cependant, si l'on suppose que Froissart a voulu désigner par la Saint Jean-Baptiste, non la Nativité, mais la Décollation de Saint Jean, qui tombe le 29 août, les deux témoignages des *Grandes Chroniques* et de Froissart concordent. Du fait que des lettres du roi Jean, datées du 20 septembre, sont encore données à Paris, on ne peut inférer que le départ du roi Jean est postérieur à cette date. Car des lettres données à Paris pendant les mois de décembre 1362, janvier et février 1363, époque à laquelle il est certain que Jean était à Villeneuve-lès-Avignon, portent encore la suscription royale. Voyez *Ordonnances*, t. IV, p. 223 ; t. III, p. 607 ; t. III, p. 609, t. IV, p. 225, et la note de Pardessus, dans la *Table chronologique des Ordonnances*, p. 153, note 3.

Saône [1]. C'est là, ou tout au moins dans le Chalonnais, qu'il dut apprendre la mort d'Innocent VI, survenue le 12 septembre. Les cardinaux lui firent porter la nouvelle par Geoffroy, évêque d'Autun, et Hugues de Fay, doyen d'Orléans [2].

Sur vingt-et-un cardinaux formant alors le sacré collège, dix-huit étaient Français [3]. L'un d'eux, Androin de la Roche, le négociateur de la paix de Brétigny, créé cardinal à la requête des rois de France et d'Angleterre, n'avait pas encore été introduit dans le consistoire, et aucun titre ne lui avait été assigné. Il était arrivé à la cour pontificale au moment où Innocent VI mourait. Certains de ses collègues faisaient difficulté de l'admettre dans le conclave. On finit toutefois par décider qu'il aurait voix à l'élection du nouveau pape [4]. D'autres dissensions plus graves s'élevèrent au sein du conclave. Il paraîtrait que six des cardinaux qui étaient du diocèse de Limoges voulaient élire l'un d'entre eux; d'autres s'y opposaient en raison de la récente annexion du Limousin à la couronne d'Angleterre [5].

Les cardinaux de Périgord et de Boulogne prétendaient à la tiare. On résolut de s'en remettre à leur décision pour le choix d'un pontife. Ni l'un ni l'autre ne voulant renoncer à ses prétentions, ils choisirent pour succéder à Innocent VI un personnage étranger au sacré collège, Guillaume Grimoard, depuis peu abbé de Saint-Victor de Marseille [6]. Il était fils de Guillaume Grimoard, seigneur de Grisac, au diocèse de Mende,

1. Mandement du roi Jean, daté de Chalon-sur-Saône, le 19 octobre 1362, cité dans la *Collection de Bourgogne* (Bibl. Nat.), vol. 21, fol. 4.

2. « Die XVII februarii (1363) soluti fuerunt de ordinatione camere apostolice domino Gaufrido, episcopo Eduensi, nuper unacum domino Hugone Faydici, decano Aurelianensi, dicte camere clerico, videlicet Sede vacante missis per dominos cardinales et camerarium domini nostri pape ex certis de causis ad dominum regem Francie, qui erat in Cabilonensi, pro expensis per ipsos dominos episcopum et Hugonem ac eorum familiares eundo, stando et redeundo, magistro P. Pelhisaudi, socio dicti domini episcopi, pro ipsis manualiter recipiente, IIII^c XXII flor. fortes. » (Archives du Vatican, *Introitus et exitus*, reg. 298, fol. 94.)

3. Voyez la liste des cardinaux dans Ciacconius, *Histor. Pontificum*, t. II, col. 546.

4. *Prima Vita Urbani V*, dans Baluze, *Vitæ papar. Aven.*, t. I, col. 364.

5. Ciacconius, *Ibid.*, col. 545; Raynaldi, *Annales eccles.*, a. 1362, § 6.

6. Froissart, éd. Luce, l. I, § 500, t. VI, p. 78 ; *Chronique des quatre premiers Valois*, éd. Luce, p. 133.

et d'Amphélise de Montferrand [1]. Aussi éminent par la piété que par la science, il avait été distingué par Clément VI et Innocent VI, qui, à diverses reprises, lui confièrent des missions délicates en Italie. Innocent venait encore de l'y envoyer, non pas, comme certains historiens l'ont prétendu [2], pour apaiser une querelle entre le légat et Bernabo Visconti, mais pour veiller à ce qu'il ne fût pas entrepris contre les droits du Saint-Siège sur le royaume de Naples, pendant le veuvage de la reine Jeanne [3]. Nous ne savons pas le lieu où il se trouvait quand il apprit son élection. Il revint en toute hâte à Marseille. De là jusqu'à Avignon, le voyage fut rendu pénible par suite du débordement du Rhône et de la Durance [4]. Il fit son entrée

1. Voyez, sur la famille d'Urbain V, Baluze, *Vitæ papar. Aven.*, t. I, col. 363 et 976. Voici l'indication de quelques documents tirés des *Archives du Vatican* et relatifs au père d'Urbain V. Bulle donnée à Avignon le 19 juillet 1364, par laquelle le pape autorise son père à faire choix d'un confesseur : « Dil. filio nob. viro Guillelmo Grimoardi, domino de Grisaco et de Bellagarda, militi Mimatensis diocesis, salutem etc. Benigno sunt tibi illa concedenda favore per que.... Dat. Avinione, XIIII kal. augusti, pont. nostri anno secundo. » (Reg. 251, fol. 296, n° 367.) — Bulle du 16 novembre 1364, « Dat. Avinione, XVI kal. decembris, anno tercio », adressée au roi de France, auquel le pape recommande Armand, vicomte de Polignac « vicecomes Podompniaci, miles Mimatensis diocesis », vassal du roi, et dont Guillaume de Grisac, son père « genitor noster », tenait sa terre pour la plus grande partie (Reg. 247, fol. 4 v°). — Dans une autre bulle du 20 janvier 1366, Urbain V recommande à nouveau au roi le même vicomte qui, sur l'ordre de Charles V, s'apprêtait à gagner l'Angleterre comme otage. « Carissimo in Christo filio Carolo, regi Francie illustri, salutem, etc. Affectum sincerissime dilectionis..... Dat. Avinione, XII kal. februarii, anno quarto. » (Reg. 248, fol. 30). — Les obsèques de Guillaume Grimoard furent faites aux frais de la chambre apostolique : « Die eadem (V novembris 1366) facto computo cum prefato domino Bertrando (Nogairoli) de fusta per eum empta pro capella exequiarum domini Guillelmi Grimoardi, quondam domini de Grisaco, patris domini nostri pape, in Romana curia defuncti, et certis aliis expensis solutis per ipsum dominum Bertrandum ratione dictarum exequiarum, repertum est sibi deberi, prout in dicto libro magno est expressum, LX libr. IIII s. IIII d. ob., que summa fuit sibi soluta, ipso manualiter recipiente, singulis florenis ut proxime supra computatis, in XLV flor. camere XXIII s. I d. ob. » (Archives du Vatican, *Introitus et exitus*, reg. 315.)

2. Baluze, *Vitæ papar. Aven.*, t. I, col. 978.

3. Voyez plus loin, p. 10, note 1, une bulle où Urbain V dit en parlant de lui : « nuper apud eandem excellenciam (*id est* reginam) ex mandato apostolico constituti. »

4. « Tanta vero fuit inundatio Rhodani et Durantiæ quod usque ad fossata pertingeret civitatis, et dominus papa intrare non potuit usque in vigilia Omnium Sanctorum. » (2ª *Vita Urbani V*, dans Baluze, *Vitæ papar.*

à Avignon le 30 octobre, suivant l'auteur des Grandes Chroniques [1], et seulement le 31, au dire d'un de ses biographes [2] qui, on doit le remarquer, est particulièrement bien informé de tout ce qui touche le voyage du nouveau pape et les cérémonies de son intronisation.

La biographie d'Urbain V, publiée par Baluze sous le titre de *Prima Vita Urbani V*, rapporte son élection au 28 octobre [3]; et les Grandes Chroniques au 27 du même mois [4]. Soit que ces chroniqueurs aient voulu désigner le jour où les cardinaux arrêtèrent leur choix sur Guillaume Grimoard, soit qu'ils aient entendu parler du jour où fut publié le résultat des délibérations du sacré collège, dans l'un et l'autre cas, ils ont commis une erreur. En effet, Guillaume Grimoard, qui était en Italie, ne reçut avis de revenir à la cour romaine qu'après que les cardinaux furent tombés d'accord sur son élévation au trône pontifical, c'est-à-dire l'élection une fois faite, sinon rendue publique. Or, l'intervalle compris entre le 27 ou le 28 octobre, et le 6 novembre, jour où il n'est pas douteux que Grimoard, devenu Urbain V, ait été couronné à Avignon, est insuffisant pour parcourir deux fois la distance qui sépare Avignon de l'Italie, si rapproché de la France qu'on suppose l'endroit où l'on dut aller chercher le nouveau pape. La publication de l'élection n'eut pas lieu davantage le 27 ou le 28 octobre. Nous avons sur ce point trois témoignages. D'abord la première Vie d'Urbain V dit que les cardinaux, incertains si

Aven., t. I, col. 399.) — « Die XIX mensis novembris (1362) soluti fuerunt Raymundo Amelii, naucherio de Tarascone, et certis aliis naucheriis' qui conduxerunt in portu Novarum (Noves, arr. Arles, canton Château-Renard) dominum nostrum papam in suo adventu in quo erant magne inundationes aquarum, ipso R. manualiter recipiente, XV floreni fortes. » (Archives du Vatican, *Introitus et exitus*, reg. 298, fol. 76.)

1. *Grandes Chroniques,* éd. Paulin Paris, t. VI, p. 227.

2. « Die vero XXVIII (octobris) cum dominus Guillelmus papa futurus aplicuisset Massiliam, eodem die misit dominis cardinalibus adhuc in conclavi existentibus consensum electionis de se facte. Tanta vero fuit inundatio....., et dominus papa intrare non potuit usque in vigilia Omnium Sanctorum; tuncque inthronizatus fuit, et facta insinuatione ad populum quod Urbanus quintus vocaretur..... Die quoque dominica sequenti..... fuit in palatio coronatus. » (2ᵃ *Vita Urbani V*, dans Baluze, *op. cit.*, t. I, col. 399.)

3. Baluze, *op. cit.*, t. I, col. 363.

4. « Et le jeudi 27ᵉ jour d'octobre, veille de la Saint Symon et Saint Jude, l'an 1362 dessus-dit..... esleurent (les cardinaulx) en pape l'abbé de Marseille... » (*Grandes Chroniques*, éd. P. Paris, t. VI, p. 226.)

l'abbé de Saint-Victor consentirait à son élection, attendirent qu'il fût arrivé près d'eux pour faire connaître le résultat de leurs discussions [1]. La seconde Vie est plus précise. Elle note que Guillaume Grimoard fut proclamé pape et intronisé le 31 octobre [2]; en quoi elle est d'accord avec un troisième document, celui-ci officiel, je veux parler de la mention transcrite en tête de chacun des registres de la chambre apostolique : « Remarquez que notre seigneur le pape a été créé pape le lundi, dernier jour du mois d'octobre [3]. » Mais on peut expliquer l'erreur du premier biographe d'Urbain V et par suite celle des Grandes Chroniques, qui n'est guère différente. En effet, la seconde Vie d'Urbain V nous apprend que le nouveau pape débarqua à Marseille le 28 octobre [4] et qu'aussitôt il fit savoir au sacré collège qu'il consentait à son élection. Il est donc probable que la lettre qu'il dut écrire à ce sujet, datée du 28 octobre, aura été connue du biographe et, comme il ne manquait à l'élection pour être complète que l'adhésion de l'élu, il aura considéré Guillaume Grimoard comme devenu pape du jour où cette dernière formalité avait été remplie. Il ne prenait pas garde que la réponse de Guillaume ne put parvenir aux cardinaux le même jour où elle avait été expédiée et que l'élection ne fut rendue publique qu'une fois cette réponse connue. L'abbé de Saint-Victor fut donc créé pape sous le nom d'Urbain V, le 31 octobre 1362 et couronné le 6 novembre suivant.

Cette élection, à en croire le continuateur de Guillaume de Nangis, fit murmurer en France [5]; on trouvait singulier que les cardinaux, qui avaient parmi eux des hommes remarquables, eussent élevé un simple abbé à la dignité pontificale. Si les mécontents avaient pu prévoir la conduite que tiendrait le nouveau pape, ils n'auraient eu garde de blâmer l'élection

1. « Non tamen eam (electionem) publicaverunt (cardinales) donec et quousque ipse personaliter ad ipsos venit, hæsitantes an electioni suæ hujusmodi suum vellet præbere assensum. » (Baluze, *op. cit.*, t. I, col. 364.)
2. Voyez la note 5 de la page 2.
3. « Attende quod dominus noster prefatus fuit creatus papa die lune ultima mensis octobris eodem anno a Nativitate (M. IIIᵉ sexagesimo secundo) et coronatus die dominica sequenti VI novembris, qua die VI incipitur ejus pontificatus. » (Archives du Vatican, *Introitus et exitus*, reg. 298, fol. 1.)
4. Voyez la note 5 de la page 2.
5. Guillaume de Nangis, éd. Géraud, t. II, p. 321.

d'un homme qui devait employer son autorité à rétablir la paix dans le royaume.

Dès le 7 novembre, Urbain V informait le roi de France de sa promotion au pontificat [1]. Après lui avoir rappelé brièvement ses devoirs de roi et la protection que l'Eglise attendait de lui, il l'assurait de son entier dévouement à la maison de France et de son amour pour le royaume où il était né et où il avait été initié aux belles-lettres. Dans une autre bulle de la même date [2], il lui faisait part de l'impatience avec laquelle il attendait son arrivée à Avignon.

Dès le mois d'octobre, le Dauphin avait fait mander par le seigneur de Vinay à Raoul de Louppy [3], gouverneur du Dauphiné, d'aller au devant du roi Jean au pays de Lyonnais avec une escorte de prélats et de bannerets. Le gouverneur partit de Romans, où il faisait résidence, le vendredi 21 octobre; il avait avec lui le sire de Vinay, et un de ses chevaliers, messire Gui Couper, les gens de son hôtel et plusieurs autres personnages. Raoul dut attendre le roi à Lyon. Celui-ci y était le 2 novembre. Le gouverneur ne demeura à Lyon que quatre jours; après avoir pris les ordres du roi, il regagna le Dauphiné, où il était de retour le 5 novembre [4].

Le roi voyageait plus lentement. S'il est vrai, comme le dit Froissart, qu'il ne négligeait chemin faisant aucune occasion

---

1. « Carissimo in Christo filio Johanni, regi Francie illustri, salutem, etc. Salvator noster, etc. ut supra usque : ut est moris. Tuam igitur serenitatem paternis affectibus monemus et hortamur in Domino ac rogamus attente quatinus perseveranter in Domini timore persistens ipsius studeas custodire mandata, colens justiciam et diligens equitatem, virtuosos exaltans et reprimens contumaces, memor quod ad extollenda bonorum preconia et refrenandas insolencias transgressorum accepisti a Domino potestatem, prefatamque Romanam aliasque ecclesias et personas ecclesiasticas tuo indigentes presidio precipimus habeas favoribus commendatos, ceterum de nobis, sicut de benivolo patre confidas; nos enim excellenciam tuam nobis carissimam tuumque regnum, in quo nati sumus et studiis litterarum institimus, semper continere proponimus in visceribus caritatis, eaque, prout cum Deo poterimus, apostolicis fovere presidiis et graciis honorare. Dat. ut supra (Dat. Avinione, VII idus novembris, anno primo). » (Archives du Vatican, registre 245, fol. 8.)

2. Raynaldi, *Annales eccles.*, a. 1362, § X.

3. Raoul était seigneur de Louppy, auj. Louppy-le-Château, Meuse, arr. de Bar-le-Duc, cant. de Vaubecourt.

4. Voyez *Compte de Raoul de Louppy*, publié par M. Chevalier. Romans, 1886, in-8°, art. 67, p. 25, et art. 19, p. 5. — Sur le *Compte de Raoul de Louppy*, voyez *Bibliothèque de l'Ecole des Chartes*, année 1886, p. 567.

de s'ébattre, toutefois c'était là sa moindre préoccupation. Il trouvait dans ce voyage un moyen de visiter les provinces éloignées de sa résidence habituelle et de s'entretenir avec ses officiers, qu'il faisait venir à sa rencontre. Ainsi, nous voyons le pape présenter au roi les excuses de Garcibaud, bailli du Vivarais et du Valentinois, qui, retenu à la cour d'Avignon par Urbain V, n'avait pu se rendre auprès de son souverain quand il passait sur les terres confiées à son administration[1].

Pour conserver son indépendance vis à vis du souverain pontife, Jean s'installa à Villeneuve-lès-Avignon ; un pont le séparait du pape, mais il restait sur ses propres domaines. On constate sa présence à Villeneuve dès le 16 novembre 1362[2]. Il fit son entrée à la cour d'Avignon le 20 novembre[3]. Les cardinaux vinrent à sa rencontre à Villeneuve et l'escortèrent jusqu'au palais d'Avignon où le Saint-Père l'attendait. Urbain V le reçut à la porte du palais et lui fit cet honneur singulier comme au plus noble des rois chrétiens[4]. Il lui offrit des présents, à lui et à sa suite : au roi, il donna une vaisselle d'or[5], à ses jongleurs, il fit distribuer une somme de cent florins[6]. Le 22 novembre, le roi assista à une grande solennité religieuse, la translation du corps d'Innocent VI de l'église Notre-Dame-des-Doms, où il avait été provisoirement déposé, à la Chartreuse de Villeneuve, que ce pape avait fondée[7].

1. Bulle du 15 novembre 1362, *Pièces justificatives*, n° II.

2. Voyez des lettres du roi Jean citées par Baluze, *Vitæ papar. Aven.*, t. I, col. 982.

3. *Secunda Vita Urbani V*, dans Baluze, *op. cit.*, t. I, col. 400, et *Grandes Chroniques*, éd. P. Paris, t. VI, p. 227.

4. *Chronique des quatre premiers Valois*, éd. Luce, p. 126.

5. « Die eadem (XX decembris 1362), facto computo cum Johanne Vesati de Ruthena de reparatione et refectione certe vaxelle auri date per dominum nostrum papam domino regi Francie et ejus filio, repertum est sibi deberi, prout in magno libro lacius continetur, et fuit eidem satisfactum, ipso manualiter recipiente, LXXXIIII floreni fortes, VIII s. » (Archives du Vatican, *Introitus et exitus*, reg. 298, fol. 82.)

6. « Die XXIIII novembris (1362) soluti fuerunt de mandato domini nostri pape domino [*lacune dans le manuscrit*], domino de Monteferrando, militi Mimatensis diocesis, per ipsum de dicto mandato, distribuendi joculatoribus domini regis Francie in suo novo adventu ex dono speciali per dominum nostrum papam ipsis joculatoribus facto, ipso domino de Monteferrando pro ipsis joculatoribus manualiter recipiente, C floreni fortes. » (Archives du Vatican, *Introitus et exitus*, reg. 298, fol. 76 v°.)

7. « Die eadem (ultima novembris 1362), facto computo cum magistro G. Adzem[ari], ucherio domini nostri pape, de expensis per ipsum factis pro

Les motifs qui avaient déterminé le roi à se rendre auprès du pape ont échappé, du moins en partie, à la plupart des chroniqueurs français [1]. Pour Froissart [2], c'est surtout un voyage d'agrément; tout au plus signale-t-il l'intérêt du roi à visiter sa nouvelle acquisition, la Bourgogne. Le continuateur de Nangis dit que le roi voulait épouser Jeanne, reine de Naples [3] : il y a ici une erreur; c'est pour son fils Philippe, duc de Touraine, et non pour lui-même, que le roi de France sollicitait la main de la reine Jeanne. Cependant l'auteur de la Chronique des Quatre premiers Valois a mieux saisi le caractère et le but de ce voyage : « Jehan le noble roy de France... ala en Avignon... pour plusieurs causes et principalement pour sa délivrance et de ses hostages plus briefment expédier [4]. » Il ajoute qu'en vrai catholique il voulait se croiser et confondre les ennemis de la foi; rien ne justifie cette dernière assertion; en novembre 1362 le roi ne songeait pas encore à prendre la croix; du moins il n'en avait pas manifesté l'intention. De tous les contemporains, c'est Mathieu Villani qui est le mieux renseigné sur l'objet du voyage [5]. Le roi de France, dit-il, après avoir visité le Saint-Père et s'être réjoui avec lui de son couronnement, lui adressa quatre requêtes. Il lui demanda la création de quatre cardinaux, une décime sur les revenus de

funeralibus et exequiis domini Innocentii pape VI, quando fuit translatus, videlicet die XXII hujus mensis novembris, de ecclesia Beate Marie de Dompnis, ubi fuit depositus in comenda, ad domum Cartusiensem Ville Nove in quia dicta die fuit sepultus et etiam pro tota novenna in dicta domo Cartusiensi, repertum est sibi deberi, prout in magno libro lacius continetur, M. II^c LXIII libre XVI solidi, que summa fuit eidem soluta, singulis florenis pro XXIIII sol., manualiter ipso recipiente, in MLIII floren. fortes IIII sol. » (Archives du Vatican, *Introitus et exitus*, reg. 298, fol. 80.)

1. Voyez Luce, *Duguesclin*, p. 368.

2. Froissart, éd. Luce, l. I, § 499, t. VI, p. 78.

3. « Ut copularet sibi in uxorem dominam Joannam viduam reginam Appuliæ et Siciliæ... » (Contin. Guill. de Nangis, dans Dachery, *Spicileg.*, in-fol., t. III, p. 129.)

4. *Chronique des quatre premiers Valois*, éd. Luce, p. 125.

5. « Quattro cose dopo la visitatione e rallegramento di sua coronazione domandò il re di Francia al Santo Padre : in prima, quattro cardinalli de' primi facesse; appresso, sei anni le rendite di santa Chiesa in suo reame, domandando di poterle in tre anni ricoglierle per ajuto a pagare il re d'Inghilterra di quello che per li patti della pace fare li dovea; la terza domanda fu che li piacesse per mezanità sua seguire il trattato della pace con messer Bernabò, promettendoli di fare stare contento messe Bernabò a quattrocento migliaja di fiorini, li quali dovesse pagare la chiesa al re in otto anni, cinquanta mila per anno, mostrando che ciò gli era in grande acconcio

l'église de France, le droit de négocier pour la paix entre Bernabo et l'Église romaine, et la main de Jeanne, reine de Naples et comtesse de Provence, pour son fils.

Cette dernière affaire était une de celles dont le succès tenait le plus au cœur du roi Jean. Mais s'il voulait que son projet réussît, il était grand temps qu'il intervînt et qu'il fît agir le pape. Car Jeanne songeait à s'unir à Jacques, roi de Majorque, et les négociations de ce côté étaient déjà fort avancées. Dès le lendemain de son avènement au trône pontifical, Urbain V adressait trois bulles à la reine Jeanne, l'une pour l'assurer de son affection et de son dévouement [1], l'autre [2] pour lui permettre de se marier avec une personne quelconque, même si elle lui était unie par les liens du sang au troisième degré, la troisième pour approuver son projet de mariage avec le roi de Majorque [3]. « La concession du royaume de Sicile, lui écrivait Urbain V, faite jadis par l'Eglise romaine à Charles, premier roi de Sicile, votre ancêtre, porte entre entre autres clauses qu'au cas où les héritiers mâles venant à manquer, une femme non mariée succèdera audit royaume, elle sera tenue d'épouser un homme capable de gouverner et de défendre son royaume, appartenant à la religion catholique et dévoué à

alle faccende che fare havea con il re d'Inghilterra, affermando che messer Bernabò gliene facea sovenenza quel tempo che a lui piacesse. La quarta domanda fu che piacesse a sua Santità dare opera che la reina Giovanna fosse sposa del figliuolo ; a questa ultima il papa prima rispose che quanto per se esso n'era molto contento e gli piacca quando il figliuolo dimorasse nel regno e prestasse il saramento e il debito censo a santa chiesa e dove fosse in piacere della reina, cui ne conforterebbe; all' altre domande disse al re che n' harebbe suo consiglio. » (Villani, l. XI, c. XXXII, dans Muratori, *Scriptores*, t. XIV, col. 714).

1. « Carissime in Christo filie Johanne, regine Sicilie illustri, salutem, etc. Salvator noster etc. ut supra usque : ut est moris. Ad premissa igitur..... Nos enim magnitudinem tuam nobis carissimam ex debito apostolatus officii et ex precipuo affectu quem ad te, per quam et tuos subditos, nuper apud eandem excellenciam ex mandato apostolico constituti, honorati multipliciter fuimus semper, habere proponimus in visceribus caritatis eamque, prout cum Deo poterimus, apostolicis fovere presidiis et gratiis honorare. Dat. ut supra (VII° idus novembris). » (Archives du Vatican, reg. 245, fol. 8 v°.)

2. Bulle de la même date, Archives du Vatican, reg. 252, fol. 50, n° 161. Urbain V permet à la reine Jeanne de se marier « cum quocumque qui tibi in quarto et tercio eciam duplici consanguinitatis et eciam affinitatis gradu ex utroque latere vel in quarto ex uno et tercio ex altero lateribus sit conjunctus. »

3. *Pièces justificatives*, n° I.

l'Église romaine, et cela, après avoir préalablement consulté le souverain pontife. Autrement, celui-ci pourra sans aucune forme de procès et en dehors de toute solennité juridique, la priver de sa couronne, quel que soit son âge, s'il le juge opportun. Vous nous avez fait respectueusement exposer que, souffrant des inconvénients du veuvage, et en vue de procurer à votre royaume un heureux gouvernement et une protection, vous croyez utile, et c'est aussi l'avis de vos conseillers, de vous unir à un homme courageux, noble, prudent, magnanime, qui sache gouverner sagement et défendre votre royaume. Vous avez, vous et vos conseillers, jugé que notre très cher fils dans le Christ, Jacques, illustre roi de Majorque, était digne de devenir votre époux, et vous nous avez, à ce sujet, demandé conseil. Nous donc ayant, après mûre délibération, reconnu que ledit roi était personne catholique et dévouée à l'Eglise romaine, nous avons approuvé les sentiments d'estime que vous avez pour lui, et c'est pourquoi nous consentons à ce que vous vous unissiez à lui par les liens du mariage. »

Sur ces entrefaites, le roi de France vient à Avignon ; il demande au pape de donner œuvre à ce que la reine Jeanne choisisse pour époux son fils Philippe, duc de Tours. Urbain V, qui venait d'approuver le mariage de Jeanne avec le roi de Majorque, change aussitôt d'avis et consent à favoriser les projets du roi Jean, pourvu que son fils promette de prêter serment au Saint-Siège et s'engage à lui payer le cens dû par le roi de Naples. Enfin, et c'était là le point essentiel, il fallait obtenir le consentement de la reine Jeanne [1].

Voici en quels termes le pape plaida auprès de la reine la cause du nouveau prétendant [2] : « Après avoir examiné et comparé à plusieurs reprises les qualités des grands de la terre qui peuvent aspirer à votre main, nous avons reconnu que nul ne les possédait plus complètement que notre très cher fils, noble homme Philippe, duc de Tours, fils de notre très cher fils dans le Christ, Jean, illustre roi de France ; tel a été aussi l'avis de plusieurs sages personnages. D'ailleurs, d'autres raisons nous poussent à vous conseiller ce mariage ; elles sont de nature à vous rendre favorable à notre projet. Votre Sérénité sait que votre race est sortie de l'illustre souche des rois

1. Villani, l. XI, c. XXXII, dans Muratori, *Scriptores*, t. XIV. col. 714. Voyez plus haut, p. 9, note 5.
2. Bulle du 29 novembre 1362. *Pièces justificatives*, n° IV. Voyez aussi la pièce justificative n° III.

de France, et que, grâce au sang et à l'argent français, vos
ancêtres ont conquis, puis défendu le royaume de Sicile, que
leur avait concédé l'Eglise romaine ; il serait contraire à toute
justice que, par votre fait, ce royaume passât à des étrangers ;
l'équité veut que par votre mariage il retourne, Dieu aidant, à
la race des rois de France ; agissez autrement, et vous mécon-
tenterez, n'en doutez pas, vos illustres parents et ceux de cette
glorieuse maison de France, d'où, comme vous le savez,
d'autres rois sont issus ; votre conduite pourrait avoir de
fâcheux résultats pour vous et votre royaume. Votre dévouement à l'Eglise romaine doit aussi vous porter à contracter
mariage avec ce prince dont les ancêtres n'ont pas cessé de
montrer la plus rare affection à cette Église, votre mère et votre
suzeraine, dont la bienveillance, la protection et la faveur vous
seront toujours nécessaires ; par leur dévouement, les rois de
France ont mérité d'obtenir de l'Eglise les faveurs les plus
grandes ; et quelle est en effet la plénitude de l'affection que
l'Eglise porte à la maison de France, dont elle a reçu dès longtemps de si grands services, votre Sublimité ne l'ignore pas.
C'est pourquoi nous prions votre Excellence et nous lui don-
nons le conseil paternel de s'unir par les liens du mariage à
notre amé Philippe, qui, par sa magnanimité et la prudence
éclairée que lui a donnée l'éducation royale, grâce aussi à sa
puissance et à celle de son illustre père et de ses autres parents
et amis, pourra, nous l'espérons, procurer au royaume de
Sicile et aux comtés de Provence et de Forcalquier, depuis
longtemps exposés aux vexations d'hommes pervers, un gouvernement heureux et une protection efficace ; en suivant
notre conseil, vous affermirez votre puissance et vous donnerez
à vos sujets l'appui et le bonheur qu'ils désirent et atten-
dent. »

Ce document rend manifestes les raisons que le roi avait fait
valoir auprès du pape pour le rallier à sa cause. La conquête
du royaume de Naples avait été l'œuvre d'un prince français
qui n'avait épargné pour l'accomplir ni le sang, ni l'argent de
ses sujets ; par lui, l'Eglise romaine avait recouvré la suzeraineté d'un grand royaume. Les princes de la maison d'Anjou
qui peut-être auraient pu garder dans leur conquête la plénitude du pouvoir et tenir leur couronne de Dieu et de leur
épée, avaient préféré la tenir en fief du souverain pontife.
Convenait-il que celui-ci, oublieux des services rendus, laissât
se conclure un mariage qui risquait de faire passer le royaume

de Sicile dans une maison autre que celle de France. Le pape
faisait craindre à la reine Jeanne le mécontentement du roi
de France ; il lui faisait entrevoir la possibilité d'une coalition
des princes français contre elle. Doit-on en conclure que le roi
ait sérieusement songé à conquérir le royaume de Sicile à
main armée ? Un pareil projet n'a rien qui répugne à l'esprit
aventureux du roi Jean. Cependant la Provence devait être,
plus que Naples et la Sicile, l'objet de ses désirs. Mais le roi
Jean dut laisser dans l'ombre l'intérêt qu'il avait à mettre la
main sur la Provence, ou, ce qui revenait au même, à la donner à son fils ; c'est là un point sur lequel il ne convenait pas
d'insister. Car l'augmentation du domaine de la maison de
France, de ce côté, constituait pour le pape un danger sérieux.
A Avignon, il ne s'en fallait guère que le souverain pontife
ne fût sur le territoire français ; au moins les agents royaux du
Languedoc et du Dauphiné pouvaient-ils surveiller ses moindres
actes. Cependant, tant que la Provence n'était pas entre les
mains d'un prince français, le pape pouvait facilement sortir
du Comtat et retourner en Italie le jour où il lui plairait de le
faire, sans passer sur le territoire royal. La Provence était fief
d'empire et la reine de Naples, qui détenait ce territoire, était
d'autre part vassale du souverain pontife. Mais du jour où la
Provence tombait entre les mains du roi de France ou d'un de
ses fils, le cercle se resserrait autour du pape ; il se trouvait
emprisonné dans le domaine royal ; dès lors, pour lui, plus
d'espoir de s'embarquer et de gagner l'Italie sans l'aveu du
roi de France. Aussi le revirement du Saint-Père en faveur
du duc de Tours, l'appui qu'il lui prêta auprès de la reine
Jeanne, ne sauraient s'expliquer que par le désir de ne pas
mécontenter le roi de France outre mesure. En effet, aux trois
autres requêtes que, d'après Villani [1], le roi lui avait adressées, il n'avait pas voulu répondre, demandant du temps pour
réfléchir et délibérer avec ses cardinaux. Le pape, en exhortant
la reine Jeanne à épouser le duc de Touraine, donnait à son
royal hôte une légère satisfaction. Peut-être savait-il d'ailleurs
que ses démarches tardives resteraient infructueuses. Les négociations entre Jeanne et le roi Jacques étaient presque terminées, car le contrat de mariage entre eux fut signé le 14
décembre suivant [2]. En épousant le roi de Majorque, roi sans

1. Voyez plus haut p. 9, note 5.
2. Raynaldi, *Annales eccles.*, a. 1362, § XI.

royaume, la reine pouvait lui dicter ses conditions et garder pour elle toute l'autorité dans ses états; s'allier à un fils de France, c'était se donner un maître. Je ne sais si l'on doit regarder comme une concession faite par cette princesse au roi Jean et au pape, la clause du traité de mariage d'après laquelle son nouvel époux était exclu de toute succession au royaume de Naples s'il venait à lui survivre, à elle et aux enfants qui pourraient naître de leur mariage. Le registre pontifical nous a conservé la lettre de félicitations adressée par Urbain V à la reine de Sicile après son mariage; elle est datée du 8 février 1363 [1].

Une autre affaire plus importante encore avait amené le roi à Avignon. Malgré les prêts que lui avait faits Innocent VI, Jean ne pouvait s'acquitter envers le roi d'Angleterre de la rançon stipulée à Brétigny. Il demanda donc au Saint-Père l'octroi d'une décime sur les revenus du clergé de France. Le pape ayant refusé, le roi songea à un autre expédient. On sait la lutte terrible que la papauté soutenait en Italie depuis quatre ans déjà contre Bernabo Visconti [2]. Dès 1360, Innocent VI avait tenté un accommodement, mais en présence des prétentions de Bernabo, il avait dû renoncer à rendre la paix aux Etats de l'Église. Après l'avènement d'Urbain V au pontificat, ce fut au tour de Bernabo de faire les premières avances pour amener la conclusion d'un traité. Cité, le 28 novembre 1362 [3], à comparaître devant le Saint-Siège, il se contenta d'envoyer à Avignon une solennelle ambassade. Les ambassadeurs étaient *Gualdisius de Lovixellis*, bourgeois de Crémone, et *Franciscolus Chaimbasilica* [4]. Ils rendirent au souverain pontife les hommages accoutumés, puis lui firent part du désir qu'avait leur maître de reprendre les négociations jadis interrompues. Le pape déclara ne pas vouloir entendre parler de paix avant que le rebelle n'eût restitué à la sainte Église les

1. « Carissime in Christo filie Johanne, regine Sicilie illustri, salutem, etc. Vox suavis et dulcis..... Audivimus siquidem relatione fideli quod carissimus in Christo filius noster Jacobus, rex Majoricarum illustris, et tu per procuratores vestros ad hoc specialiter constitutos matrimonium contraxistis..... Dat. Avinione, VI idus februarii, anno primo. » (Archives du Vatican, reg. 245, fol. 84.)

2. Voyez Raynaldi, *Annales eccles.*; L'Epinois, *Gouvernement des papes*, p. 310 et suiv.

3. Theiner, *Codex diplomaticus dominii temporalis*, t. II, p. 405, n° 369.

4. Theiner, *Ibid.*, t. II, p. 405, n° 370.

places du territoire de Bologne dont il s'était emparé et qu'il n'eût donné des assurances pour la liberté des clercs et des biens éclésiastiques [1]. Les ambassadeurs eurent recours au roi de France [2]. Bernabo demandait, pour renoncer à ses prétentions, une indemnité pécuniaire. Le roi Jean offrit au Saint-Père de faire en sorte que Bernabo se contentât de 400000 florins ; seulement, la somme, au lieu d'être payée directement à Bernabo, aurait été remise au roi de France, qui en avait le plus pressant besoin pour se libérer de sa dette envers Édouard III ; il donnerait au Saint-Siège huit ans pour s'acquitter [3]. Urbain V fit aux représentants du roi Jean la même réponse qu'il avait faite aux ambassadeurs de Bernabo [4]. Le roi, mécontent, quitta Avignon et repassa le Rhône. Les ambassadeurs de Bernabo le suivirent, le priant de renouveler ses démarches à la cour pontificale ; il s'y refusa [5]. Il avait un autre grief contre Urbain V : il n'avait pu obtenir la création de quatre cardinaux de son choix [6]. Dès le 17 décembre, le pape informait son légat, en Italie, que la paix ne pouvait pas être conclue entre lui et Bernabo [7]. Des deux côtés on s'apprêta à recommencer la lutte, un moment suspendue. Le roi de France devait plus tard interposer à nouveau sa médiation entre Urbain V et son ennemi, mais dans d'autres circonstances et déterminé par des motifs d'un ordre plus élevé.

Le pape voyait, non sans inquiétude, se continuer, entre les comtes de Foix et d'Armagnac, une lutte qui retenait dans le Midi de la France une partie des compagnies. La guerre avait éclaté en 1358 à propos de la succession au comté de Bigorre. Innocent VI était intervenu en 1360, mais sans obtenir de résultats sérieux et sans pouvoir amener la signature d'une paix durable entre Gaston Phœbus et Jean d'Armagnac. Une trêve signée le 21 mai 1362 avait été si tôt rompue que conclue. Le roi de France favorisait le comte d'Armagnac, naguère le principal conseiller de son fils, le comte de Poitiers, lieute-

1. Villani, l. XI, c. XXXI, dans Muratori, *Scriptores*, t. XIV, col. 713.
2. Villani, *Ibid.*, l. XI, c. XXXII.
3. Villani, l. XI, c. XXXII, dans Muratori, *Scriptores*, t. XIV, col. 714.
4. Villani, l. XI, c. XXXI ; Theiner, *Cod. dipl. dominii temporalis*, t. II, p. 407, n° 374.
5. Villani, *Ibid.*
6. Villani, l. XI, c. XXXII.
7. Theiner, *Cod. dipl. dominii temporalis*, t. II, p. 405, n° 370.

nant du Languedoc. Gaston Phœbus, au contraire, avait fait alliance avec les Anglais et à plusieurs reprises envahi le territoire royal. Le roi Jean dut, bien que les documents n'en témoignent rien, prier Urbain V de s'entremettre entre les deux comtes; la pacification du Midi ne l'intéressait pas moins que le pape.

Le Saint-Père avait à se préoccuper de la situation faite aux églises au milieu de ces luttes continuelles. Les évêques de la région faisaient parvenir leurs plaintes jusqu'au Saint-Siège. Ainsi, Bertrand, évêque de Comminges, réclamait contre la prise et le sac du château de Saint-Frajou [1], qui appartenait de plein droit à son église, par les troupes du comte de Foix. Le comte déclara au pape qu'il avait l'intention de conserver la garde du château jusqu'à la fin de la guerre pour en faire un centre de résistance à ses ennemis [2]. Urbain V renouvela ses instances le 29 décembre [3]. Mais déjà il avait entamé des négociations en vue de rétablir la paix entre les comtes de Foix et d'Armagnac. Il envoya Pierre, évêque de Cambrai [4], sur le théâtre de la lutte, et, par lettres du 3 décembre, exhorta les parties à accepter sa médiation [5]. Il écrivit dans ce sens à Jean, comte d'Armagnac, et à ses partisans, Arnaud Amanieu, seigneur d'Albret, et à Raymond, comte de Comminges, ainsi qu'à son rival, Gaston de Foix. Il adressa d'autres lettres au comte de Pardiac, au seigneur de Barbazan, et au seigneur de Montesquieu, partisans de Jean d'Armagnac, au vicomte de Carmaing et à Arnaud d'Espagne, partisans de son ennemi, pour les prier de favoriser la con-

1. Bulle d'Urbain V adressée à Gaston de Foix, datée du 19 novembre 1362 : « Dilecto fil. nob. viro Gasconi, comiti Fuxi, salutem, etc. Nuper venerabilis fratris..... Dat. Avinione, XIII kal. decembris, pontif. nostri anno primo. » (Archives du Vatican, reg. 245.) Il est question dans la bulle du « castrum Sancti Fragulphi pleno jure spectans ad ecclesiam Convenarum. » Il s'agit probablement de Saint-Frajou, village de la Haute-Garonne, arr. de Saint-Gaudens, cant. de l'Isle-en-Dodon.

2. Cette réponse est consignée dans un bulle d'Urbain V, datée du 29 décembre.

3. Bulle du 29 décembre 1362 (4 des calendes de janvier de l'an I.) (Archives du Vatican, reg. 245, fol. 59 v°.)

4. La bulle par laquelle le pape mande à Pierre, évêque de Cambrai, de se rendre en Gascogne est donnée à Avignon le 4 décembre 1362 : « Venerab. fratri Petro, episcopo Cameracensi, Apostolice Sedis nuncio, salutem. Ad apicem summi apostolatus....Dat. Avinione, II nonas decembris, anno primo.» (Archives du Vatican, reg. 245, fol. 25 v°.)

5. *Pièces justificatives*, n°ˢ V, VI, VII.

clusion de la paix. Il fit la même requête au roi de Navarre, ainsi qu'à deux chevaliers, Bertrand d'Espagne et Bernard Saquet, dont nous ne saurions dire à quel parti ils appartenaient. Quelques jours après le départ de l'évêque de Cambrai, le souverain pontife eut connaissance de la bataille de Launac, survenue le 5 décembre, et de la prise de Jean d'Armagnac par le comte de Foix [1]. Aussitôt il rappela l'évêque de Cambrai, qui était à Lunel, pour lui donner de nouvelles instructions [2]. Il engagea le vainqueur à traiter son prisonnier avec bienveillance. Son intention était d'obtenir de Gaston Phœbus la mise en liberté des prisonniers et de le déterminer à accorder la paix aux vaincus. Le 19 décembre 1362, il informa le comte d'Armagnac et son allié Raymond, comte de Comminges, qui lui aussi était aux mains de Gaston Phœbus, qu'il envoyait à nouveau l'évêque de Cambrai traiter avec le vainqueur, de leur délivrance et de la conclusion de la paix [3]. L'évêque ne tarda pas à revenir à Avignon, apportant au pape les réponses des deux comtes, qui avaient accepté avec empressement son intervention [4].

Des circonstances qui nous sont inconnues s'opposèrent à ce que le prélat menât plus loin l'affaire qu'il avait si bien entamée. Le 29 janvier 1363 [5], maître Raymond de Sainte-Gemme, notaire apostolique, le remplaça dans sa mission. Un registre d'Urbain V nous a conservé les instructions qu'il reçut

1. *Pièces justificatives*, n° VIII.
2. *Pièces justificatives*, n° IX; et Archives du Vatican, *Introitus et exitus*, reg. 298, fol. 82, mention d'un payement de 3 florins fait le 20 déc. 1362 à Nicolas Lombardi, courrier du pape, envoyé à Lunel auprès de l'évêque de Cambrai, pour lui mander de revenir à Avignon.
3. *Pièces justificatives*, n° IX.
4. Voyez la bulle du 29 janvier 1363, dont je donne des extraits dans la note qui suit.
5. « Dil. filio magistro Raymundo de Sancta Gemma, notario nostro, Apostolice Sedis nuncio, salutem etc. Cunctis fidelium populis..... Vero quia idem episcopus (Cameracensis), gratis et congruis responsionibus partium predictarum auditis, ac hujusmodi pacis et concordie de ipsarum partium benivolo assensu laudabiliter inchoato, ad Sedem Apostolicam remeavit, dispositionem hujusmodi negotii relaturus, et certis prepeditus negotiis ad partes illas redire commode non potest de presenti, nos, ejus audito relatu, cupientes quod in dicte pacis negotio continuatis studiis procedatur....., te ad partes et presentiam eorundem discordantium providimus destinandum..... Dat. Avinione, IIII kal. februarii, anno primo. » (Archives du Vatican, reg. 245, fol. 77 v°.)

du pape le 9 mars 1363 [1] : « Que maître Raymond ne néglige aucun moyen d'amener la conclusion de la paix entre les comtes de Foix et d'Armagnac ; qu'il y emploie tout son pouvoir. Si la paix ne peut être signée, qu'alors il ménage des trêves. En tout cas, qu'il fasse en sorte que les compagnies au service des dits comtes et de leurs gens d'armes soient ou licenciées ou divisées ou mises à néant ; et que surtout il veille à ce que ces compagnies ne se dirigent pas vers Avignon. Si le comte de Foix et le comte d'Armagnac ne sont pas d'accord sur la durée des trêves, le premier les voulant plus longues, le second plus courtes, qu'il les amène à un accord qui puisse être exécuté, et que par son intervention une paix ou une trêve convenable s'en suive, en prenant toujours les précautions nécessaires pour empêcher les compagnies ou d'autres gens d'armes de se porter vers Avignon. S'il voyait que les compagnies dussent marcher vers nous, qu'il revienne en toute hâte, et qu'il nous en avertisse le plus tôt possible. Qu'il nous fasse aussi connaître tous les bruits importants, ainsi que les raisons qui le détermineraient à retarder son retour. Que cependant il demeure aussi longtemps que cela lui paraîtra nécessaire pour l'expédition des affaires qui se présenteront, encore qu'il doive s'appliquer à abréger son séjour. Il ne faut pas oublier que des trêves trop longues semblent dangereuses, car les compagnies en profiteraient pour piller la contrée. Que maître Raymond, en qui nous avons toute confiance, tienne compte des précédentes instructions. » Toutefois, Jean d'Armagnac, mis en liberté, en profita pour guerroyer et soutenir le seigneur de Lescure [2] contre l'évêque d'Albi, qu'il accusait de s'être ligué avec Gaston de Foix. Le 25 mars 1363, le pape le pria de cesser ses attaques contre l'église d'Albi [3]. Cette lutte ne prit fin que le 5 mai 1363, grâce à l'intervention de Raymond de Sainte-

---

1. *Pièces justificatives*, n° XIII.
2. *Histoire de Languedoc*, t. IV, p. 323.
3. « Dilecto filio nobili viro Johanni de Armaniaco salutem etc. Nuper displicenter audivimus quod tua nobilitas malis forsan suggestionibus informata, credens quod venerabilis frater noster Hugo, episcopus Albiensis, se contra te cum dilecto filio nobili viro Gascone, comite Fuxi, ligaverit, eidem episcopo et ecclesie Albiensi eorumque subditis moves guerram, non absque offensa Dei et dicte ecclesie gravissimo detrimento. Quare, cum assertione audiveramus fidedigna quod idem episcopus nullam ligam fecerit cum comite supradicto, quamvis cum ipso et aliis vicinis ejusdem ecclesie pro ipsius dampnis vitandis prudenter transire conetur, eandem nobilitatem hortamur et rogamus attente quatinus... ab hujusmodi guerra studeas absti-

Gemme et du sénéchal de Toulouse [1]. Le 14 avril précédent, Gaston de Foix et Jean d'Armagnac avaient signé à Foix un traité de paix, en présence du nonce apostolique, Raymond de Sainte-Gemme, et d'un ambassadeur du roi de France, Laurent de la Faye, juge-mage de Toulouse [2]. Malgré les solennités dont on entoura cette paix, elle n'eut pas les résultats qu'on en attendait. En octobre 1363, le pape dut envoyer auprès des deux comtes Raymond de Sainte-Gemme et Arnaud, patriarche d'Alexandrie [3]; et, le 24 avril 1364, il se plaignait au roi de France que toutes ses démarches pour la délivrance du comte d'Armagnac eussent échoué [4].

Le roi Jean ne négocia pas directement avec Urbain V toutes les affaires qui intéressaient à la fois la France et le Saint-Siège. En quittant Paris, il avait laissé la régence à son fils aîné, Charles, duc de Normandie et dauphin de Viennois. Aussi voyons-nous, même pendant le séjour du roi à Villeneuve-lès-Avignon, le duc de Normandie échanger avec Urbain V des lettres et des ambassades. Il en est un certain nombre dont nous n'avons pas trouvé l'explication, mais la plupart se rapportent à un désaccord qui s'était élevé entre le pape et le dauphin au sujet du château de Lers [5]. Ce château, sis sur le Rhône et en terre d'Empire, relevait en fief de l'église d'Avignon, dont Innocent VI avait gardé entre les mains l'administration. A la mort de François Alberon, qui en était possesseur, il passa à sa fille Jeanne; celle-ci épousa un certain Pierre de Puihaut. Des contestations, dont nous ne connaissons pas l'origine, s'élevèrent entre Pierre de Puihaut et Raymond de Baux, prince d'Orange, sur la possession de Lers. Pierre fut accusé d'avoir contraint l'héritière à l'épouser et de la détenir

---

nere; quin immo ipsam ecclesiam, a qua tu et tui multa bona et honores dicuntur hactenus recepisse, habeas, prout habere te decet, tuis favoribus commendatam. Dat. Avinione, VIII kal. aprilis, anno primo. » (Archives du Vatican, reg. 245, fol. 107, v°.)

1. *Histoire de Languedoc*, t. IV, p. 323.

2. *Histoire de Languedoc*, t. IV, p. 321 et *Preuves*, n° CXXVII.

3. Bulle du 10 octobre 1363, par laquelle le pape annonce à Jean, comte d'Armagnac, l'envoi auprès de lui de Raymond et d'Arnaud : « Dil. fil. nob. viro Johanni, comiti Armaniaci, salutem etc. Liberationem celerem tue persone... Dat. Avinione, VI idus octobris, anno primo. » (Archives du Vatican, registre 245, fol. 283.)

4. *Pièces justificatives*, n° XXXI.

5. Lers, château ruiné, dans une île du Rhône, commune de Roquemaure, départ. du Gard. Voyez Germer-Durand, *Dict. topograph. du dép. du Gard.*

par force avec ses sœurs et son aïeule dans le château. Le
Dauphin, profitant de ces désaccords, mit la main sur l'objet du
litige [1]. Le comte de Savoie était mêlé à l'affaire. Le 30 juin
1362, Raoul de Louppy, gouverneur du Dauphiné, eut avec lui
une entrevue près de Chambéry, et un traité fut conclu en
vertu duquel Pierre de Puihaut consentit à ce que le château
restât au Dauphin [2]. Le traité ne put recevoir une exécution
immédiate; car, sur ces entrefaites, le prince d'Orange vint en
faire le siège. Le gouverneur du Dauphiné rassembla des gens
d'armes en Viennois et dans les baronnies d'Embrun et de
Briançonnais pour marcher à la délivrance de Lers. Il partit
de Romans le mercredi 3 août 1362. Il avait en sa compagnie
messire Jacques Artaut, messire Jean de Bonnent, Regnier
Coupper, maître des monnaies du Dauphiné, en tout quarante-
deux chevaux à ses dépens, sans compter ceux qui étaient à la
solde du Dauphin. Le pape réclama contre cette expédition. Il
protestait contre la main mise du Dauphin sur le château de
Lers et demandait qu'on lui laissât, comme au seigneur
suzerain, la connaissance et le jugement des difficultés qui
s'étaient élevées au sujet de sa possession. Raoul de Louppy [3],
tandis que ses gens d'armes s'acheminaient vers le but de
l'expédition, se détourna pour aller à Avignon traiter avec le
pape et les cardinaux, et les « mouvoir par plusieurs raisons
à ce qu'ils ne fussent contraires à son fait ». Mais il apprend
que le prince d'Orange, Bertrand et Guiot de Baux ont appelé
jusqu'à huit cents glaives des compagnies. Aussitôt, laissant
au cardinal de Périgord le soin de négocier avec le pape, il
court à Lers dans l'espérance de décider le prince d'Orange à
lever le siège. Un traité fut en effet conclu le 25 août avec le
prince d'Orange qui renonça à son entreprise [4]. Pierre de

1. Voyez des lettres de rémission accordées en novembre 1364 par
Charles V à Pierre de Puihaut, publ. par Molinier, *Arnoul d'Audrehem*,
p. 317, *Pièces justificatives*, n° XCII.
2. *Compte de Raoul de Louppy*, éd. Chevalier, art. 65, 66, 104.
3. *Compte de Raoul de Louppy*, éd. Chevalier, art. 66.
4. Le 25 août est la date donnée par l'art. 66 du *Compte de Raoul de
Louppy*, mais Fontanieu indique ce traité à la date du 24 août : « Traité entre
Charles Dauphin et fils du roy de France, et Raymond des Baux, prince
d'Orange, au sujet de la prise faite par led. prince d'Orange du château de
Lers aux Baronnies, par lequel il promet de le restituer au roy à la charge
par ledit Dauphin de lui payer tout ce qui luy étoit légitimement dû sur
ledit château et sur celui de Montfirmin. *Registro intitul. Hic sunt negocia,
homagia marchionatus Salutiarum, etc., fol. 1.* » (Bibl. nat., ms. lat. 10958
fol. 173.)

Puihaut et sa femme remirent le château entre les mains de Raoul de Louppy. Celui-ci y laissa une garnison dont il établit capitaine un chevalier de sa suite, Guy Demorges [1]. Cependant Innocent VI n'abandonnait pas ses droits de suzerain et, peu de temps avant sa mort, il envoya Guillaume de Courson auprès du roi Jean pour réclamer contre l'occupation de Lers [2]. Urbain V se montra d'autant plus jaloux de défendre les droits de l'église d'Avignon qu'il avait établi son frère sur ce siège archiépiscopal. Le 29 décembre 1362, il récrivit au dauphin pour le prier de faire restituer le château à l'élu d'Avignon [3]. Il espérait le fléchir en lui promettant de faire droit à certaines requêtes qu'il lui avait récemment adressées par l'intermédiaire de son secrétaire Gontier de Bagneux. Mais, à ce moment même, Raoul de Louppy faisait planter la bannière du Dauphin sur

1. *Compte de Raoul de Louppy*, éd. Chevalier, art. 91.

2. « Die eadem XVI dicti mensis novembris (1362) soluti fuerunt ex ordinatione camere magistro Guillelmo de Cursone, decano ecclesie Valentinensis, nuper per felicis recordationis dominum Innocentium papam VI misso ad regem Francie super facto loci de Lercio, Avinionensis diocesis, et quibusdam aliis negociis eidem commissis Romanam ecclesiam tangentibus, pro resta expensarum per ipsum occasione premissorum factarum, ipso manualiter recipiente, XLIIII floreni fortes. » (Archives du Vatican, *Introitus et exitus*, reg. 298, fol. 76.)

3. « Dilecto filio nobili viro Carolo, duci Normannie, salutem etc. Personam tuam magnificam... Sane fidedigna expositione nobis facta didicimus quod felicis recordationis Innocencius papa VI, predecessor noster, ex certis causis rationabilibus et urgentibus motus, nobilitatem tuam per certum suum nuncium paulo ante suum obitum requisivit et rogavit instanter ut castrum Lersii, jure feudi ad ecclesiam Avinionensem, quam idem predecessor tunc temporis ad suam manum seu gubernacionem tenebat, pertinens, per gentes tuas nomine tuo certo modo receptum, ad suam seu dicte ecclesie manum, ut de castro ipso, de quo inter quosdam questio vertebatur, ministrare posset justiciam, reduci faceres cum effectu ; sed ipso predecessore, sicut Domino placuit, viam universe carnis ingresso, predicta reductio non est facta. Unde nos, licet indigni, ad apicem summi apostolatus assumpti ex eisdem causis et aliis, de quibus dilectus filius Gonterus de Balneolis, secretarius tuus, lator presentium, est plenius informatus, inducti, nobilitatem eandem requirimus, rogamus et hortamur attente quod dictum castrum dilecto filio Anglico, electo Avinionensi, germano nostro, nomine dicte ecclesie facias pro nostra et ejusdem sedis reverencia, effectualiter assignari, ut idem electus, prout ad eum spectat, de ipso castro possit debitam justiciam de ipso litigantibus exhibere, tuque apostolicas preces reverenter admittens nostram et dicte sedis benivolenciam uberius merearis. Ceterum supplicationes tuas per dictum Gonterium tuo nomine nobis datas gratanter recepimus easque, prout cum Deo poterimus, libenter curabimus expedire. Dat. Avinione, IIII kal. januarii, anno primo. » (Achives du Vatican, registre 245, fol. 58.)

le château de Lers [1] ; ce qui n'empêcha pas le Dauphin d'envoyer Raoul auprès du pape en janvier 1363, avec les « supplications » qu'il faisait pour la provision et « l'avancement de ses clers et officiers [2]. » Le gouverneur était chargé de s'entretenir avec le pape d'autres affaires dont les documents ne nous révèlent pas la nature ; mais on ne peut douter qu'il n'ait encore été question de l'affaire du château de Lers qui n'avait pas reçu une solution conforme aux désirs du pape. Car il est certain qu'à ce moment Lers était encore aux mains du Dauphin. Le 26 octobre 1364, Charles V ordonna de payer cinq cents francs d'or à Pierre de Puihaut, somme qui lui était due pour les arrérages d'une rente à lui assignée en retour de la cession du château de Lers [3]. Au mois de novembre suivant, il fit restituer au même personnage certains lieux dont il était seigneur et sur lesquels le sénéchal de Beaucaire avait mis la main [4]. Ne pouvant rien obtenir de Charles V, le souverain pontife se tourna vers le duc d'Anjou. Celui-ci promit à Urbain V de lui rendre la place en litige. Le roi, informé des intentions de son frère, manda à Raoul de Louppy, par lettres du 4 février 1365, de gagner Avignon et d'empêcher cette restitution. Le gouverneur partit de Romans le 20 février [5]. Nous voyons que, le 12 avril 1365 [6], les trésoriers pontificaux remboursèrent à Gilles, cardinal de Térouanne, deux cents florins par lui payés à certaines gens qui avaient apporté de la part du roi de France l'acte de délivrance du château de Lers. Enfin, en juillet 1365, Raoul de Louppy, sur l'ordre de l'archevêque de Sens, de l'évêque de Nevers et de Guillaume de Dormans, se rendit à Avignon « pour le fait et traité du chastel de Lers [7] ». Je pense que le Dauphin avait fini par renoncer,

---

1. *Compte de Raoul de Louppy*, éd. Chevalier, art. 98.
2. *Ibid.*, art. 93.
3. Delisle, *Mandements de Charles V*, p. 55, n° 110.
4. Molinier, *Arnoul d'Audrehem*, p. 317, *pièces justificatives*, n° XCII.
5. *Compte de Raoul de Louppy*, éd. Chevalier, art. 75 et 75 a.
6. « Die XII dicti mensis (aprilis 1365) soluti fuerunt ad relationem domini A., episcopi Avinionensis, de mandato domini nostri pape, domino Egidio, cardinali Morinensi, quos solvere debuit certis hominibus qui asportaverunt ex parte regis Francie deliberationem castri de Lercio, Avinion. diocesis, qui restitui debent camere de emolumentis dicti castri, Johanne Artaudi scutifero loci de Sancto Spiritu pro ipso domino cardinali manualiter recipiente, IIᶜ floreni camere. » (Archives du Vatican, *Introitus et exitus*, reg. 308, fol. 118.)
7. *Compte de Raoul de Louppy*, art. 78.

moyennant finance, à la possession de Lers. En cette année 1365, il devait se montrer d'autant plus disposé à faire quelques concessions au pape que celui-ci s'employait activement à l'expulsion des compagnies du royaume. Mais, si l'on suppose que le roi avait remis le château au pape, comment expliquer des lettres royaux du 7 septembre 1367 [1] par lesquelles le roi assigne à Gui Demorges une rente de deux cents florins d'or sur la baronnie de Méouillon, et fixe son traitement, comme châtelain de Lers, à deux cents livres.

Tandis que se déroulaient ces contestations au sujet d'une petite place, des évènements d'une gravité exceptionnelle avaient contribué à resserrer les liens d'amitié qui unissaient les cours de France et d'Avignon. Le roi de France Jean II, que nous avons laissé à Villeneuve, songeait à regagner Paris quand il apprit « que messire Pierre de Lusignan, roi de Chypre et de Jérusalem, devoit venir en Avignon et avoit passé mer. Si dit le roi de France qu'il attendroit sa venue ; car moult grand désir avoit de lui voir, pour les biens qu'il en avoit ouï recorder et la guerre qu'il avoit faite aux Sarrazins ; car voirement avoit le roi de Chypre pris nouvellement la forte cité de Satalie [2]. » Ce désir du roi Jean de voir le roi de Chypre n'a rien de surprenant si l'on songe à la réputation de vaillance chevaleresque que s'était acquise Pierre par ses combats contre les Turcs. Depuis de longues années, Pierre avait résolu de délivrer la Terre-Sainte. Jeune encore, il avait créé dans ce but un ordre de chevalerie et fait vœu de se croiser [3]. Avant la mort de son père, il tentait de s'enfuir en Europe pour

« ......acointer les signeurs,
Les grans, les moiens, les meneurs,
Les chevaliers, les escuiers,
Les bourgeois et les saudiers
Et pluseurs autres qui armer
Se vorroient outre la mer [4]. »

1. Fontanieu, *Cartul. du Dauphiné*, Bibl. nat., ms. lat. 10958, fol. 220 rᵒ : « 7 sept. 1367. Don par le roy dauphin à Guy Demorges d'une rente de 200 florins d'or sur les revenus de la baronnie de Méouillon. Par le même acte, ses appointements comme châtelain de Lers furent fixés à 200 livres. *Reg. Cop. de novo factarum.* »

2. Froissart, éd. Buchon, l. I, c. CDLXXII ; éd. Luce, l. I, § 500, t. VI, p. 79.

3. Guillaume de Machaut, éd. Mas Latrie, v. 291 et suiv.

4. *Ibid.*, v. 517 et suiv.

Son père, Hugues IV, l'arrêta dans son entreprise et le tint quelque temps enfermé pour refréner son ardeur prématurée. Devenu roi, il reprend ses projets ; il n'a plus qu'une pensée, détruire les ennemis de la foi [1]. La première année de son règne, il s'empare de Gorchigos en Arménie et peu après de Satalie. Mais les ressources dont il disposait ne pouvaient suffire à combattre les Turcs avec succès. C'est alors qu'il se décide à gagner l'Europe pour convier les princes d'Occident à se joindre à lui. Avant tout, il fallait obtenir l'adhésion de la papauté. Une croisade n'avait chance de réussir que si le pape appuyait l'entreprise de son autorité, et s'il en ordonnait la prédication ; lui seul pouvait fournir les subsides nécessaires et octroyer des décimes. Le roi de Chypre se fit accompagner dans son voyage par le célèbre Pierre Thomas, qui, envoyé par Innocent VI, comme légat en Orient, ne cessait depuis plusieurs années d'exciter les chrétiens contre les Turcs [2]. C'est lui qui avait posé sur la tête de Pierre de Lusignan la couronne de Jérusalem [3]. Sa science et sa vertu étaient connues de toute l'Europe [4]. Il fut l'orateur de cette croisade dont le roi de Chypre fut le chevalier. Celui-ci s'étant arrêté quelques jours à Gênes, Pierre Thomas continua sa route et le précéda à la cour d'Avignon [5]. Il y trouva tous les esprits disposés en sa faveur. De suite il parla de la croisade et prépara le Saint-Père et les cardinaux à accueillir les propositions du roi Pierre. Le roi arriva peu après, le mercredi 29 mars [6], et non pas, comme le dit Froissart, aux environs de la Chandeleur [7]. Son entrée à Avignon fut un vrai triomphe [8]. Aussitôt il entretint le pape, les cardinaux, le roi de France de ses projets. L'éloquence de Pierre Thomas et le prestige du roi de Chypre firent si bien que, deux jours après l'arrivée de Pierre de Lusignan, la croisade était décidée. Le 31 mars 1363, jour du vendredi saint, le

---

1. Guillaume de Machaut, éd. Mas Latrie, v. 622 et suiv.; Philippus Mazerii, *Vita B. Petri Thome*, c. XI, dans *Acta sanctorum*, janvier, t. III, p. 623.

2. Ph. Mazerii, c. VII, *Ibid.*, p. 618.

3. *Ibid.*, c. VIII, p. 620.

4. *Ibid.*, c. II, p. 613.

5. Ph. Mazerii, *op. cit.*, c. XI, § 63, dans *Acta sanctorum*, janvier, t. III, p. 623.

6. *Secunda Vita Urbani V*, dans Baluze, *Vitæ papar. Aven.*, t. I, col. 401.

7. Froissart, éd. Buchon, l. I, c. CDLXXIV, t. IV, p. 155; éd. Luce, l. I, § 503, t. VI, p. 82.

8. Ph. Mazerii, *op. cit.*, c. XI, § 64, *Ibid.*, p. 623 ; Machaut, éd. Mas Latrie, v. 665 et suiv.

souverain pontife célébra la messe et prêcha la croisade, puis il donna de sa main la croix au roi de France, au roi de Chypre et au roi de Danemark [1]. Cette expédition lointaine plaisait à l'esprit aventureux du roi Jean. De plus il se souvenait que son père n'avait pu accomplir le vœu qu'il avait fait jadis de se croiser. Enfin, tout en faisant une action agréable à Dieu, il agissait dans l'intérêt de son royaume : il pourrait lancer sur l'Orient toutes ces compagnies qui ravageaient la France depuis trop longtemps déjà [2]. Avec lui se croisèrent les gens de sa suite, le comte d'Eu, le comte de Dammartin, celui de Tancarville, le grand prieur de France, Boucicaut et le maréchal Arnoul d'Audrehem [3].

Le pape approuvait fort une expédition qui lui permettait de débarrasser les provinces méridionales des compagnies toujours menaçantes pour Avignon, et quant au roi de Chypre, s'il est vrai qu'il était animé de sentiments chevaleresques, il était aussi mû par le désir de rendre effectif son titre vain de roi de Jérusalem et de mettre ses états à l'abri des incursions et des menaces des Turcs [4]. Ainsi, sous une apparence religieuse, cette croisade cachait un but politique bien déterminé. Les trois promoteurs de l'expédition mettaient en avant la protection des chrétiens d'Orient et la délivrance des lieux saints ; mais, à vrai dire, chacun sentait bien qu'il avait un intérêt particulier et tout mondain à cette croisade : pour le pape et le roi de France éloigner du royaume les bandes de gens d'armes qui le ravageaient, pour le roi de Chypre assurer et augmenter sa puissance.

C'était une bonne fortune pour le roi de Chypre d'avoir gagné l'adhésion du roi Jean. Si pitoyable que fût à ce moment la situation de la France, ni ses défaites, ni le traité de Brétigny ne l'avaient fait descendre du rang qu'elle tenait en Europe. Si son roi avait moins de puissance, il avait toujours

---

1. *Secunda Vita Urbani V*, dans Baluze, *op. cit.*, t. I, col. 401 ; *Grandes Chroniques*, éd. P. Paris, t. VI, p. 228 ; Froissart, éd. Luce, *Sommaire*, t. VI, p. XLI.

2. Froissart, éd. Buchon, l. I, c. CDLXXIV, t. IV, p. 157 ; éd. Luce, l. I, § 503, t. VI, p. 83.

3. *Chronique des Pays-Bas*, dans de Smet, *Corpus chronicor. Flandrie*, p. 201 ; Molinier, *Arnoul d'Audrehem*, p. 129.

4. « Petrus, rex Cypri illustris, cujus regnum est in ipsorum infidelium faucibus constitutum. » Bulle d'Urbain V citée par Raynaldi, *Ann. eccles.*, a. 1363, § XXI.

autant de crédit et d'autorité ; c'était encore aux yeux de tous un personnage considérable et le premier des rois chrétiens.

> « Car on tient que li rois de France
> Ha plus qu'autres roys de puissance [1]. »

Du moment qu'il accordait à l'expédition son patronage, on était sûr qu'il entraînerait à sa suite les autres princes européens qui ne voudraient pas paraître moins zélés pour la cause de la religion.

La chronique des quatre premiers Valois conte qu'après avoir donné la croix aux rois de France et de Chypre, le Saint-Père leur offrit à dîner. A son côté, il plaça le roi Jean. Comme celui-ci priait le roi de Chypre de s'asseoir près de lui, Pierre lui dit : « Très cher sires, il ne m'apartient pas de seoir jouxte vous qui estes le plus noble roy des Crestiens. Car au regart de vous je ne suys qu'ung vostre chevalier [2]. » Voilà qui témoigne assez du prestige que la royauté française avait gardé au milieu de ses revers.

Le Saint-Père proclama Jean capitaine de la croisade et donna au cardinal de Périgord le titre de légat. Le roi de France s'engagea à prendre la mer le 1er mars 1365 [3]. Le pape ordonna aussitôt aux évêques de faire prêcher la croisade [4]. Pour subvenir aux frais de l'expédition, le pape abandonna au roi de France toutes les donations, de quelque nature qu'elles fussent, faites en France pour la délivrance de la Terre-Sainte pendant les douze dernières années ou à faire dans les six années qui suivraient à compter du 31 mars 1363 [5] ; il lui donnait aussi le produit des amendes prononcées par les tribunaux ecclésiastiques pendant la même période et qui étaient destinées au subside de la Terre-Sainte. En outre, il lui concéda pour six ans la décime de tous les revenus ecclésiastiques dans l'étendue

1. Guill. de Machaut, éd. Mas Latrie, v. 729.
2. *Chronique des quatre premiers Valois*, éd. Luce, p. 127.
3. Bulle du 31 mars 1363, « *Dolenter reperimus quod* », publ. par Raynaldi, *Annales eccles.*, a. 1363, § XV.
4. Bulles du 31 mars adressées aux archevêques de Reims, Avignon, Valence, Arles, Vienne, à l'évêque de Montauban, à l'archevêque de Bourges et aux évêques de Clermont, Mende et Saint-Flour. (Archives du Vatican, reg. 252, fol. 25-27, nos 36-38.) Autres bulles de la même date adressées aux archevêques de Toulouse, Narbonne, Tours, Rouen et à leurs suffragants ; aux évêques du Puy et de Viviers ; à l'archevêque de Sens et à ses suffragants. (Même registre, fol. 35 vo, nos 81-87.)
5. *Pièces justificatives*, no XIV.

du royaume [1]. Le roi pouvait lever la décime sur les terres ecclésiastiques sises dans son royaume, quand même elles appartenaient à des églises étrangères, et aussi dans les parties des diocèses de Lyon et de Reims qui s'étendaient hors des limites du royaume. Comme à l'ordinaire, les cardinaux étaient exempts du paiement du subside pour les revenus qu'ils possédaient en France. Etaient encore exempts les ordres religieux militaires et tous les ecclésiastiques qui, après en avoir obtenu licence, accompagneraient l'armée outre mer. Toutefois, dans les provinces où une décime avait été précédemment accordée soit au roi de France, soit à d'autres personnes, il fallait attendre, pour percevoir la nouvelle décime que la levée de la précédente fût achevée ; à partir de l'expiration de cette première concession, on pouvait exiger la décime de la croisade, et non pas pour six ans, mais seulement pendant le temps qui resterait à courir jusqu'à l'achèvement des six années comptées à partir du 31 mars 1363. Enfin, dans les provinces de Lyon, Reims, Sens, Rouen et Tours, et dans les diocèses de Bourges et de Clermont, ruinés par les guerres, le taux de la décime, conformément à une bulle du pape du 27 février 1363 [2], était réduit de moitié. Les termes de paiement étaient fixés pour chaque année à la Purification de la Vierge et à la Saint-Jean-Baptiste. Le pape voulait que l'emploi de cette décime fût rigoureusement restreint aux dépenses de la croisade. Aussi en régla-t-il la perception dans les moindres détails et prit-il vis à vis du roi toutes sortes de précautions ; il n'ignorait pas les embarras financiers du roi et il pouvait craindre qu'on ne détournât l'argent de la décime de l'usage auquel il était destiné. Pareille chose était arrivée sous Philippe VI [3]. Les évêques, agissant comme mandataires de l'autorité apostolique, désignaient des collecteurs, suivant des formes prescrites par des bulles adressées à chacun d'eux. L'argent provenant de la décime et de tous les autres subsides

1. *Pièces justificatives*, n° XV.
2. *Pièces justificatives*, n° XII.
3. Bulle de Clément VI, datée du 20 juin 1344, par laquelle il absout le roi Philippe VI et Jean, duc de Normandie, son fils, des censures qu'ils peuvent avoir encouru pour avoir employé à d'autres usages qu'à la défense de la Terre-Sainte les décimes levées avec la permission des papes Jean XXII et Benoît XII, ses prédécesseurs, sur les biens ecclésiastiques, et qui les dispense de rendre lesdites décimes. (Bibliothèque de l'Institut, copie dans la *Collection Godefroy*, vol. IV, fol. 13).

destinés à subvenir aux frais de la croisade était donné par les
diocésains non pas aux trésoriers royaux, mais à des bourgeois
désignés par le roi. Ceux-ci rendaient annuellement leurs
comptes à quatre prélats désignés, deux par le Saint-Siège et
deux par le roi. Ces prélats, chargés de surveiller les recettes,
les dépenses et l'organisation de la croisade, devaient s'engager
par serment à ne pas obéir au roi s'ils recevaient l'ordre de
payer des dépenses qui ne fussent pas utiles au voyage d'outre-
mer. Au cas où le roi ne pourrait accomplir son vœu, lui ou
ses successeurs seraient tenus de restituer l'argent de la décime
non encore dépensé. Quant au reste de la décime, les ordi-
naires achèveraient de le percevoir au nom du Saint-Siège.

Ces bulles datées du 31 mars ne furent pas réellement expédiées à cette date. Le 5 janvier 1364[1], le pape écrivait au roi
qu'il ne pouvait les remettre à ses ambassadeurs avant que lui
et son fils n'eussent envoyé à la cour romaine des procureurs
chargés de prêter entre ses mains un serment analogue à celui
qu'avait prêté le roi Philippe[2]. Ce serment, c'était celui de ne
pas employer l'argent de la décime à un usage autre que celui
auquel il était destiné. Jean dut se soumettre à ces conditions, car les bulles furent expédiées et remises aux procureurs
royaux avant le 19 mars 1364[3].

Le roi Jean prit congé du pape le 9 mai 1363[4]. Puis il
quitta Villeneuve peu de jours après. Le 17 mai, il était à
Bagnols[5]. Le roi de Chypre, parti d'Avignon le 31 mai[6], vint

---

1. *Pièces justificatives*, n° XXV.
2. Il est fait allusion à ce serment dans la bulle du 20 juin 1344, citée plus
haut. Clément VI y rappelle que Philippe VI, lorsque le pape Jean XXII lui
accorda une décime, prêta un serment : « Tuque, fili dilectissime, volens et
intendens... quod omnia que de hujusmodi tibi concesso, ut prefertur,
subsidio exigerentur, levarentur et haberentur, quomodolibet in usus et
utilitatem passagii converterentur predicti, per certos procuratores tuos ad
hoc specialiter deputatos, medio juramento coram eodem predecessore
prestito, promisisti quod non acciperes nec accipi scienter faceres nec
consentires quod aliquis alius de eis caperet vel acciperet que tibi per
Sedem Apostolicam concederentur in subsidium passagii antedicti, ad hoc ut
in usus alios quam in utilitatem passagii converterentur ejusdem, nec ea in
usus converteres alios nec converti a quoque alio sustineres. » (*Collection
Godefroy*, vol. IV, fol. 13.)
3. *Pièces justificatives*, n° XXIX.
4. *Secunda Vita Urbani V* dans Baluze, *Vitæ papar. Aven.*, t. I, col. 401.
5. *Histoire de Languedoc*, t. IV, p. 323.
6. *Secunda Vita Urbani V*, dans Baluze, *op. cit., ibid.*

le rejoindre à Lyon[1]. Le 7 juin Jean était à Chalon[2] et le 9 à Beaune[3]. Il arriva à Paris dans la première quinzaine de juillet.

Le pape ne consentait à ce qu'on engageât la lutte contre les Infidèles qu'après la paix rendue à l'église[4]. La guerre continuait en Italie entre l'église romaine et Bernabo ; mais une occasion favorable se présenta pour le Saint-Siège de traiter avec son ennemi à des conditions avantageuses. Bernabo venait d'être battu près de Modène par le marquis d'Este[5]. Le roi de Chypre, lors de son passage à Milan, avait fait les premières ouvertures à Bernabo pour la conclusion de la paix[6]. La croisade une fois résolue, le pape consentit à ce que les rois de France et de Chypre envoyassent à Bernabo une ambassade solennelle[7]. Il avertit le cardinal-légat, Gilles, évêque de Sabine, par lettres du 1er mai 1363, de l'arrivée prochaine des ambassadeurs des deux souverains[8]. Le roi de Chypre députa à Milan l'archevêque Pierre Thomas et son chancelier Philippe de Maizières. Le roi de France se fit représenter par Roger de Saint-Séverin, comte de Milet, et Philippe des Moulins, licencié en lois[9]. Les ambassadeurs vinrent d'abord trouver Bernabo, puis, après avoir sondé ses intentions[10], ils se rendirent en Romagne vers le cardinal Albornoz[10]. Les difficultés qu'ils rencontrèrent de ce côté ne furent pas moindres que celles qu'ils avaient rencontrées auprès de Bernabo. Albornoz, encouragé

---

1. Froissart, éd. Luce, t. VI, p. XLII, n. 2.

2. Le 7 juin, le roi donne des lettres à Chalon, publ. par Michon, *Revue des Soc. sav.*, a. 1870, 5e série, t. I, p. 163.

3. Lettres du roi Jean données à Beaune le 9 juin, dans la *Collection de Bourgogne*, vol. 52, fol. 112.

4. Ph. de Mazeriis, *Vita B. Petri Thomæ*, c. XII, dans *Acta sanctor.*, janvier, t. III, p. 624.

5. Raynaldi, *Annales ecclesiastici*, a. 1363, § III. La nouvelle de la victoire fut apportée à la cour d'Avignon avant le 21 avril 1363, car à cette date la chambre apostolique paya 23 florins à un courrier de Florence qui était venu annoncer la défaite de Bernabo. (Archives du Vatican, *Introitus et exitus*, reg. 298, fol. 105 ; voyez encore au fol. 105 v°, à la date du 26 avril.)

6. Ph. de Mazeriis, *Vita B. Petri Thomæ*, c. XII, dans *Acta sanctor.*, janvier, t. III, p. 624.

7. *Ibidem.*

8. Bulle du 1er mai 1363, Archives du Vatican, registre 245, fol. 147, v°.

9. Ces noms nous sont fournis par une bulle d'Urbain V publ. dans Raynaldi, *Ann. eccles.*, a. 1363, § IV.

10. Sur toutes ces négociations, voyez Ph. de Maz., *Vita B. Petri Thomæ*, c. XII, dans *Acta sanctorum*, janvier, t. III, p. 624 et 625.

par ses derniers succès, voulait mener la guerre jusqu'au bout et ne faire aucune concession à son rival. Les ambassadeurs retournèrent à Milan. Les envoyés du roi de France s'y montrèrent pleins d'orgueil; ils auraient voulu négocier seuls l'affaire afin d'en retirer tout l'honneur et en attribuer la gloire à leur seul maître. Philippe de Maizières se plaignait du peu de cas qu'ils faisaient des conseils de Pierre Thomas. Le légat persistait dans ses exigences. Bernabo, furieux contre l'église, se préparait à reprendre la lutte. Les ambassadeurs du roi Jean, voyant qu'ils n'aboutissaient à aucune solution, quittèrent Milan et se rendirent auprès du pape pour lui faire connaître le résultat peu satisfaisant de leurs démarches [1]. Après leur départ, Bernabo fit appeler auprès de lui Pierre Thomas et le chancelier Philippe de Maizières. Il demandait avant tout le rappel du légat. Albornoz fut remplacé (1er décembre 1363) [2] par le cardinal Androin, qui, à la paix de Brétigny, s'était acquis une réputation d'habile diplomate. Puis une trêve fut signée en septembre 1363 et la paix conclue enfin entre Urbain V et Bernabo le 3 mars 1364 [3].

Ce n'était pas assez de rendre à l'Italie la tranquillité. Le roi de France ne pouvait s'embarquer pour l'Orient avant d'avoir complètement pacifié son royaume. Autrement, il eût pu craindre que des troubles n'éclatassent après son départ. Il était particulièrement inquiet de la conduite de son gendre, Charles le Mauvais. Le pape écrivit au roi de Navarre le 15 avril 1363 [4] pour l'engager à faire la paix avec Pierre d'Aragon et à oublier ses désaccords avec le roi Jean : « Nous avons, lui écrivait le pape, exhorté le roi de France à user de bienveillance envers vous et les vôtres, et laissant là tout sujet de discorde, à se réconcilier avec vous et à vous témoigner, comme il convient, des sentiments de paternelle affection. » Urbain V offrait même sa médiation. Il envoya auprès de Charles de Navarre, pour lui faire connaître les dispositions du roi de France, maître Jean Crozat, doyen de Notre-Dame de Tudela, chapelain pontifical et auditeur des causes apostoliques. La réconciliation n'eut pas lieu, et comme on le verra plus loin, les démarches du pape restèrent sans résultat.

1. Bulle publiée par Raynaldi, *Annales eccles.*, a. 1363, § IV.
2. Archives du Vatican, registre 253, fol. 17 v°, n° 13.
3. Villani, l. XI, c. LXIV, dans Muratori, *Scriptores*, t. XIV, col. 731; Theiner, *Codex diplomaticus dominii temporalis*, t. II, p. 411, n° 387.
4. *Pièces justificatives*, n° XVI.

Urbain V avait vu dans la croisade un moyen de débarrasser la France des compagnies de gens d'armes qui, privées de solde depuis la conclusion de la paix entre Edouard III et le roi Jean, parcouraient le royaume en tous sens, accumulant les ruines sur leur passage. Les instructions données au légat du Saint-Siège pour le traité entre les comtes de Foix et d'Armagnac, et que nous avons rapportées plus haut, ont montré la terreur que ces brigands inspiraient au souverain pontife. Au moment même où la croisade était décidée, les compagnies se reformaient dans le midi. L'activité et la vaillance du maréchal Arnoul d'Audrehem et des autres officiers de Languedoc ne pouvaient rien contre elles. Pour une place qu'on leur enlevait, elles en saccageaient dix[1]. Le 10 mars, elles approchaient de Montpellier. De Montpellier à Avignon le trajet était court. On se souvenait encore à Avignon de la prise du Pont-Saint-Esprit. Les compagnies ne seraient-elles pas tentées de venir à nouveau rançonner le Saint-Siège et mettre son trésor au pillage. Le 25 mai 1363, le pape publiait une bulle adressée aux capitaines et aux gens des compagnies, où il les exhortait à cesser leurs guerres impies et à se préparer au voyage d'outre-mer[2]. Ces exhortations furent inutiles. Les compagnies se rapprochaient toujours des domaines pontificaux. Au commencement de septembre, le pape envoyait des messagers dans les pays environnants pour s'enquérir de la marche des compagnies[3]. Le roi de France ayant prié le pape de lui envoyer Jean Ferdinandi, capitaine d'Avignon et du Comtat Venaissin, pour l'informer de ce qu'il avait à faire touchant les préparatifs de la croisade, Urbain V lui répondit par bulle du 4 septembre 1363[4] qu'il était impossible que le capitaine quittât son poste à cause des compagnies qui campaient dans le voisinage et surtout parce qu'on attendait l'arrivée de nouvelles

---

1. Molinier, *Arnoul d'Audrehem*, p. 128.

2. « Dil. filiis nobil. viris capitaneis ac universis personis quarumcumque societatum in regno Francie et vicinis eidem regno partibus constitutarum, salutem etc. Justus dominus et sanctus..... Dat. Avinione, VIII kal. junii, anno primo. » (Archives du Vatican, registre 245, fol. 168 v°.)

3. « Die VIII dicti mensis (septembris 1364) soluti fuerunt Petro de Artigiis, cursori domini nostri pape, et duobus aliis sociis suis, cursoribus ejusdem domini pape, qui mittuntur ad explorandum de quibusdam pravis societatibus que dicebantur venire, pro expensis ipsorum cursorum et loquerio ronsinorum suorum, ipsis cursoribus manualiter recipientibus, VII floreni Francie. » (Archives du Vatican, *Introitus et exitus*, reg. 305.)

4. *Pièces justificatives*, n° XVIII.

bandes d'Espagne et de Catalogne. Ce n'était pas le moment de s'occuper du passage outre mer. Avant tout, il importait de conjurer ce nouveau fléau et de se mettre en sûreté contre l'invasion menaçante. A la suite de la prise du Pont-Saint-Esprit, la papauté avait senti la nécessité de fortifier Avignon. La construction des murailles, commencée sous Innocent VI, fut continuée sous Urbain V, comme en témoignent les comptes de la Chambre apostolique. De tous côtés, dans le midi, on bâtissait de nouvelles enceintes, on réparait les anciennes, à Montélimar, à Embrun, à Sisteron [1]. Les pierres ne constituaient pas une protection suffisante ; elles n'empêchaient pas les bandes de piller le plat pays ; il fallait réunir des troupes pour leur résister. Le pape provoqua la formation d'une ligue entre les seigneurs du midi ; les communautés de Languedoc avaient donné l'exemple. Dans les premiers jours d'octobre 1363 une conférence eut lieu en cour de Rome entre le pape, le sénéchal de Provence et le sire de Vinay pour examiner les mesures à prendre. Il est probable qu'Arnoul d'Audrehem, lieutenant du roi en Languedoc, assista à cette réunion ; car on constate sa présence auprès du Saint-Père le 4 octobre [2]. On décida de convoquer les nobles et les prélats de la Provence, du Dauphiné, du Comtat Venaissin et de la Savoie à une assemblée, dont le lieu de réunion fut fixé à Montélimar, et la date au 5 novembre. Voici en quels termes le pape mandait, le 22 octobre 1363, à l'évêque de Valence, de se rendre à cette assemblée [3] : « A notre vénérable frère Louis, évêque de Valence, salut et bénédiction apostolique. Pour prévenir les méfaits des compagnies qui ont ravagé et ravagent encore ces régions, nous, pour le Comtat Venaissin et la cité d'Avignon, et nos chers fils le sénéchal de Provence, le sire de Vinay, pour le Dauphiné de Viennois, présents en cour de Rome, avons ordonné que le cinquième jour du mois de novembre prochain, notre vénérable frère Philippe, patriarche de Jérusalem, recteur du Comtat Venaissin, en notre nom, et les envoyés desdites nobles personnes, ayant reçu de leurs maîtres plein mandat pour la conclusion d'une ligue à former entre les gens de nos terres et ceux desdits nobles, et pour arrêter les

---

1. Guillaume, *Note sur les fortifications des Hautes-Alpes au* xivᵉ *siècle*, dans *Bullet. du Comité des Travaux histor.*, sect. d'archéologie, p. 1884, p. 213.

2. Molinier, *Arnoul d'Audrehem*, p. 136.

3. *Pièces justificatives*, n° XX.

mesures à prendre contre les compagnies, tiendront une assemblée au château de Montélimar. Cette affaire intéresse les
églises auxquelles vous présidez : nous souhaitons donc que
votre fraternité, que Dieu a enflammée de zèle pour l'intérêt
public et a douée de prudence et de sagesse, intervienne à cette
conférence ; nous vous requérons et prions de vous y rendre ou
d'y envoyer des représentants idoines munis de pouvoirs
suffisants. Nous prions également noble homme Adhémar de
Poitiers, comte de Valentinois, de venir à cette assemblée ou
d'y députer des procureurs. Le sire de Vinay pense que
noble homme Amédée, comte de Savoie, consentira à entrer
dans la ligue et enverra des représentants à cette assemblée. »
Cette union avait été ménagée au moins autant par les officiers
du dauphin et du roi que par le pape, si nous en jugeons par
l'activité que déployèrent en cette occasion Raoul de Louppy et
le sire de Vinay. Le roi donna au sire de Louppy une somme
de mille florins « pour consideracion des labours et paines par
lui euz et soustenuz en la poursuite des confédéracions et
aliances faites entre le pappe, le roy, le conte de Savoie, le
conte de Valentinois et le séneschal de Provence d'une part et
les compaignes anglesches qui lors estoient sur le païs
d'autre [1]. » Le rédacteur du compte de Raoul a fait ici une
erreur. Il ne s'agissait pas d'une alliance faite avec les compagnies, mais bien contre les compagnies. Et d'ailleurs à l'article
suivant [2] sont indiquées les dépenses faites par le même Raoul
« en pourssuient les aliances faites entre nostre Saint Père le
pappe et le rector de Veneissien pour la conté de Veneissin, et
ledit sire de Louppy pour monseigneur le dalphin, le séneschal de Prouvence, le conte de Savoie, les évesques de Valence
et de Die et le conte de Valentinoiz et Dyoiz pour la sceurté et
deffense des pays et terres des seigneurs dessus diz contre les
compaignes perverses des Engles, Gascoings, Bretons et autres
gens de compaigne estans ou royaume et en la duché de
Bourgoingne qui s'efforcoient d'entrer et faire guerre es terres
et pays des seigneurs dessus diz. » Raoul de Louppy était
parti le 3 novembre 1363 de la Côte Saint-André pour se
rendre à la *journée* de Montélimar. Il emmena avec lui un

---

1. *Compte de Raoul de Louppy*, éd. Chevalier, art. 111. J'ai adopté, dans
les citations du *Compte de Raoul de Louppy*, l'orthographe de l'exemplaire
de la Bibliothèque du Vatican.

2. *Ibid.*, art. 112.

grand nombre de chevaliers et les gens de son hôtel. Il était de retour à Romans dès le 8 novembre. Une nouvelle assemblée de seigneurs fut jugée nécessaire. Elle se tint encore à Montélimar le 20 novembre suivant. Elle n'aboutit pas à cause des « empeschements qui mis y furent par le conte de Savoie et le sénéchal de Prouvence... Et pour ce fut prinse une autre journée en Avignon au 19e jour de janvier ensuivant [1]. » Toutefois il faut croire que l'accord s'était établi sur les points les plus importants. En effet, Fontanieu, dans son *Cartulaire du Dauphiné* [2], mentionne le traité d'alliance défensive et offensive signé entre Urbain V, Louis, évêque de Valence et de Die, le gouverneur du Dauphiné, Jeanne, comtesse de Provence, et Aymard de Poitiers, comte de Valentinois. Le comte de Savoie, quoiqu'il n'eût pas encore adhéré, se proposait de le faire. Le Dauphin et la reine Jeanne devaient fournir chacun trois cent vingt chevaliers et autant d'archers. Le contingent à fournir par le pape, l'évêque de Valence et le comte de Valentinois n'était pour eux tous que de cent soixante chevaliers et autant d'archers.

Urbain V, dans une bulle du 30 novembre 1363 [3], adressée à Philippe, recteur du Comtat Venaissin, rappelle que le gouverneur du Dauphiné et certains prélats et seigneurs du comté de Provence et de Forcalquier, du Comtat, et des comtés de Valentinois et de Savoie et des parties adjacentes, ont formé une ligue contre les compagnies et se sont imposé une taille pour la solde des gens d'armes. Et, comme la défense du territoire n'importe pas moins aux églises qu'aux laïques, le pape autorise les gens d'église à contribuer pour leur part au subside. Cette autorisation équivalait à un ordre. Une nouvelle réunion de seigneurs et de prélats se tint donc à Avignon le 19 janvier [4] ; le gouverneur du Dauphiné y assistait. Les alliés obtinrent que le comte de Savoie se joignît à eux ; il donna son adhésion le 23 janvier 1364 [5]. Raoul de Louppy n'avait épargné ni sa peine ni l'argent du roi pour mener à bien cette affaire. Même plus tard, quand il sortit de charge et qu'il rendit ses comptes, la Chambre des Comptes trouva ses dépenses exagérées et en rejeta la plus grande partie. Cepen-

1. *Compte de Raoul de Louppy*, éd. Chevalier, art. 113.
2. Bibl. nat., manuscrit lat. 10958, fol. 181, v°.
3. *Pièces justificatives*, n° XXII.
4. *Compte de Raoul de Louppy*, art. 114.
5. Fontanieu, Bibl. nat., ms. latin, 10958, fol. 183, v°.

dant, pour obtenir les bulles nécessaires à la ratification des alliances, on avait dû financer et envoyer à maintes reprises des ambassadeurs au Saint-Siège. Un chevalier du nom de Jean de Saint-Antoine ne fit pas moins de trois voyages à Avignon du « commandement dudit gouverneur pour poursuivre et pourchacier les bulles pour les aliances [1]. » Le gouverneur se rendit en personne à Avignon pour obtenir lesdites bulles [2]. Puis il lui fallut les faire exécuter. En mars 1364 [3], il envoyait Raynaud Raymond, avocat fiscal, présenter les bulles au juge de Gapençois, à l'évêque de Gap, puis au vicaire de l'archevêque d'Embrun et au prévôt d'Oulx, sous-exécuteurs des dites bulles. L'assemblée d'Avignon avait donc abouti. Dans une lettre du 7 mars 1364 [4], le pape rappelle l'alliance faite entre le comte de Savoie, celui de Valentinois, le sénéchal de Provence, le gouverneur du Dauphiné et le recteur du Comtat Venaissin. Restait à lever les subsides. Les alliés semblent avoir apporté quelque retard à l'acquittement de la contribution. Il faut avouer que, quel que fût leur bon vouloir, l'argent se faisait rare dans toutes les caisses ; les demandes de subsides se succédaient ; un jour, c'était pour la croisade, le lendemain pour chasser les compagnies et fortifier les villes. Le 7 mars 1364, le pape insistait auprès des prélats, nobles et communautés des comtés de Provence et de Forcalquier, particulièrement menacés par les compagnies, pour qu'ils se hâtassent de payer la taille qu'ils avaient consentie. Il est probable que c'est aussi pour invoquer son aide contre les compagnies que, le 3 octobre 1364, le pape envoya un messager au comte de Savoie [5].

Cependant le roi de France, qui avait regagné l'Angleterre, voyant qu'il ne pouvait délivrer son royaume des bandes de pillards qui l'infestaient, sollicita du pape une nouvelle décime, celle-ci destinée non plus à une expédition en Terre-Sainte, mais à l'armement de troupes pour combattre les compagnies.

---

1. *Compte de Raoul de Louppy*, éd. Chevalier, art. 115.
2. *Ibidem*, art. 116.
3. *Ibidem*, art. 118.
4. *Pièces justificatives*, n° XXVII.
5. « Die eadem (3 octobris 1364), soluti fuerunt Johanni Aprilis, messagerio, qui mittitur per cameram apostolicam de mandato domini nostri pape ad comitem Sabaudie super certis negociis, ipso messagerio manualiter recipiente pro suis expensis, VIII flor. sentencie. » (Archives du Vatican, *Introitus et exitus*, registre 305, fol. 157.)

— 36 —

Urbain V répondit au roi, par bulle du 19 mars 1364 [1], qu'il ne désirait rien tant que rendre la tranquillité et la prospérité au royaume, qu'il était prêt, dans la mesure où le lui permettaient le respect de Dieu et son propre honneur, à lui accorder les faveurs apostoliques ; mais il avait déjà concédé pour six ans la décime des revenus ecclésiastiques à l'effet d'entreprendre une croisade ; il ne lui semblait pas qu'il pût, sans compromettre les intérêts des églises de France et les accabler outre mesure, permettre au clergé de fournir au roi un nouveau subside. Si le roi persistait dans son intention de passer la mer, il ne pouvait lui déplaire que le pape lui refusât cette nouvelle décime. Si, au contraire, il tenait plus à expulser les compagnies qu'à combattre les Turcs, le pape était prêt à se rendre à ses prières ; déjà même les bulles étaient rédigées ; mais, dans ce cas, il fallait que le roi renonçât pour le moment à la première décime et en remît la perception à une époque ultérieure. Urbain V écrivit en même temps au régent et au duc de Touraine ; il donna des instructions orales à Robert de Lorris, que le roi avait envoyé auprès de lui [2]. Il était réservé à Charles V d'obtenir l'octroi d'un subside pour l'expulsion des compagnies [3] ; celui-ci se soumit d'autant plus volontiers aux conditions imposées par le pape qu'il tenait peu à entreprendre une croisade avant d'avoir rétabli l'ordre en France.

Le pape avait en vain exhorté les compagnies à se dissoudre ou à tourner leurs armes contre les ennemis de la foi. Il avait même envoyé, dans un sentiment de conciliation et porteurs de propositions pacifiques, des ambassadeurs auprès de quelques capitaines. Les compagnies n'en continuaient pas moins leurs ravages, surtout dans les sénéchaussées de Toulouse, de Carcassonne et de Beaucaire. N'ayant pu les gagner par la bienveillance ni les intimider par les préparatifs de guerre, Urbain V eut recours à la dernière arme qui lui restât. En

1. *Pièces justificatives*, n° XXIX.
2. « Carissimo in Christo filio Johanni, regi Francie illustri, salutem etc. De fide ac prudencia dilecti filii, nobilis viri Roberti de Loriaco, militis, latoris presentium, quedam tangencia honorem et statum tuum tuorumque natorum et regni, eidem Roberto commisimus, per eum ex parte nostra tue celsitudini oretenus exponenda, cui super hiis excellencia regia velit fidem credulam adhibere. Dat. Avinione, XVI kal. aprilis, anno secundo. » Bulles *in eodem modo* adressées à Charles, duc de Normandie, et à Philippe, duc de Touraine. (Archives du Vatican, registre 246, fol. 137.)
3. *Pièces justificatives*, n° XXXVI.

même temps qu'il accordait des indulgences à tous ceux qui prendraient les armes contre les compagnies [1], il lança l'excom-munication, le 27 mai 1364 [2], contre toutes les compagnies qui dans le délai d'un mois ne seraient pas dispersées et n'auraient pas rendu les lieux qu'elles occupaient et réparé leurs dom-mages. Défense était faite à qui que ce fût de venir en aide aux gens des compagnies sous peine d'être frappé de la même peine. Quoiqu'il défendît aux populations d'avoir aucun rap-port avec les compagnies et de leur rien fournir, ni vivres ni argent, il permettait toutefois aux prisonniers de payer leur rançon sans qu'ils eussent à craindre d'encourir de ce fait les censures de l'église [3]. La témérité des populations causait souvent leur perte. Pour agir avec succès contre ces bandes rompues au métier des armes, il fallait leur opposer des troupes aguerries qui ne leur cédassent ni en bravoure ni en discipline. Aussi le pape pria-t-il le maréchal d'Audrehem d'interdire aux communautés de combattre les compagnies sans avoir à leur tête un chef expérimenté [4].

Le roi Jean venait de mourir à Londres le 8 avril 1364. Lui mort, il était peu probable que la France prît part à la croi-sade. Pierre de Chypre le remplaça naturellement comme chef de l'expédition. La mort du cardinal de Périgord suivit de près celle du roi Jean. Le pape lui substitua comme légat de la croi-sade l'archevêque Pierre Thomas. Les hommes du xive siècle n'étaient plus animés de cette foi ardente qui avait lancé leurs ancêtres du xiie siècle contre les Infidèles. Du moment que les compagnies refusaient d'entreprendre le voyage d'outre-mer, la croisade n'intéressait plus la France. Le pape écrivit le 30 avril 1364 à Charles V pour l'assurer de son dévouement et lui exprimer la douleur qu'il avait ressentie de la mort du roi Jean, ce défenseur de l'Eglise, ce chevalier du Christ qui avait attaché la croix sur sa poitrine, prêt à donner sa vie pour la délivrance des lieux saints [5]. Mais dans cette lettre pas d'autre allusion à la croisade, pas le moindre mot pour inviter le roi à reprendre les projets de son père. Urbain V n'était pas sans connaître le caractère pacifique et peu aventureux du

1. Bulles du 24 mai 1364. Archives du Vatican, reg. 251, fol. 301, nos 396 et 397.

2. Archives du Vatican, reg. 261, fol. 112, n° 62.

3. Archives du Vatican, reg. 251, fol. 277, v°, n° 322.

4. Bulle du 7 juin 1364, Archives du Vatican, reg. 246, fol. 211.

5. Archives du Vatican, reg. 246, fol. 162, v°.

nouveau souverain. A supposer qu'il eût quelque espoir de le voir s'embarquer, la prudence exigeait qu'il le laissât agir à sa guise. Peut-être, d'ailleurs, avait-il donné à ce sujet des instructions spéciales a Arnoul d'Audrehem qui se rendait auprès du roi [1]. En tout cas on sut bientôt à quoi s'en tenir sur les intentions de Charles V à l'égard de la croisade. En effet, Machaut conte que Pierre de Chypre se rendit au sacre de Charles V (19 mai 1364) [2] pour communiquer à la noblesse française l'ardeur qui l'animait. Quelques seigneurs se laissèrent gagner.

> « Mais li roys qui avoit grant guerre
> Ne pooit issir de sa terre
> Qu'il n'i heüst trop grant damage ;
> Pour ce, le saint pèlerinage
> N'accorda pas, car trop eüst
> Mespris, s'accordé li eust [3]. »

Pierre de Lusignan ne garda pas rancune au roi de France de son refus :

> « Et li bons roys (de Chypre) qui me norri, » écrit Machaut,
> « Disoit et recordoit toudis
> Que li homs fait grant vasselage
> Qui bien deffent son héritage
> Et qu'il n'est assaus ne bataille,
> S'on li vuet tollir, qui le vaille [4]. »

Pierre de Chypre comprenait que Charles V n'avait pas autant d'intérêt que lui à faire la croisade. Combattre les Turcs, qu'était-ce autre chose pour Pierre de Lusignan que défendre son héritage ? Pour le roi de France, au contraire, la vraie croisade à entreprendre, c'était, comme l'a dit M. Luce [5], contre les gens des compagnies.

---

1. Bulle du 2 mai 1364, Archives du Vatican, reg. 246, fol. 174 : « Carissimo in Christo filio Carolo, regi Francie illustri, salutem etc. Nuper per alias apostolicas litteras..... Dat. Avinione, VI nonas maii, anno secundo. » Dans cette bulle, Urbain V prie le roi de donner créance à ce que lui dira Arnoul d'Audrehem, porteur des présentes, qu'il a chargé d'exposer oralement au roi certaines affaires.
2. Machaut, éd. Mas Latrie, v. 805 et suiv.
3. Machaut, éd. Mas Latrie, v. 825.
4. *Ibidem*, v. 831.
5. Luce, *Duguesclin*, p. 382.

Le règne de Charles V s'ouvrait, d'ailleurs, par une brillante victoire sur les Navarrais. La veille même de son sacre, il apprit l'heureuse issue de la bataille de Cocherel[1]. Le Saint-Père chercha à se concilier l'esprit de Charles V et résolut de l'aider, autant qu'il était en lui, dans la glorieuse entreprise où il se lançait, à savoir le rétablissement de l'ordre dans le royaume.

A peine était-il monté sur le trône, que Charles V sollicita du pape une faveur. Il venait de marier sa sœur, Marie de France, à Robert, duc de Bar. Le mariage une fois célébré (4 juin 1364), on s'aperçut que Robert et Marie étaient parents au troisième degré, et que Henri, duc de Bar, père de Robert, avait, après la naissance du même Robert, tenu Marie sur les fonts baptismaux. Sur le premier point, le pape accorda de suite la dispense nécessaire pour la validation du mariage. Le second empêchement était plus grave. Urbain V demanda au roi le temps de réfléchir[2]. Il devait en délibérer avec les cardinaux et s'enquérir de la conduite tenue par ses prédécesseurs en pareilles circonstances. Il espérait que le roi ne lui saurait pas mauvais gré s'il ne lui rendait sur le champ une réponse définitive.

A ce moment même Urbain V rendait à Charles V un service plus singulier en cherchant à le réconcilier avec son beau-frère, Charles le Mauvais. A plusieurs reprises, la papauté était intervenue entre le roi de Navarre et le roi Jean. Charles le Mauvais, qui d'abord avait laissé, sans protester, le roi de France mettre la main sur la Bourgogne, avait tout à coup élevé des prétentions sur l'héritage de Philippe de Rouvre[3]. Il envoya à ce sujet des ambassadeurs au roi de France, d'abord à Paris, puis à Avignon. Jean consentit à remettre l'affaire entre les mains de plusieurs cardinaux qu'il pouvait croire dévoués à sa cause : les cardinaux de Térouanne, de Boulogne et de Cluny[4]. Ceux-ci réglèrent dans une cédule la façon dont on procèderait à une enquête sur les coutumes spéciales au duché de Bourgogne en matière de succession, et que le roi de Navarre alléguait. La cédule déplut à ce dernier ; il ne

1. Luce, *Duguesclin*, p. 453.
2. Bulle du 29 juillet 1364. *Pièces justificatives*, nº XXXVII.
3. *Instructions données au duc d'Anjou contenant ce qu'il doit représenter au pape sur les différens qui sont entre Charles V et le roy de Navarre*, dans Secousse, *Histoire de Charles le Mauvais*. preuves, p. 200.
4. *Instructions, Ibidem.* p. 201.

voulait pas que l'affaire fût jugée en France. Sûr de son droit, le roi Jean accepta l'arbitrage du pape, « non mie par manière de subjection mais de sa pure volenté et de son consentement et auctorité [1]. » Le pape envoya auprès de Charles le Mauvais les cardinaux de Boulogne et de Térouanne. Mais le roi de Navarre évita toute entrevue avec eux. Ils revinrent sans avoir reçu aucune réponse. Une nouvelle ambassade de messire Arnaud Despeigne, sénéchal de Carcassonne, n'eut pas plus de succès. Déjà les gens du roi de Navarre avaient passé la Loire et entraient en campagne contre le roi de France [2]. Les Navarrais furent vaincus à Cocherel. Le nouveau roi Charles V, sentant le moment opportun de traiter avec Charles de Navarre, céda aux sollicitations de la reine Jeanne, veuve de Charles le Bel et tante du roi de Navarre, et accepta de nouveau que le pape intervînt entre lui et son beau-frère [3]. Peut-être même songeait-il à tenter un accord dès avant la victoire de Cocherel. Car, le 11 mai 1364, Raoul de Louppy quittait Romans pour se rendre à Avignon ; il allait porter au pape et à plusieurs cardinaux des lettres du roi et leur parler de « pluseurs certaines et grosses besongnes secrètes [4]. » Peu après, le roi députa auprès du Saint-Père un personnage plus important encore, le duc d'Anjou, lui confiant le soin d'éclairer la cour de Rome sur les causes de la guerre qu'il soutenait contre le roi de Navarre. Secousse a publié les instructions envoyées au duc d'Anjou [5]. Ce document ne porte point de date. Mais l'un des articles permet, comme l'a remarqué Secousse, d'en placer la rédaction vers le mois de juillet 1364 [6]. De plus, nous savons que de pareilles instructions furent envoyées à Guillaume Dormans, chancelier du Dauphiné, à Jacques le Riche et au comte de Sarrebrouck qui étaient en Angleterre ; il convenait que le roi Edouard, dont Charles le Mauvais avait sollicité l'appui, connût la conduite déloyale de son allié à l'égard du roi de France. Or c'est au mois de juillet 1364 que Guillaume Dormans, Jacques le Riche et le comte de Sarrebrouck se ren-

1. *Instructions*, art. 5, p. 201.
2. *Instructions*, art. 6, p. 202.
3. Bulle du 6 mai 1364 par laquelle Urbain V offre à Charles V sa médiation. *Pièces justificatives*, n° XXXII.
4. *Compte de Raoul de Louppy*, éd. Chevalier, art. 71.
5. *Histoire de Charles le Mauvais*, p. 200 et suiv.
6. C'est l'art. 19, où on lit « ou moys de juing ou de juillet darrenier passé a eu deux ans, c'est assavoir l'an mil CCCLXII. »

dirent en Angleterre [1]. Le duc d'Anjou, aux termes des instructions qu'il avait reçues, devait démontrer au pape et au sacré collège la légitimité des droits du roi de France sur l'héritage du duc de Bourgogne et insister sur la mauvaise foi de son rival, qui, sans que le roi de France eût manifesté contre lui aucun sentiment hostile, avait pris les armes, cherché partout des alliés, soutenu les compagnies, poussé l'audace jusqu'à « escarteler lez armes de France avec les siennes et oster la différence qu'il portoit [2]. » Le pape, bien éclairé sur les causes de la guerre, envoya au roi de Navarre, en qualité de nonce, Pierre, abbé de Saint-Michel de Cluse [3]. Dans les lettres apostoliques datées du 27 août 1364 [4], et que le nonce devait présenter au roi de Navarre, il le priait d'écouter les conseils du Saint-Siège. Charles le Mauvais accepta la médiation d'Urbain V, comme nous l'apprend une lettre du pontife adressée au roi Charles V et datée du 27 novembre [5] : « A notre très cher fils dans le Christ, Charles, illustre roi de France, salut et bénédiction apostolique. Nous désirons rétablir l'accord entre vous et notre très-cher fils Charles, illustre roi de Navarre, et employer à cet effet tout le zèle de notre paternelle sollicitude. Aussi avons-nous, il y a quelque temps, envoyé notre très-cher fils Pierre, abbé de Saint-Michel de Cluse, auprès du dit roi pour connaître ses intentions sur la paix que nous nous proposons de négocier entre vous et le dit roi. L'abbé, revenu récemment auprès de nous, nous a rapporté que le roi de Navarre accueillait avec respect nos propositions; il est prêt à se rendre à notre bon plaisir et à nous envoyer des ambassadeurs munis de pleins pouvoirs pour traiter, confirmer et ache-

---

1. Le 15 juillet 1364, Charles V mande aux gens des comptes de remettre à Guill. Dormans qu'il envoie en Angleterre une somme de 600 francs. (Delisle, *Mandements de Charles V*, n° 51.) Il est encore question de ce voyage comme d'un fait accompli dans un mandement du 20 décembre 1364 (*Ibid.*, n° 152), et dans un autre mandement du 5 janvier 1365 (*Ibid.*, n° 160), où il est dit que Jacques le Riche et le comte de Sarrebrouck avaient accompagné le chancelier du Dauphiné dans son voyage vers le roi d'Angleterre en juillet 1364.

2. *Instructions*, art. 22, dans Secousse, p. 206.

3. Abbaye du diocèse de Turin.

4. « Carissimo in Christo filio Carolo, regi Navarre illustri, salutem etc. Dilectum filium Petrum, abbatem monasterii Sancti Michaelis de Clusa..... Dat. Avinione, VI kal. septembris, anno secundo. » (Archives du Vatican, reg. 246, fol. 293, v°.)

5. *Pièces justificatives*, n° XLI.

ver la paix telle que nous jugerons convenable de l'ordonner.
C'est pourquoi, informant votre grandeur de ces réponses que
nous recevons avec plaisir, nous vous requérons affectueusement et vous prions de vous prêter cordialement à la conclusion de la paix et d'envoyer le plus vite possible à la cour
romaine des ambassadeurs et procureurs munis d'instructions
et d'un mandat suffisant pour négocier et, avec l'aide de Dieu,
conclure la paix. Faites-nous savoir le jour où vos mandataires
arriveront à la cour romaine, car nous écrirons au roi de
Navarre de ne pas manquer d'envoyer ses procureurs le même
jour. Nous voulons apporter dans la conduite de cette affaire,
dont le succès sera agréable à Dieu et aux hommes, et utile à
votre royaume, toute la bienveillance et la sollicitude qu'elle
exige. Mais que votre grandeur veuille bien s'abstenir de toute
attaque contre le roi de Navarre et notre très-cher fils, noble
homme, Louis de Navarre, son frère. Cessez toute incursion sur
leurs terres. Nous écrivons à Louis pour le prier de ne rien
entreprendre contre vous ni vos terres [1]. » Le pape pria en
même temps la reine Jeanne d'user de son crédit auprès des
deux rois pour les amener à un accord [2]. Celle-ci, qui désirait
la paix, écrivait à ce moment même au souverain pontife pour
le prier d'intervenir entre le roi de France et le roi de Navarre.
Le pape lui répondit, le 18 décembre [3], qu'avant la réception de
sa lettre, affligé des maux qui résultaient d'une guerre impie,
il s'était mis à l'œuvre pour la faire cesser. Charles V accepta
les ouvertures du Saint-Père et promit que ses procureurs
seraient à la cour pontificale le premier dimanche de carême
suivant, c'est-à-dire le 2 mars 1365. Urbain V en informa le
roi de Navarre par lettres du 22 janvier 1365 [4]. Le 29 janvier [5]
il sollicita du duc d'Anjou, lieutenant du roi de France en
Languedoc, un sauf-conduit pour les ambassadeurs que Charles
de Navarre envoyait à Avignon, à savoir : Jean de Hanicourt,
licencié en lois et chancelier du roi de Navarre; Azémar, prieur
de Sangüesa, de l'ordre des Carmes; Martin Michel, recteur

---

1. La bulle adressée à Louis se trouve à la suite de la bulle adressée à
Charles V.
2. *Pièces justificatives*, n° XLI.
3. « Carissime in Christo filie Johanne, regine Francie illustri, salutem etc.
Sinceritatis tue litteras benigne recepimus..... Dat. Avinione, XV kal. januarii, anno tercio. » (Archives du Vatican, reg. 247, fol. 14 v°.)
4. Archives du Vatican, reg. 247, fol. 31.
5. Archives du Vatican, reg. 247, fol. 33, v°.

de Saint-Jacques de Sangüesa, et nobles hommes Arnaud Luc, seigneur de *Luxa*, et Jean Rémi de *Aroyla*, maréchal du roi [1]. Deux autres procureurs étaient déjà arrivés à la cour ; c'étaient Bernard, évêque de Pampelune, et Jean Crozat, doyen de l'église de Tudela, docteur en décret, chapelain du pape et auditeur des causes apostoliques [2]. Cependant les ambassadeurs du roi de Navarre n'arrivèrent pas sans encombre à Avignon, et le duc d'Anjou ne leur accorda pas la protection sollicitée par le Saint-Père. Car, le 31 janvier, le pape priait le duc d'Anjou de faire rendre à Azémar, et à Jean, écuyer de l'évêque de Pampelune, six cent quatre-vingt-six pièces d'or de diverses espèces qui leur avaient été enlevées à l'entrée du pont d'Avignon par les officiers du duc et du roi de France [3].

Dans le même temps, le duc de Bourgogne envoyait à Avignon, vers le pape, et de là vers le duc d'Anjou, Girard de Longchamp, bailli de Chalon, et maître Thomas de Chapelles, son secrétaire, pour affaires secrètes et importantes et touchant l'honneur et le profit du roi [4]. A la fin du mois de janvier 1365,

1. « Johannes de Anicuria, licenciatus in legibus, cancellarius dicti regis Navarre, ac Aczenarius prior loci de Sangosse, ordinis fratrum carmelitarum, et Martinus Michaelis de Sangosse, rector Sancti Jacobi Sangosse, et nobiles viri Arnaldus Luc, dominus de Luxa, et Johannes Remigii de Aroyla, ejusdem regis Navarre marescallus, milites dicti regis Navarre cum triginta equitaturis jam sunt in itinere pro jam dicto tractatu ad prefatam curiam veniendi. » (Bulle du 29 janvier.)

2. Le pape, dans sa bulle du 29 janvier 1365, demande un sauf-conduit pour les ambassadeurs ci-dessus indiqués et pour « Bernardum, episcopum Pampilonensem, et dil. fil. Johannem Crozati, decanum ecclesie de Tudella, dicte diocesis, decretorum doctorem, capellanum nostrum ac sacri palatii causarum auditorem, etiam dicti regis Navarre procuratores et tractatores dicti negocii, nunc in Romana curia commorantes, ad regnum Navarre cum eisdem nunciis reversuros. »

3. *Pièces justificatives*, n° XLV.

4. « Philippe, fils de roy de France, duc de Bourgogne, à nos amés et féaulx les gens de nos comptes à Dijon, salut et dilection. Comme environ le VIIIe jour de janvier dernier passé, nous, pour certaines causes et grosses besoignes que nous avions à faire à Avignon devers le pape, devers plusieurs cardinaux et devers nostre frère d'Anjou, lequel estoit en la Langue d'oc, eussions ordonné pour aler en lad. ville d'Avignon, et devers nostre dit frère nos amés mess. Girart de Lonchamp, bailly de Chalon, et Me Thomas de Chapelles, nostre secrétaire, lesquels ont esté oud. voyage et nous ont rapporté response de nosd. besoignes, et en ycelluy voyage en ont fait plusieurs missions, et aussi ont receu certaine somme d'argent de Bertran de Charsirenges(?), si comme il appert par nos lettres, nous vous mandons que vous oyez les comptes desd. mess. Girart et mess. Thomas, touchant led. voyage, tant des receptes comme des mises raisonnables, et le compte oy, le restan

Louis d'Anjou vint séjourner au Pont Saint-Esprit et y reçut deux ambassadeurs du pape, Anglic Grimoard, évêque d'Avignon, frère d'Urbain V, et le trésorier apostolique [1]. Du Pont Saint-Esprit, le duc d'Anjou se rendit au Pont de Sorgues où il eut une nouvelle entrevue avec les mêmes personnages [2]. Ce voyage du lieutenant de Languedoc s'accomplissait au su de son frère; car Charles V manda à Raoul de Louppy d'aller au devant de lui dès qu'il approcherait du Dauphiné et de l'accompagner partout où il irait en Dauphiné et de rester en sa compagnie aussi longtemps qu'il demeurerait en cour romaine. Le gouverneur du Dauphiné partit de Romans avec quarante chevaux, le 13 décembre 1364, et vaqua à cette affaire jusqu'au mercredi premier jour de janvier [3]. On ne peut pas douter que le duc d'Anjou n'ait accompli ce voyage à la prière de Charles V et pour s'entretenir avec le pape et ses représentants de la paix projetée entre la France et la Navarre. Car, le 13 février 1365, le pape envoya un de ses huissiers vers le duc d'Anjou pour traiter avec lui de la paix entre le roi de France

et fin de compte vous rescrisez afin que sur ce nous puissions ordonner. Donné à Dijon le XIIIᵉ jour d'avril, l'an de grâce mil CCCLX et V. Par mons. le Duc, J. Blanchet. » (Extrait des Archives de la Chambre des Comptes de Dijon, dans la *Collection de Bourgogne*, Bibl. nat., vol. 52, fol. 40). « Girard de Lonchamp, bailli de Chalon, et messire Thomas des Chapelles, secrétaire du duc, furent envoyez par le duc à Avignon vers le pape pour affaires secrettes et importantes pour l'onneur, le proffit du Roy et celluy de son royaume, et par mandement en datte du 29 janvier 1364, il leur fait donner pour leur frais 120 réaux. » (*Collection de Bourgogne*, vol. 24, fol. 89, vᵒ.)

1. « Die VIII mensis februarii (1365) soluti fuerunt Rigaldo Rogeti, priori de Venacio, Caturcensis diocesis, familiarique domini Anglici, episcopi Avinionensis, pro expensis nuper factis per ipsum dominum Avinionensem et dominum thesaurarium ipsius domini nostri pape et certos alios qui de mandato ejusdem domini pape iverunt ad Sanctum Spiritum, ubi noviter dominus dux Andegavensis noviter venerat, prout in quodam compoto per dictum Rigaldum de premissis reddito in magno libro ista die descripto particulariter continetur, et fuit eidem satisfactum, ipso manualiter recipiente, XCI libre XVI s. VI d. » (Archives du Vatican, *Introitus et exitus.* reg, 308, fol. 104 vᵒ.)

2. « Die eadem (VIII mensis februarii 1365) soluti fuerunt eidem Rigaldo pro aliis expensis etiam nuper factis in Ponte Sorgie in adventu dicti ducis et ejus gentibus ac dominorum Avinionensis et thesaurarii predictorum, de mandato prefati domini nostri pape, prout in alio computo ista die per eum reddito in dicto libro magno scripto lacius est expressum, et fuit sibi solutum, ipso recipiente manualiter, XVIII flor. ad grayletum, IIᶜ XXXII libre, XVIII s. VI d. » (*Ibidem*, fol. 104 vᵒ.)

3. *Compte de Raoul de Louppy*, éd. Chevalier, art. 75.

et le roi de Navarre [1]. Le 19 février 1365, Charles V désigna
les procureurs qu'il avait promis d'envoyer à Avignon le
2 mars : c'étaient l'archevêque de Sens, le comte d'Etampes, le
comte de Boulogne, le comte de Tancarville et Guillaume
Dormans [2]. Enfin, le 6 mars, les clauses du traité furent arrêtées entre les procureurs des deux rois [3]. L'acte fut ratifié
d'abord par Charles de Navarre en mai, puis par Charles V en
juin 1365. Charles le Mauvais renonçait à Mantes, à Meulan et
au comté de Longueville, et recevait en échange la ville et la
baronnie de Montpellier. Quant au droit auquel il prétendait
sur le duché de Bourgogne, il acceptait d'avance la décision
du pape à ce sujet. Le souverain pontife devait, en outre, se
prononcer sur la valeur des terres échangées, et, en un mot,
sur toutes les contestations qui pouvaient subsister ou naître
entre les deux rois, et cela avant le 1er octobre suivant. « Et
promettront les dictes parties qu'ils feront tout leur pouvoir de
pourchacier pardevant le dit Saint-Père qu'il veuille vaquer et
entendre de jour en jour le plus hastivement que l'en pourra
à la dite besoigne. Et avecques ce promettront les parties qu'ils
envoieront devers lui dedans certain jour procureurs souffi-
samment fondez...., lesquiex ne se partiront d'Avignon jusques
à tant qu'il soit déterminé, ordené ou accordé des dites
besoignes [4]. » Par lettres du 4 mai, le roi de Navarre avait
promis que ses procureurs seraient à Avignon le 8 septembre [5].
Il s'en remit au captal de Buch du soin d'obtenir de Charles V
la ratification et l'exécution du traité de paix. Il lui donna
tout pouvoir pour « la perfection et poursuite des choses
traictiées et accordées » entre Charles et lui, et le constitua
son représentant auprès du Saint-Siège [6]. Une première difficulté se présenta au sujet de la remise de la ville de Montpellier sur laquelle le duc d'Anjou élevait des prétentions ; en

1. « Die eadem (XIII februarii 1365) soluti fuerunt de mandato domini nostri pape Raymundo Guersaballi, usserio domini nostri pape, quem mittit ad
dominum ducem Andegavensem super facto concernente pacem inter reges
Francie et Navarre, ipso Raymundo manualiter recipiente, XL flor. camere. »
(Archives du Vatican, *Introitus et exitus*, reg. 308, fol. 105 v°.)

2. Secousse, *Histoire de Charles le Mauvais*, preuves, t, II, p. 214.

3. Voyez Secousse, *Ibidem*, t. I, 2e partie, p. 77 à 83 ; Delisle, *Mandements
de Charles V*, n° 225 a, p. 106 ; Froissart, éd. Luce, t. VI, *sommaire*.

4. Delisle, *Mandements*, p. 108.

5. Secousse, *Hist. de Charles le Mauvais*, t. I, 2e partie, p. 85.

6. Lettre originale de Charles, roi de Navarre, datée de Pampelune le 2
mai 1365, Bibl. nat., ms. fr., 26006, n° 165.

1351, son père lui en avait fait don à condition qu'il épousât
la fille de Pierre d'Aragon. Le mariage n'eut pas lieu. En
dépit de quoi le duc avait mis la main sur Montpellier. Mais
son père l'en avait dessaisi en 1358. Maintenant il invoquait
cette donation et refusait de livrer Montpellier au captal de
Buch. Le différend fut soumis à Urbain V qui, le 25 janvier
1366, décida que Louis d'Anjou devait mettre le captal, commissaire du roi de Navarre, en possession de Montpellier. De
son côté, le captal s'engagea par serment à remettre au duc,
à la mi-carême ou à Pâques des lettres du roi de Navarre, dont
le modèle fut dressé. Celui-ci, par ses lettres, promettait de
renoncer à Montpellier dès que le duc lui aurait donné des
villes et des terres de moindre importance, mais d'un égal
revenu [1]. Depuis la signature du traité, le roi de France et le
roi de Navarre se montraient moins empressés de soumettre
leurs différends à l'arbitrage du pape, et d'arriver à la conclusion d'un accord définitif. Il importait peu à Charles V que le
pape se prononçât sur la question de Bourgogne, puisque son
frère la gouvernait sans que personne songeât sérieusement à
contester ses droits ; quant à Charles de Navarre, il pouvait
craindre, et à juste titre, que la sentence du souverain pontife
ne lui fût pas favorable ; il serait sans doute condamné à
renoncer solennellement à l'héritage de Philippe du Rouvre ;
il préférait donc ne se lier par aucun serment et conserver la
possibilité de faire valoir ses droits le cas échéant. Aussi, le 14
août 1365 [2], les deux parties, d'un commun accord, reportèrent
à la Toussaint l'entrevue qui devait avoir lieu entre leurs
commissaires à Avignon le 8 septembre. Mais cette « journée »
fut prorogée jusqu'à Noël, puis au jour des Brandons, et ainsi
de suite jusqu'en 1367 [3], si bien que la mésintelligence éclata
à nouveau entre Charles V et le roi de Navarre avant que ni
l'un ni l'autre n'eût envoyé ses procureurs à la cour d'Avignon. Le pape quitta cette résidence sans avoir eu à se prononcer sur les points que le traité de juin 1365 avait laissés à
son arbitrage.

La guerre finie, ou du moins apaisée, entre Charles V et
Charles de Navarre, entre le comte de Foix et le comte
d'Armagnac, entre Jean de Montfort et la veuve de Charles de

1. Secousse, *Hist. de Charles le Mauvais*, t. I, 2e partie, p. 94-96.
2. Secousse, *Ibid.*, t. I, 2e partie, p. 99.
3. Secousse, *Ibid.*, p. 100 et suiv.

Blois, la France n'en avait pas recouvré pour cela la tranquillité. Les querelles des princes terminées, il arriva, ce qu'on
avait déjà vu après le traité de Brétigny, qu'il y eut une
recrudescence dans les ravages des compagnies. A mesure que
les seigneurs licenciaient leurs gens d'armes, ceux-ci se
jetaient sur la campagne. Privés de solde, force leur était de
vivre aux dépens des populations. « En ce temps estoient les
compagnies si grandes en France que on n'en savoit que faire,
car les guerres du roy de Navarre et de Bretagne estoient
faillies [1]. »

On intercéda auprès du roi d'Angleterre et de son fils pour
qu'ils consentissent à unir leurs efforts à ceux du roi de France
contre les compagnies. Guy de Prohins, gouverneur de Montpellier, se rendit auprès du prince de Galles en vue d'aviser
à l'expulsion des détestables compagnies, puis, muni de
lettres du pape[2], il alla porter au roi de France la réponse
du prince de Galles. Le 8 avril, le pape publia une bulle où,
après avoir retracé dans un préambule plein d'éloquence les
excès innombrables et incessants des compagnies, pillages,
vols, incendies, meurtres, viols, sacrilèges, — il n'y avait pas
un crime qu'on ne pût leur reprocher, — il exhortait tous les
chrétiens à se lever contre ces brigands[3]. Dès ce moment,
Charles V songeait à profiter d'une guerre que le roi de
Hongrie soutenait contre les Turcs pour lancer les compagnies
de ce côté. « A ce donc avoit un roy en Hongherie qui les
volsist bien avoir eus (les gens des compagnies) delès lui, et
les euist trop bien ensonniiés contre les Turs à qui il gue-
rioit et qui li portoient moult de damages; si en escripsi devers
le pape Urbain cinquime qui estoit pour le temps en Avignon,
qui volentiers en euist veu le délivrance dou royaume de
France, et ossi devers le roy de France et devers le prince de
Galles[4]. » Le roi de France et le duc de Bourgogne députèrent
auprès de Louis, roi de Hongrie, et de l'empereur, l'évêque
d'Auxerre Pierre Aymon, et un chevalier bourguignon, Eudes
de Grancey. Ceux-ci ne firent pas moins de deux voyages en
Hongrie, en Allemagne et en Bohême[5]. Dès avant le 8 mai

1. Froissart, éd. Luce, l. I, § 546, t. VI, p. 183.
2. Bulle du 5 avril 1365 ; *pièces justificatives*, n° L.
3. Bulle du 8 avril 1365, publ. par Raynaldi, *Annales eccles.*, a. 1365, § III
et IV.
4. Froissart, éd. Luce, l. I, § 546, t. VI, p. 184.
5. Bibl. nat., *Collection de Bourgogne*, vol. 24, fol. 70 v°.

1365, le pape et le roi de France avaient décidé de mettre Bertrand Duguesclin à la tête de l'expédition. Mais celui-ci était encore prisonnier. C'est probablement pour traiter de sa rançon qu'il se rendit auprès du prince de Galles, porteur de lettres du pape datées du 8 mai 1365[1]. « A notre très-cher fils noble homme, Édouard, duc d'Aquitaine et prince de Galles. Notre cher fils, noble homme, Bertrand Duguesclin, comte de Longueville, porteur des présentes, homme vaillant et pieux, a entrepris une œuvre agréable à Dieu, au siège apostolique et aux hommes de bonne volonté, et dont l'accomplissement sera utile à tous les chrétiens, à savoir de dissoudre avec votre assistance et celle des princes et des grands, et d'envoyer contre les Turcs infidèles et perfides ces compagnies détestables, faisceaux d'iniquité, qui ravagent les pays des fidèles ; c'est pourquoi il se rend auprès de vous. Nous vous prions de le traiter honorablement et affectueusement, de favoriser son entreprise et d'ajouter entière foi à tout ce qu'il vous dira touchant cette affaire. » Urbain V recommandait en même temps Duguesclin au captal de Buch et à Jean Chandos, connétable d'Aquitaine[2].

Sur ces entrefaites, l'empereur Charles IV vint à Avignon. Les princes français voulurent mettre à profit son voyage pour obtenir de lui qu'il les secondât dans l'expulsion des compagnies. Dès que le duc de Bourgogne eut nouvelle du voyage de l'empereur, il décida d'aller lui rendre visite. Nul doute que son intention ne fût de solliciter de l'empereur le passage à travers les pays d'empire pour les compagnies qu'on se proposait d'envoyer en Hongrie. Personne n'avait intérêt plus que le duc Philippe à voir les compagnies sortir de France ; son duché n'avait cessé depuis le traité de Brétigny d'être le théâtre de leurs exploits. Il voulait encore obtenir le consentement de l'empereur à son mariage projeté avec la veuve de Philippe de Rouvre. Il n'entreprit cependant ce voyage qu'après avoir pris conseil de son frère. Charles V lui répondit[3]

---

1. *Pièces justificatives*, n° LIII.
2. Même *pièce justificative*, n° LIII.
3.   « De par le Roy.
« Très cher et très amé frère, nous avons reçeu vos lettres contenans comment nostre oncle l'empereur vous a escript que vous alliez à Avignon où il doit estre dedans le mois de Pasques ; si sachiez que se vous pouvez laisser vostre pays en sureté il nous plaist bien que vous y alliez. Et sachez que nous avons ordonné à y envoyer, tant pour vostre mariage comme pour les

qu'il lui plaisait bien qu'il fît ce voyage pourvu qu'il laissât son pays en sûreté. Du reste, le roi de France envoyait de son côté auprès de l'empereur l'archevêque de Sens, l'évêque de Nevers et Guillaume de Dormans, chancelier du Dauphiné, « messages bien solennels, » tant pour parler à l'empereur du mariage du duc son frère que pour d'autres besognes. Ces autres besognes, c'était d'abord l'envoi des routiers en Hongrie; c'était encore l'affaire de la succession au duché de Bourgogne, car nous savons que Charles de Navarre et Charles V avaient décidé de soumettre leur différend, non seulement au Saint-Père, mais aussi à l'empereur quand il viendrait à Avignon[1]. Le 14 mai 1365, le duc de Bourgogne dépêche à Avignon, pour le précéder, pour faire les provisions nécessaires au voyage et préparer les logements, Girard de Longchamp, bailli de Chalon, Thomas de Chapelles, son secrétaire, Jaquet de Grançon, écuyer de cuisine, Pierre de la Grange, chapelain de l'évêque de Chalon, et Jean d'Aubenton, fourrier ducal[2]. Lui-

autres besoignes que nous y avons à faire, l'arcevesque de Sens, l'evesque de Novers, et Guillaume de Dormans, chancelier de Viennois, qui sont messages bien solennels, et qui partiront tantost pour y aler. Si vouldrions bien que vous les attendissiez afin qu'ils s'en alassent avecques vous, mes que vous fussiez bien certain que nostre oncle demourast tant par delà que vous y peussiez estre avant qu'il s'en partist. Donné à Paris le secont jour de may [1365]. Blanchet. » (Bibl. nat., *Collection de Bourgogne*, vol. 26, fol. 83.)

1. Lettre de Charles de Navarre du 2 mai 1365, citée à la note 6 de la p. 45.

2. « L'an mil CCCLXV, le mercredy XIIIIe jour du mois de may, partit après diné de Chalon mess. Girart de Lonchamp, chevalier, bailly dud. lieu de Chalon pour aller en Avignon de par mond. s. le duc de Bourgogne et pour son commandement fait à luy de bouche en la présence du dien de Chalon, du chancelier de Bourgogne, de M. Guy de la Trémoille, chevalier, de maître Jean Blanchet, de Me Thomas de Chapelles et de plusieurs autres, et avec led. bailly qui estoit à V personnes et à V chevaux furent envoyez, du commendement dud. mons. le duc, Jaquet de Grançon, écuyer de cuisine de mons. à III personnes et à III chevaux, mess. Pierre de la Grange chappelain de mons. l'evesque de Chalon à II personnes et à II chevaux, et Jean d'Aubenton, fourrier dud. mons. le duc à I personne et à I cheval. Et liquelx furent ensuite envoyez aud. lieu d'Avignon pour faire provisions et garnisons et prendre hostelx et logements pour led. mons. le duc et ses gens, liquel mess. li duc devoit illec aller pardevers son oncle l'empereur qui là estoit ou devoit estre, pour lesquelles provisions, logements et garnisons et pour les despens des dessus nommés qui font XI personnes et XI chevaux et de plusieurs autres, si comme il apperra en cest livres, lidit bailly a fait recepte, despens et missions par la manière qui s'ensuit..... » (Extr. de la Chambre des Comptes de Dijon, Bibl. nat., *Collection de Bourgogne*, vol. 52, fol. 140.)

même quitta Rouvre le 6 juin[1], ayant en sa compagnie cinq chevaliers bannerets, treize bacheliers et vingt-six écuyers. Les bannerets étaient le comte de la Marche, Antoine de Beaujeu, Jacques de Vienne, Eudes de Grancey et le seigneur de Conches. Parmi les chevaliers, on remarquait Jean de Montaigu, seigneur de Sombernon[2].

L'empereur avait fait son entrée à Avignon le 23 mai[3]. Le

1. Voici l'itinéraire suivi par le duc de Bourgogne : « Le lundy, 2 juin suivant aud. an 1365, mondit s. après avoir diné à Dijon fut souper et coucher à Rouvre. Le 6, il en partit pour aller dîner à Ville-sous-Givry et coucher à Argilly ; le 7 fut de là dîner à Beaune et coucher à Chalon. Le 8, après y avoir diné, fut coucher à Cuisery et le 9 dîner à Mâcon. Le soir il fut souper à Toussy, aux dépens de mons. de Beaujeu, exceptez les chevaux de ses gens qui estoient à gages. Le 10, aprez avoir diné aud. Toussy aux dépens dud. sire de Beaujeu il fut le soir souper et coucher à Lyon sur le Rhosne. Le 11, dîner à Saint-Symphorien en Dauphiné et le soir souper et coucher à Vienne en Dauphiné ; passa le jeudy 12, jour de la Feste-Dieu, oud. lieu de Vienne. En passant par Chalon il prit pour 216 livres 10 sols tournois de poissons pour présenter à l'Empereur qu'il alloit trouver. Le 13, fut dîner à Saint-Rembert et le soir coucher à Romans devers l'Empereur. Le 14, il fut dîner et coucher à Saint-Antoine de Viennois. Le 15, aprez y avoir dîné, fut souper et coucher à la Coste-Saint-Andrieu. Le 16, aprez y avoir dîné il fut coucher à Saint-George et se trouva le 17 à Lyon où il donna le soir de ce jour à souper aux dames de la ville.... » (Extr. du Compte de la dépense de l'hôtel, dans la *Collection de Bourgogne*, vol. 52, fol. 118.)

2. « Par lettres de Dijon, 25 juin 1365, le duc de Bourgogne mande aux gens des comptes du Roy à Paris et aux siens à Dijon, d'allouer à Huet Hanon, son trésorier, ce qu'il a donné aux personnes qui suivent sur leurs gages d'eux et des gens de leur compagnie desservis au voyage qu'il a fait depuis peu à *Romans vers l'empereur*, non obstant qu'ils ne voyent point leurs monstres autrement que par ces présentes, savoir au conte de la Marche, chevalier banneret, pour luy, 3 chevaliers bacheliers et 5 écuyers, au fort de 2 frans par jour pour banneret, d'un pour bachelier et de demi pour écuyer, du 7 juin aud. an jusqu'au 21 dud. mois, 105 l.; à Antoine, seigneur de Beaujeu, chev. banneret, un chevalier bachelier avec luy et 4 écuyers, du 9 juin dess. d. jusqu'aud. 21, 50 l.; à Jaques de Vienne, seigneur de Louvy, pour luy banneret, 2 chev. bacheliers et 8 écuyers, du 7 juin dess. dit jusqu'audit 21, 112 l.; à Jean de Montagu, seigneur de Sombernon, pour luy bachelier et 2 écuyers du 13 juin dess. dit jusqu'aud. 21, 16 l.; à messire Eudes de Grancy, sire de Pierrepont, pour luy banneret, un chevalier bachelier et 2 écuyers, dudit 13 juin jusqu'audit 21, 32 l.; au seigneur de Conches, pour luy banneret, un chev. bachelier et 2 écuyers du 7 juin dess. d. jusqu'aud. 21, 56 l.; à mess. Hugues, sire de Raigny, pour luy et un autre chev. bachelier avec un écuyer du 12 juin dess. dit jusqu'aud. 21, 32 l. 1/2; à Jean de Crux et mess. Philipe de Jaucourt, chevaliers bacheliers et 2 écuyers du 9 juin dessus dit jusqu'au dit 21, 34 l. 1/2. » (Bibl. nat., *Collection de Bourgogne*, vol. 26, fol. 83.)

3. *Secunda Vita Urbani V*, dans Baluze, *Vitæ paparum Avenion.*, t. 1, col. 404.

roi de France avait donné ordre à Raoul de Louppy d'aller au
devant de Charles IV autant pour protéger sa suite que pour
lui faire honneur. Raoul accompagna Charles IV à Avignon,
à Arles et dans le comté de Savoie [1]. Il était naturel que le
gouverneur du Dauphiné fît escorte à l'empereur. Le Dauphiné
était fief d'empire. Dans une lettre d'environ 1363, Charles IV
rappelle que la Provence, le Dauphiné et la Savoie relèvent de
lui directement. Dans la même lettre il appelle Raoul de
Louppy, gouverneur du Dauphiné, « son conseiller [2] ». Pendant
son séjour à Avignon et en Provence, il ne cessa de faire
acte de souverain ; il accorda un grand nombre de privilèges
aux villes et au clergé du Dauphiné, affirmant par là son
droit de suzeraineté sur l'ancien royaume d'Arles [3]. Charles V,
en politique prudent, se garda bien de réclamer ; il lui importait de ne pas s'aliéner l'empereur et il pouvait, sans crainte
de voir sa propre autorité affaiblie, le laisser se délecter dans
l'exercice d'un pouvoir quasi imaginaire. Toutefois, Charles IV
ayant exempté la ville de Romans de toute espèce d'imposition [4],
le Conseil delphinal crut de son devoir de protester auprès du
roi [5]. Charles V, au lieu d'annuler le privilège, le confirma,
tout en trouvant moyen qu'il ne lui en coûtât rien : il se
fit donner par les gens de Romans une somme de mille florins [6]. A l'empereur les honneurs de la souveraineté, à
Charles V les profits.

Charles IV quitta Avignon le 2 juin [7]. De là il se rendit à
Arles où il se fit couronner roi [8], puis dans le comté de
Provence. Retournant en Allemagne, il s'arrêta à Romans où
il rencontra le duc de Bourgogne. L'entrevue fut courte. Le
duc n'arriva à Romans que le 13 juin vers le soir et dès le
lendemain il reprenait le chemin de la Bourgogne [9].

1. *Compte de Raoul de Louppy*, éd. Chevalier, art. 34. — Fontanieu (Bibl.
nat., ms. lat., 10958, fol. 194, v°) cite un mandement de Raoul de Louppy du
7 mai 1365 donnant ordre à deux chevaliers de faire les provisions nécessaires pour le passage de l'Empereur en Dauphiné.
2. Publ. dans Lünig, *Codex Italiæ diplomaticus*, t. I, col. 2443.
3. Voyez Fontanieu, Bibl. nat., ms. lat. 10958, fol. 191, 193 v°, 198, 198 v°,
199, 200.
4. Acte du 5 juillet 1365, dans Fontanieu, fol. 200.
5. Fontanieu, fol. 204.
6. Fontanieu, fol. 210.
7. *Secunda Vita Urbani V*, dans Baluze, *Ibid.*, t. I, col. 404.
8. Papon, *Histoire de Provence*, t. III, p. 211 ; Baluze, *Vitæ papar. Aven.*,
t. I, col. 985.
9. Voyez plus haut, p. 50, note 1.

Le voyage de l'empereur eut cependant pour la France des résultats tels que le pape et le roi devaient les souhaiter. Par bulle du 9 juin 1365, le pape informa le roi de l'issue des pourparlers qu'il avait eus avec l'empereur, touchant l'expulsion des compagnies [1]. L'empereur ne doutait pas que le roi de Hongrie ne donnât un libre passage aux compagnies sur ses terres. Quant à lui, non content de permettre à ces gens d'armes si redoutés de traverser l'Empire, il offrait de subvenir à leur entretien depuis leur sortie de France jusqu'à leur entrée en Hongrie. Il ne voulait rien faire cependant qu'on ne fût assuré du bon vouloir du roi de Hongrie. Il offrait encore les revenus de son royaume de Bohême pendant trois ans. Prévoyant le cas où le roi de Hongrie refuserait l'entrée de son royaume aux compagnies, chose peu probable, puisqu'il désirait, paraît-il, avoir des troupes pour repousser les Turcs qui menaçaient ses États, le pape et l'empereur avaient décidé que dans ce cas on transporterait les compagnies par mer en Orient. Le Saint-Père envoya auprès du roi de Hongrie le maréchal d'Audrehem. On ne sait rien de cette mission.

D'autre part, on se mit à négocier avec les compagnies, car il fallait qu'elles fussent prêtes, aussitôt la réponse du roi de Hongrie connue, à prendre soit le chemin de l'Allemagne, soit celui de l'Italie. Le 18 juin, Urbain V écrivait à Androin, son légat en Italie, que le traité entre le roi de France et les compagnies était presque conclu; du moins le bruit en courait [2]. Les négociations furent plus difficiles et plus longues que cette lettre du pape ne le laisserait supposer. Les capitaines ne voulaient pas entendre parler d'une expédition en Hongrie, quelques sommes qu'on leur offrît, quelques facilités qu'ils dussent trouver pour accomplir le voyage. C'étaient là des pays lointains et inconnus, d'où ils craignaient de ne pouvoir plus sortir au cas où ils seraient battus [3].

D'ailleurs, Duguesclin n'étant pas encore libre, il fallait faire choix d'un autre capitaine. Le roi de France résolut, et cela avant le 20 juin 1365 [4], de confier à Arnaud de Cervole, dit l'Archiprêtre, le commandement de l'expédition. Si l'Archiprêtre avait moins de prestige que le vainqueur

1. Bulle du 9 juin 1365 dans Raynaldi, *Annales eccles.*, a. 1365, § II.
2. Bulle du 18 juin 1365 dans Theiner, *Codex diplomat. dominii temporalis*, t. II, p. 428, n° 404.
3. Froissart, éd. Luce, l. I, § 546, t. VI. p. 184; *sommaire*, t. VI, p. LXXIX.
4. *Pièces justificatives*, n° LIV.

de Cocherel, peut-être jouissait-il auprès des compagnies d'un plus grand crédit. Il usa de son influence, et si habilement qu'il parvint à entraîner à sa suite une partie des bandes qui ravageaient la Bourgogne. Le pape, qui était un des promoteurs de l'entreprise, travailla à persuader aux routiers de suivre l'Archiprêtre. Le 19 juillet, il informait les archevêques et évêques français qu'il avait concédé au roi de France la décime des revenus ecclésiastiques pour une durée de deux ans [1]. Il envoya un légat à Mâcon pour absoudre les compagnies excommuniées [2]. Enfin Urbain V s'employa tout particulièrement à déloger d'Anse, petite ville sise sur la Saône et non loin de Lyon, les gens de Seguin de Badefol, qui de là, comme d'un repaire, se jetaient sur le Lyonnais, le Mâconnais et le Chalonnais.

Anse appartenait au chapitre de Saint-Jean de Lyon. Mais Seguin, qui s'en était emparé le 1er novembre 1364 [3], y commandait en maître, à ce point qu'on n'osait s'aventurer sur le territoire qu'il occupait sans avoir obtenu de lui un sauf-conduit. Pour renforcer son autorité, Seguin s'intitulait capitaine d'Anse par le roi de Navarre [4]. Il n'est pas probable qu'il ait jamais reçu une commission du roi de Navarre; tout au plus peut-on supposer qu'il en avait reçu de l'argent. Il est certain que Charles le Mauvais avait distribué des sommes aux compagnies pour qu'elles continuassent à ravager les terres du roi de France : c'était un des griefs de Charles V contre lui. A la fin de février 1365, Raoul de Louppy vint avec une troupe de chevaliers rétablir la paix dans la ville de Lyon ; un désaccord s'était élevé entre le peuple et le clergé « pour le fait messire Seguin de Badefol qui estoit et avoit occuppé la forteresse d'Anse, qui par chascun jour lui et ses gens s'efforssoient de grever et dommaiger les habitants de la dicte ville de Lyon [5] ».

1. *Pièces justificatives*, n° LVIII.
2. Chérest, *L'Archiprêtre*, p. 309; Michon, dans la *Revue des Sociétés savantes*, 5e série, t. I (1870), p. 166.
3. Froissart, éd. Luce, *sommaire*, t. VI, p. XXIX ; G. Guigue, *les Tard-Venus en Lyonnais*, p. 105.
4. G. Guigue, *les Tard-Venus*, p. 107.
5. *Compte de Raoul de Louppy*, éd. Chevalier, art. 120, et art. 55. L'art. 120 porte que le voyage de Raoul eut lieu du 25 février 1365 au 2 mars suivant. Ordinairement les rédacteurs du compte font commencer l'année à Pâques. Il semblerait plus logique de fixer ce voyage à l'année 1366. Mais comme les art. 121 et 122 du même compte sont relatifs aux voyages de Raoul à Lyon en août et septembre 1365, et comme l'art. 120 mentionne la présence de

Les gens du roi et les nonces apostoliques [1] firent tant qu'en juillet 1365, Seguin s'engagea envers eux à restituer Anse au chapitre de Saint-Jean et à évacuer le royaume, moyennant l'absolution et le paiement de quarante mille petits florins [2]. Le traité fut conclu avant le 10 juillet, car à cette date la Chambre apostolique remit à titre de prêt à plusieurs dignitaires de l'église de Lyon et à deux bourgeois de la même ville une somme de quatre mille florins pour la délivrance de la ville d'Anse ; les dits chanoines et bourgeois s'engageaient à rendre la somme prêtée à la Toussaint prochaine [3]. Toutefois, Seguin de Badefol voulut avoir l'assurance que le prince de Galles ne s'opposerait pas à l'accomplissement du traité. Originaire du diocèse de Sarlat, il reconnaissait le prince de Galles, duc d'Aquitaine, pour son suzerain, encore qu'il eût depuis longtemps cessé de lui obéir. Il lui importait que le prince Edouard ne l'inquiétât pas au sujet des offenses dont il avait pu se rendre coupable envers lui. A sa requête, le

Seguin à Anse et que Seguin est mort en décembre 1365, la date de février 1365 donnée par l'art. 120 doit être conservée. — Voyez Guigue, *les Tard-Venus*, p. 111.

1. Le 23 juillet, après le traité conclu avec Seguin de Badefol, le pape envoya à Anse un de ses sergents d'armes ; Archives du Vatican, *Introitus et exitus*, reg. 308, fol. 143 v° : « Die XXIII dicti mensis (julii 1365) soluti fuerunt de dicto mandato (domini nostri pape), Raymundo de Sancto Michaele, servienti armorum et aquario domini nostri pape, quem idem dominus noster papa mittit apud Ensam ad dominum Guidonem de Badafolle, qui cum ejus societate detinet dictum locum, ipso Raymundo manualiter recipiente, pro suis expensis faciendis, XXV floren. camere. » Voyez, sur l'intervention du pape dans le traité entre les habitants de Lyon et Seguin de Badefol, pour la reddition de la ville d'Anse, Guigue, p. 116 et suiv.

2. Froissart, éd. Luce, *sommaire*, t. VI, p. XXXVI. Voyez Guigue, p. 120.

3. « Die eadem (X julii 1365) soluti et traditi fuerunt, de predicto mandato, domino Johanni de Taylarone decano et Raynaudo de Turio precentori ac Guillelmo de Spinassia custodi et Petro de Croseto canonico ecclesie Lugdunensis et Matheo de Varey camerario Sancti Pauli Lugduni ac Ysnardo de Villanova burgensi de Lugduno et Guillelmo de Varey alias Plocon burgensi Lugdunensi, de pecuniis camere apostolice, ratione veri et puri mutui, eis per dictum dominum nostrum papam facti, pro deliberatione loci de Ance, Lugdunensis diocesis, quam occupat dominus Seguinus de Badavallo cum ejus gentibus, quos omnes prenominati et quilibet eorum insolidum promiserunt solvere et restituere predicte camere in festo Omnium Sanctorum proxime venturo, prout in instrumento per dominum Johannem Palaysini notarium dicte camere super hiis ista die X presentis mensis Julii recepto, latius est expressum, predictis Ysnardo de Villanova et Guillermo de Varey pro omnibus prenominatis, et ipsis recipientibus manualiter, IIII[m] franchi boni. » (Archives du Vatican, *Introitus et exitus*, reg. 308, fol. 143.)

pape écrivit, le 16 juillet, au prince Edouard [1]. « A notre bien-
aimé fils, noble homme, Edouard, duc d'Aquitaine et prince
de Galles. Vous avez appris, nous n'en doutons pas, que noble
homme, Seguin de Badefol, chevalier du diocèse de Sarlat,
votre sujet, quoique depuis longtemps il cesse d'en remplir les
devoirs, capitaine d'une compagnie de gens d'armes, et qui
s'est emparé de certaines terres du royaume de France et y a
commis de nombreuses déprédations, offensant gravement par
là notre très-cher fils dans le Christ, Charles, illustre roi de
France, a conclu un traité en cour de Rome avec les gens du
dit roi et s'est engagé à évacuer la ville d'Anse au diocèse de
Lyon, à cesser toute attaque contre les dits roi et royaume et
à ne plus combattre dans ces détestables compagnies, à condition que le roi et vous lui fassiez remise à lui et à ses complices
de toutes les offenses faites aux dits roi et royaume ; nous,
informés de ces intentions et désirant que lui et ses complices
mettent une borne à leurs crimes, confiant dans la paternelle
bonté du roi de France et dans la vôtre, nous avons donné aux
envoyés de Seguin l'assurance qu'il obtiendrait votre pardon.
C'est pourquoi, comme les gens du roi de France lui ont promis
ce pardon à condition que de son côté il tienne ses promesses,
et comme nous intercédons auprès du dit roi qui se rendra
certainement à nos prières, nous requérons votre noblesse
d'accorder gracieusement pleine rémission à Seguin et à ses
complices, en tant qu'ils sont vos sujets ; et que vous veuilliez
bien en dresser un acte que vous remettrez à notre cher fils Jean
de Sisteron, notre messager, porteur des présentes. » On pen-
sait que la troupe de Seguin se joindrait aux compagnies
qu'Arnaud de Cervole emmenait en Allemagne. Le 6 août
1365, le sire de Sombernon, gouverneur de Bourgogne, mandait au bailli de Chalon de se rendre à Tournus pour y prendre les
gens de Seguin et les conduire à travers la Bourgogne jusqu'auprès de l'Archiprêtre qui était en Franche-Comté. Le gouverneur
de Bourgogne n'était pas sans ignorer son échec devant Stras-

1. *Pièces justificatives*, n° LVII. C'est sans doute à propos de la même
affaire que le pape envoya le 21 juillet au prince de Galles un certain Domi-
nique de *Lucarre*. « Die XXI dicti mensis (julii 1365) soluti fuerunt de mandato domini nostri pape Dominico de Lucarre hostiario minori domini nostri
pape quem idem dominus noster papa mittit Burdegalos ad princi-pem
Waullie super certis negotiis, ipso Dominico manualiter recipiente pro suis
expensis faciendis, ipso recipiente manualiter, XV floreni camere. » (Archives
du Vatican, *Introitus et exitus*, reg. 308, fol. 143 v°.)

bourg, les compagnies redescendaient vers le duché et menaçaient de l'envahir à nouveau. Il espérait, sans doute, que
l'Archiprêtre, à l'aide des nouvelles recrues qu'on lui envoyait,
forcerait les portes de l'Allemagne. Le 9 août, Girard de
Longchamp, bailli de Chalon, était à Tournus attendant une
partie des gens de Seguin qu'il devait mener en la Comté vers
Arnaud de Cervole. Comme il était à souper on lui apporta des
lettres de Guy de Prohins, gouverneur de Montpellier, à
l'adresse du gouverneur de Bourgogne. Le bailli de Chalon
ouvrit les lettres qui lui annonçaient que les gens d'Anse ne
voulaient partir que tous ensemble. Or, un certain nombre
d'entre eux devaient aller en Auvergne. Leur départ ne pouvait
s'effectuer avant que le duc de Berry n'eût envoyé « condui-
seurs suffisants ». Leurs compagnons se refusaient donc à
aller rejoindre la troupe de l'Archiprêtre [1].

Si l'on en croit une bulle pontificale, Seguin de Badefol et
quelques-uns de ses complices seraient venus trouver le Saint-
Père. En effet, le 5 août 1365, Urbain V accordait un sauf-
conduit à Seguin de Badefol qui se rendait à Avignon [2]. Il
écrivait spécialement à Louis, évêque de Valence, pour le
prier de laisser passer sur ses terres Seguin et un certain
nombre de ses compagnons que devaient lui désigner le doyen
de Lyon et le gouverneur du Dauphiné [3]. Je n'ai trouvé nulle
part ailleurs trace de ce voyage de Seguin. Quelques mois plus
tard, ce capitaine était encore à Anse. Il est difficile de croire
qu'au moment où il venait de promettre de cesser ses ravages
dans la région lyonnaise, il eût abandonné sa compagnie qui
n'aurait pas manqué de mettre à profit son absence pour se
livrer au pillage. Ou bien le voyage du capitaine est resté à
l'état de projet, ou bien il y a ici une confusion de nom. Nous
savons, en effet, que Seguin devait remettre des otages entre
les mains du pape. Raoul de Louppy reçut ordre des conseillers
du roi qui avaient négocié le traité avec Seguin, à savoir
l'archevêque de Sens, l'évêque de Nevers et Guillaume de
Dormans, de venir chercher les otages à Lyon. Il partit de
Romans le mercredi 6 août 1365. Il avait avec lui quarante-
trois chevaux « à armes descouvertes ». Il alla rejoindre à
Vienne le gouverneur de Montpellier commis par le pape pour

1. Bibl. nat., *Collection de Bourgogne*, vol. 26, fol. 121 et 122.
2. Archives du Vatican, registre 247, fol. 304.
3. *Pièces justificatives*, n° LIX.

traiter avec Seguin. Tous deux se rendirent à Lyon, puis à Anse pour y recevoir les otages. Le 9 août, Raoul de Louppy était de retour à Valence [1]. M. Luce nous apprend que Seguin avait promis de « livrer messire Seguin, son père, et ses frères comme otages à Avignon » [2]. Les clercs de la chancellerie pontificale n'auraient-ils pas confondu Seguin de Badefol et son père, Seguin de Gontaut ?

Quoi qu'il en soit, le traité d'Anse ne produisit pas les effets qu'on en attendait. Le 28 août 1365, les compagnies occupaient encore Anse [3]. Un certain nombre de gens d'armes quittèrent la place, mais ce fut pour remonter vers le nord et ravager la Bourgogne. Au commencement de septembre, Raoul de Louppy et le gouverneur de Montpellier vinrent trouver Seguin de Badefol une seconde fois [4]. Il faut, du reste, reconnaître que si la garnison d'Anse ne se dispersait pas complètement et n'évacuait pas le royaume, comme elle l'avait promis, c'est qu'on tardait à lui payer la rançon convenue [5] ?

L'expédition de Hongrie avait échoué dès le début. Les villes d'Alsace avaient fermé leurs portes. Les Allemands refusèrent le passage qu'avait promis l'empereur. Dès la fin de juillet 1365, les compagnies revenaient en Bourgogne. Il fallait donc les diriger d'un autre côté. A ce moment même, une guerre sévissait en Castille, entre don Pèdre et son frère bâtard, Henri de Trastamarre. Don Pèdre, par ses crimes, ne s'était pas seulement rendu odieux à ses sujets : il s'était aliéné les princes étrangers. Charles V lui reprochait le meurtre de sa femme, Blanche de Bourbon, sœur de la reine de France. Quant au pape, mécontent des persécutions que dom Pèdre exerçait contre le clergé, il l'excommunia : « De ceste ordenance fut moult resjoïs li rois de France et mist painne et conseil à ce que messire Bertrans de Claickin, que messires Jehans Chandos tenoit prisonnier, fust mis à finance ; il le fu parmi cent mil frans qu'il païa : si en paiièrent une partie li papes, li rois de France et Henris li Bastars [6]. » Une expédition contre don Pèdre n'était pas pour déplaire au souverain pontife ; non seulement,

1. *Compte de Raoul de Louppy,* éd. Chevalier, art. 36, 79, 121.
2. Froissart, éd. Luce, *sommaire,* t. VI, p. XXXVI.
3. Chérest, *L'Archiprêtre,* p. 327.
4. *Compte de Raoul de Louppy,* art. 122.
5. Voyez Guigue, *les Tard-Venus,* p. 123 et suiv.
6. Froissart, éd. Luce. l. I, § 547, t. VI, p. 187-188.

elle éloignerait d'Avignon les compagnies ; mais, de plus, c'était une manière de croisade. On marcherait contre un prince que l'Eglise avait rejeté de son sein ; et rien n'empêcherait de pousser jusqu'en Grenade, pour guerroyer contre les Infidèles. Par acte du 22 août 1365, Duguesclin s'engagea envers le roi, qui avait contribué pour quarante mille florins d'or au paiement de sa rançon, à entraîner hors du royaume, le plus promptement possible, les compagnies qui séjournaient en Bretagne, en Normandie, dans le pays Chartrain et dans le midi[1]. Bertrand se mit en marche au commencement d'octobre 1365. Il traversa la Bourgogne, recrutant des troupes sur son passage. Entre le 12 et le 16 novembre, les compagnies arrivèrent près d'Avignon[2]. Elles s'arrêtèrent à Villeneuve. Encore qu'elles entreprissent une expédition quasi religieuse, elles n'en étaient pas moins à craindre pour le pape. Il se souvint à propos de l'offre que lui avaient faite les habitants de Marseille, en mars 1364, de lui envoyer des arbalétriers pour la défense de ses terres. D'abord, il s'était contenté de les remercier (1364, 31 mars[3]), en les priant de tenir ces gens d'armes à la disposition du recteur du Comtat Venaissin. En 1365, probablement quand on sut le prochain passage des compagnies, le recteur fit venir les Marseillais. Les comptes de la Chambre apostolique portent au 3 décembre 1365 une dépense de soixante florins payés sur l'ordre du pape à Pierre de Langres, damoiseau de Marseille, capitaine de cent arbalétriers envoyés récemment de Marseille pour la garde de la cité d'Avignon, et le payement de vingt autres florins aux mêmes arbalétriers pour subvenir aux frais de leur retour à Marseille[4].

1. Froissart, éd. Luce, *sommaire*, t. VI, p. LXXX, note 3.
2. Voyez Chérest, *L'Archiprêtre*, p. 334 ; et Froissart, éd. Luce, *sommaire*, t. VI, p. LXXX.
3. *Pièces justificatives*, n° XXX.
4. « Die III decembris (1365), soluti fuerunt de mandato domini nostri pape Petro de Lingris, domicello de Marcilia, capitaneo C balistrariorum missorum de Massilia nuper pro custodia civitatis Avinionis, pro dono speciali sibi facto per dictum dominum nostrum papam, Petro de Sancto Jorio, servitore camere domini nostri pape, pro ipso manualiter recipiente, LX flor. camere. — Die III decembris traditi et soluti fuerunt de mandato domini nostri pape, ad relationem domini camerarii, Petro de Sancto Jorio, servitori camere domini nostri pape, tradendi C arbalesteriis qui venerant de Massilia pro custodia civitatis Avinionis, pro suis expensis faciendis in redditu suo versus Massiliam, ipso Petro manualiter recipiente, XX floreni camere. » (Archives du Vatican, *Introitus et exitus*, reg. 315.)

Une fois campées à Villeneuve, les compagnies envoyèrent demander au pape l'absolution et de l'argent[1]. C'est de l'argent surtout qu'il leur fallait. Car, comme le dit Cuvelier, on les faisait prud'hommes malgré eux. Urbain V dut négocier et députa un cardinal auprès des capitaines. On sait le récit pittoresque, et sans doute plus poétique qu'exact, de ces négociations, tracé par Cuvelier. Arnoul d'Audrehem, qui s'était joint à Duguesclin, fut chargé de répondre au nonce apostolique. Il invita le pape à céder. Duguesclin conseillait, lui aussi, de se hâter. Il n'y avait pas d'espoir que les compagnies se retirassent sans avoir reçu d'argent. Or, plus elles s'attardaient à Villeneuve, plus le pays courait de dangers. Cuvelier conte que le pape mit une imposition sur les habitants d'Avignon et que Duguesclin refusa cet argent. Il voulait que le pape et les cardinaux supportassent seuls le fardeau et prissent l'argent dans leurs caisses. Les capitaines des compagnies n'avaient pas tant de scrupules, et leur conduite en toutes occasions prouve qu'ils se souciaient assez peu des misères du peuple. Ils ne s'inquiétaient guère d'où provenait l'argent qu'on leur remettait. Les Grandes Chroniques rapportent que le pape bailla des florins à messire Bertrand et lui accorda deux décimes[2]. La seconde vie d'Urbain V dit seulement que le pape promit de fortes sommes à Duguesclin pour l'expulsion des compagnies[3]. Voici les renseignements que fournissent sur ce point les comptes de la Chambre apostolique, où il est question, à plusieurs reprises, de « ce qui fut promis à messire Bertrand Duguesclin, comte de Longueville, pour chasser les compagnies du royaume de France »[4]. Il y a tout lieu de croire que ces promesses sont antérieures à l'arrivée des compagnies devant Avignon, et que celles-ci venaient simplement réclamer du pape l'exécution de ses promesses. Mais les comptes ne mentionnent aucun don fait par le pape aux capitaines. Nous voyons que toutes les sommes déboursées par la Chambre apostolique, en novembre 1365, et remises aux compagnies sont des prêts faits, soit aux provençaux, soit à d'autres personnes. Ainsi, à moins que le pape n'ait pas fait figurer dans

1. Voyez sur les négociations entre les compagnies et le Saint-Siège, la Chronique de Cuvelier, vers 7474 et suiv.
2. *Grandes Chroniques*, éd. P. Paris, t. VI, p. 237-238.
3. *Secunda Vita Urbani V*, dans Baluze, *Vitæ papar. Aven.*, t. I. col. 405.
4. *Pièces justificatives*, n° LXII.

ses dépenses les sommes qu'il donna à Bertrand, ce qui est peu probable, il faut en conclure que le passage des compagnies fut moins préjudiciable à son trésor que l'ont prétendu les historiens. Le 22 novembre, Urbain V fit remettre à un serviteur du cardinal de Canilhac, commissaire député à l'exécution des conventions faites avec Duguesclin et au paiement des sommes promises, quatre mille francs d'or bon poids. Les monnaies de cette espèce faisant défaut dans la caisse pontificale, les trésoriers du pape durent les acheter à deux changeurs italiens attachés à la cour romaine. Ces quatre mille francs devaient être remboursés au pape dans un délai déterminé [1]. Le 12 mai 1366, le familier du cardinal de Canilhac fit un premier remboursement de mille francs [2]. Le 27 novembre, le pape prêta aussi aux Provençaux, toujours pour l'expulsion des compagnies, douze mille francs d'or remboursables dans un délai de trois mois. Le premier remboursement qui s'élevait à quatre mille francs n'eut lieu que le 20 juin 1366 [3]. Enfin je suppose que c'est encore pour payer les compagnies que, le 16 janvier 1366, le pape remit à titre de prêt, au cardinal Gui, évêque de Porto, à Gilles, cardinal de Térouanne, à Pierre de Villars, maître d'hôtel du roi de France, à Gui de Prohins, sénéchal de Beaucaire et de Nîmes, quatre mille francs d'or que lesdits personnages s'engagèrent à lui rendre au dimanche des Rameaux suivant [4].

Assurées d'avoir de l'argent, ayant même reçu des sommes considérables, les compagnies s'éloignèrent d'Avignon. Dès le 23 novembre, la plus grande partie des gens d'armes avait

1. *Pièces justificatives*, n° LXII, § 3, 5.
2. *Pièces justificatives*, n° LXII, § 1.
3. *Pièces justificatives*, n° LXII, § 2, 4, 6, 7, 8, 10.
4. « Die eadem (ultima februarii 1366), cum de mandato domini nostri pape nuper die XVI mensis januarii proxime preteriti, mutuati et realiter traditi fuerint causa veri et puri ac legitimi mutui reverendissimis in Christo patribus, dominis Guidoni, episcopo Portuensi, et Egidio Morinensi, presbytero sancte Romane ecclesie cardinali, et nobilibus viris dominis Petro de Vilares, domino de Messi, Parisiensis diocesis, magistro hospicii domini regis Francie, et Guidoni de Pruinis senescallo Bellicadri et Nemausi, militibus, IIII^m franchi auri boni ponderis cugni regis Francie, empti de mandato domini thesaurarii dicti domini nostri pape per Thomam Monis de Florencia factorem domini Nicholay Jacobi militis et Benedicti Nerocii de Albertis de Florencia Romanam curiam sequentium, quia tunc non erant in camera apostolica, quam quidem summam franchorum prefati domini cardinales et alii milites suprascripti insimul et quilibet eorum insolidum promiserunt

passé dans les sénéchaussées de Toulouse, de Carcassonne et de Beaucaire [1]. Elles y firent une nouvelle halte. Elles demandaient encore de l'argent. Les capitaines trouvèrent des banquiers assez riches pour leur avancer le produit de la décime biennale concédée par le pape ; ils demandaient seulement qu'il leur fût permis de percevoir tout l'argent de la décime. Le pape y consentit [2]. En même temps, il prit des mesures pour hâter la perception de la décime. Il convenait de ne pas faire tort à ceux qui avaient bien voulu, dans l'intérêt du royaume, avancer les sommes nécessaires à l'expulsion des compagnies. Dans certains diocèses, la levée de la décime avait souffert un retard ; les bulles de concession [3], n'ayant pas été présentées assez tôt pour que le clergé pût effectuer le payement du premier terme fixé à la Toussaint 1365, ce premier terme fut prorogé au 1er mars 1366.

Il s'en fallait de beaucoup que toutes les compagnies eussent suivi Duguesclin. Bon nombre de gens d'armes étaient restés en Bourgogne, qui devaient rejoindre Bertrand sous la conduite de l'Archiprêtre. Maintenant les capitaines anglais refusaient de marcher contre Don Pèdre, de peur de déplaire à leur souverain. Le pape fit le procès aux compagnies (12 janvier 1366 [4]). Quelques jours avant, le 8 janvier, il avait mandé à l'archevêque de Lyon et aux évêques de Chalon et de Belley, au duc de Bourgogne et au comte de Savoie d'interdire aux nobles de leurs terres de combattre en combat singulier avec les gens

---

solvere et reddere camere predicte hinc ad diem dominicam Ramispalmarum proxime venturam sub certis obligationibus in instrumento per dominum Johannem Palaysini, notarium predicte camere, die XVI mensis januarii proxime preteriti super hiis recepto plenius continetur ; hinc est quod in solutionem et satisfactionem dicte summe soluti fuerunt de mandato prefati domini nostri pape predicto Thome qui predictos IIII^m franchos, ut premittitur, de suo seu de peccuniis dictorum magistrorum suorum emerat, ipso manualiter recipiente, quolibet francho pro uno floreno ponderis camere et II sol. VII den., et quolibet floreno camere pro XXVI solidis computatis, IIII^m III^c XCVII floreni camere XI sol. IIII den. » (Archives du Vatican, *Introitus et exitus*, reg. 315.)

1. *Pièces justificatives*, n° LXIII.
2. Même *pièce justificative*.
3. La concession est du 19 juillet 1365. *Pièces justificatives*, n° LVIII.
4. « Urbanus, episcopus servus servorum Dei. Ad perpetuam rei memoriam. Ad Romane curie statum securum et liberum..... Dat. Avinione, II idus januarii, pontificatus nostri anno quarto. » (Archives du Vatican, registre 248, fol. 190 à 191 v°.)

des compagnies [1]. Cette bulle fut affichée à la porte de l'église métropolitaine de Lyon [2].

L'expédition d'Espagne fut couronnée de succès ; elle fut même terminée trop rapidement ; car, dès le mois d'avril 1366, les routiers, après avoir pillé le trésor de Séville, reprenaient le chemin de la France ; quelques capitaines restaient toutefois avec Duguesclin, se proposant d'aller combattre les Maures de Grenade. Il était trop tard pour mener les bandes de Bourgogne en Espagne. Déjà les compagnies avaient franchi les Pyrénées et revenaient menaçantes à travers le Languedoc. Les sénéchaux de Toulouse et de Carcassonne, le vicomte de Narbonne voulurent s'opposer à leur rentrée en France. Ils furent défaits sous les murs de Montauban le 15 août 1366. Les prisonniers furent laissés en liberté sous promesse d'une rançon. Mais le pape les délia de leur serment, annula les engagements qu'ils avaient contractés et leur défendit de rien payer aux compagnies [3].

Quand Urbain V vit que l'expédition d'Espagne n'avait pas débarrassé la France des compagnies, il reprit son premier projet, un moment abandonné, de les envoyer outre mer. Le comte de Savoie offrait de se mettre à leur tête ; il désirait porter secours à l'empereur Jean Paléologue. Du même coup, il viendrait en aide au roi de Chypre, qui, après quelques succès sur les Turcs, se voyait menacé par eux jusque dans son royaume [4]. Urbain V, qui l'avait encouragé dans son entreprise, ne pouvait l'abandonner sans adresser au moins une dernière menace aux compagnies et un dernier appel aux princes chrétiens. Urbain V, pour décider les compagnies à s'embarquer, lança contre elles l'excommunication, le 2 mai 1366 [5] ; cette arme commençait à s'user. Puis, le 6 octobre, il

1. Bulles du 8 janvier 1366. Archives du Vatican, reg. 248, fol. 23 v° et 24.
2. On lit dans le manuscrit lat. 5187 de la Bibl. nat., régistre du greffe de Charles d'Alençon, archevêque de Lyon, au fol. 38 : « Anno Domini millesimo CCC°LXV a Paschate sumpto, die Jovis quinta die februarii sequitur memoria de transumptis hactenus factis per me Hugonem Per. pro reverendissimo domino meo, domino Karolo de Alenconio, electo Lugdunensi, de litteris apostolicis directis eidem..... Item, unum transumptum litterarum apostolicarum missarum ut non fieret certamen, etc., et ipsius transumpti copiam positam et affixam janue ecclesie Lugdunensis. »
3. Froissart, éd. Luce, l. I, § 558, t. VI, p. 226-228.
4. Chérest, L'Archiprêtre, p. 343.
5. Froissart, éd. Luce, sommaire, t. VI, p. XCIV ; Chronique des quatre premiers Valois, p. 192.

adressa des bulles à l'empereur et aux rois chrétiens [1], spécialement à Charles V [2], les suppliant de porter secours à Pierre de Lusignan. Ces bulles restèrent sans effet et il fallut encore une fois renoncer à l'expédition d'outre mer.

A cette époque, Urbain V songeait à quitter Avignon et à rétablir à Rome le siège de la papauté. Depuis longtemps, ses partisans d'Italie le suppliaient de revenir au milieu d'eux. Pétrarque s'était fait, à plusieurs reprises, l'interprète de leurs vœux. Les Romains lui envoyèrent à ce sujet plusieurs ambassades. La première arriva à Avignon en mai 1363. Le pape répondit aux Romains par bulle du 22 mai [3] : « Quant à notre retour à Rome, nous avons exprimé en toute confiance à vos ambassadeurs combien nous-mêmes le souhaitions ; et nous ne tarderions pas à l'effectuer, si des empêchements, de la plus haute importance et que nous avons fait connaître à vos envoyés ne nous retenaient ici ; mais, nous l'espérons, le Très-Haut lèvera ces obstacles. » Ces empêchements, c'étaient d'abord les troubles qui agitaient l'Italie, puis l'opposition que le roi de France mettait au départ du pape. Les Italiens et les Romains continuèrent leurs démarches. En novembre 1365, le pape prévoyait qu'il lui serait possible de quitter Avignon puisqu'il prescrivait à son vicaire à Rome de remettre en culture le jardin du palais de Saint-Pierre [4]. Enfin, en septembre 1366, le pape décida qu'il irait résider à Rome. Rien ne s'y opposait plus : la guerre avec Bernabo était terminée, les troubles intérieurs de Rome semblaient apaisés. Urbain V devait même penser qu'il serait à Rome plus en sûreté qu'à Avignon, où il vivait dans une crainte continuelle des compagnies. Le 14 septembre 1366, il fit connaître à l'empereur ses intentions [5], et le 15 il en informa Bernabo [6] ; enfin, quelques jours après (19 sept.), le peuple romain [7]. Par lettres du 31 octobre [8], il remercia Jean d'Armagnac de l'offre qu'il lui avait faite de l'accompagner avec des gens d'armes jusqu'au terme de son

1. Raynaldi, *Annales eccles.*, a. 1366, § XV.
2. Archives du Vatican, reg. 248, fol. 159 v°, publ. par Raynaldi, *Annales eccles.*, a. 1366, § XV.
3. Theiner, *Codex diplom. dominii temporalis*, t. II, p. 410, n° 382.
4. Theiner, *Ibid.*, p. 430, n 408.
5. Theiner, *Codex diplom. dominii temporalis*, t. II, p. 438, n° 416.
6. *Ibid.*, t. II, p. 439, n° 417.
7. Theiner, *Ibid.*, p. 439, n° 419.
8. *Pièces justificatives*, n° LXXII.

voyage ; mais pareille escorte était inutile, car Urbain V se proposait de faire le voyage par mer. Avant de quitter la France le pape désira visiter le grand monastère qu'il avait fondé à Montpellier en l'honneur de saint Benoît et de saint Germain [1]. Il partit d'Avignon le 7 janvier 1367 [2]. Son entrée à Montpellier qui, d'après les auteurs de l'Histoire de Languedoc, eut lieu deux jours après, se fit en grande pompe. Le duc d'Anjou vint à sa rencontre. Urbain V resta à Montpellier jusqu'au 8 mars [3], jour où il se mit en route pour Avignon.

Il avait à peine fait retour dans sa résidence habituelle qu'il reçut du roi Charles V une ambassade solennelle [4]. Bien que les documents qui mentionnent cette ambassade ne nous en révèlent en aucune façon le but, il y a lieu de croire que les envoyés royaux venaient persuader au pape de demeurer à Avignon. Le roi voyait avec déplaisir le départ d'Urbain V. Les rois de France avaient reçu des papes d'Avignon et spécialement d'Urbain V d'assez nombreux services pour en attendre d'autres encore. Charles V comprenait que le Saint-Siège une fois rétabli à Rome, l'influence française diminuerait à la cour romaine. Le pape ne serait plus tout à la dévotion du roi de France. Un manuscrit de l'abbaye Saint-Victor de Paris nous a conservé le texte d'un discours qui fut prononcé par un envoyé de Charles V devant le pape pour le retenir en France [5]. Ce discours a été attribué sans raisons suffisantes à Nicole

1. *Prima Vita Urbani V*, dans Baluze, *Vitæ papar. Aven.*, t. I, col. 374.

2. *Secunda Vita Urbani V*, dans Baluze, *Vitæ papar. Aven.*, t. I, col. 406

3. « Die eadem (VIII mensis Martii 1367), qua dominus papa recessit de Montepessulano ad Avinionem... » (Archives du Vatican, *Introitus et exitus*, reg. 321, fol. 107.)

4. « Le conte d'Estampes alloit actuellement vers le pape à Avignon. Le duc de Bourgogne manda à cette occasion à Hugues Aubriot, bally de Dijon, de luy aller au devant à Noyers et de le conduire jusqu'à Chalon. Il partit pour cela de Dijon aprez diné le 14 avril 1366 (1367 n. st.) avec 8 personnes et 8 chevaux, fut prendre le dit conte audit Noyers ; il avoit à sa suite Guillaume de Dormans, chancelier de Normandie, Pierre de Villers, grand maistre d'hostel du roy, le sire de Vinay, etc. ; le meercdy 21 dudit mois ils arrivèrent tous à Chalon, et le 22 led. conte avec lesd. seigneurs se mit sur l'eau et partit pour Avignon. Extr. de la dépense faitte par led. Aubriot en cette occasion. » (Bibl. nat., *Collect. de Bourgogne*, vol. 21, fol. 6. Voyez la même collection, vol. 24, fol. 7 v°.)

5. Ce manuscrit est le latin 14644 de la Bibliothèque nationale. Le discours, dont le texte est incomplet, occupe les fol. 1 à 11 v°. Au fol. 12 se trouve une table des matières contenues dans le ms. et où ce discours est ainsi indiqué : « Quedam propositio notabilis facta coram papa Urbano quinto et cardinalibus ex parte regis Francie. »

Oresme [1]. Mais M. Meunier, qui a fait des œuvres d'Oresme une étude approfondie, repousse cette attribution [2]. L'orateur, dans son préambule, dit qu'il vient accompagné d'ambassadeurs les plus nobles, nobles par leur naissance, nobles par leur fortune, et que le roi a choisis dans son entourage. Ces qualités conviennent parfaitement aux personnages qui composaient l'ambassade de 1367 : le comte d'Etampes, Guillaume de Dormans, chancelier de Normandie, Pierre de Villers, grand maître d'hôtel du roi, le sire de Vinay, et d'autres encore dont les noms ne nous sont pas parvenus. Sur l'ordre du duc de Bourgogne, Hugues Aubriot, bailli de Dijon, alla au devant d'eux jusqu'à Noyers pour protéger leur marche à travers la Bourgogne. Il les accompagna jusqu'à Chalon-sur-Saône où ils arrivèrent tous le mercredi 21 avril 1367. Le lendemain, le comte avec sa suite « se mit sur l'eau et partit pour Avignon » [3]. Je pense que l'un des ambassadeurs avait ordre de prononcer le discours attribué à Oresme.

Bien que ce discours soit connu et que plusieurs auteurs en aient donné d'excellentes analyses, je crois nécessaire d'y revenir. C'est un de ces morceaux d'éloquence du genre de ceux où se complaisaient les lettrés du xive siècle, tout farci de citations. Des extraits de la Bible, reliés les uns aux autres avec plus ou moins d'habileté, en forment le fond ; mais les auteurs profanes, César, Cicéron, le Digeste, s'y mêlent à l'Ecriture sainte. L'orateur, après un éloge du souverain pontife, excuse le roi de ne pas être venu lui-même saluer le pape. Il était retenu par des affaires qu'on devait exposer au pape en secret. Au moins a-t-il choisi pour le représenter les plus illustres de ses familiers. Le roi de France est dévoué au souverain pontife ; il a pour lui l'affection d'un fils pour son père. Puis l'orateur suppose un dialogue entre le fils et le père, entre Charles V et Urbain V, imité des faux actes de saint Pierre : « Seigneur, où allez-vous ? » dit le fils. Et le père répond : « Je viens à Rome. » « Pour vous faire crucifier une seconde fois, » réplique le fils. Puis l'orateur commente longuement ce dialogue. Le fils s'efforce de retenir son père qui s'expose volontairement au danger. Le père refuse de se rendre aux

1. Ce discours est imprimé dans Du Boulai, *Historia Universitalis Paris.*, t. IV, p. 396.

2. Meunier (Francis), *Essai sur la vie et les ouvrages de Nicole Oresme*, 1857, in-8.

3. Voyez la note 4 de la p. 64.

prières de son fils et veut s'éloigner de lui. Certes, ce n'est pas au fils à réprimander son père ni à lui faire des remontrances ; personne n'a le droit de demander au souverain pontife compte de ses actions. Mais le roi ne prétend pas corriger son père ; ce sont des prières qu'il lui adresse. Car il ne peut le voir sans douleur quitter la France où il n'a jamais trouvé que des serviteurs fidèles. Il est vrai que saint Pierre est revenu à Rome pour s'y faire crucifier. Le pape pourrait donc répondre : « Vous voyez, mon fils, comment sur l'ordre divin mon premier prédécesseur qui fuyait Rome y est revenu ; je dois suivre son exemple, moi le défenseur de sa foi, moi son successeur sur le siège pontifical. » Et puis la ville de Rome n'est-elle pas comme la tête du monde? L'église romaine est pour le souverain pontife comme une épouse qu'il ne doit pas abandonner. Toutes ces objections sont fondées ; mais que le pape réfléchisse au lieu qu'il quitte, au chemin qu'il va prendre, au but où il tend. Jules César nous dit qu'en son temps la religion était en honneur chez les Gaulois. L'attachement des Gaulois à leur culte, leur respect des dieux, était comme la préfiguration de la piété des Français. La France était un lieu prédestiné au développement de la religion chrétienne. C'est là qu'on conserve précieusement les plus saintes reliques de Notre-Seigneur, le bois de la vraie croix, le fer de la lance qui a percé le flanc de Jésus, les clous qui ont percé ses mains et ses pieds, les courroies dont on le frappa, la couronne d'épine, la tablette fixée à la croix, etc. Il n'est pas douteux qu'en confiant à la France la garde de ces objets, les plus précieux qui soient au monde, Dieu n'ait voulu montrer par là qu'elle était la terre de son choix. Le pape répondra que Rome a été consacrée par le sang des martyrs. Mais Jérusalem a été consacrée par un sang plus précieux encore et cependant le pape ne réside pas à Jérusalem. Antioche a été le siège d'une église avant Rome. Et Rome, d'ailleurs, qu'est-ce autre chose qu'une ville fondée par des brigands. Le peuple romain s'est souvent révolté contre l'autorité des pontifes ; il les a martyrisés. Les Français, eux, sont constamment restés fidèles au pape, et depuis le jour où Pépin a protégé le pape contre les Lombards, ses successeurs, les rois de France, n'ont cessé de se montrer dévoués serviteurs du Saint-Siège. En France fleurissent les études et la discipline ecclésiastique. Paris est devenu, depuis Charlemagne, le foyer de la science. La France éclairée de la lumière divine fait rayonner cette lumière sur le monde entier. Enfin, c'est en France, à Marseille, que d'après les géographes se trouve le centre de l'Europe ; et c'est au centre de la chrétienté que doit siéger le vicaire de Jésus-Christ. De plus le gouvernement qui régit la France est préférable à celui de Rome ; car la royauté est la meilleure forme de gouvernement. Il est à craindre que les villes italiennes ne tournent à la démocratie, ce qui serait préjudiciable au Saint-Père et à l'église universelle ; car on a toujours vu les artisans persécuter le clergé. Que le Saint-Père n'oublie pas non plus qu'il est né en France ; qu'il imite le Christ qui resta dans la Judée, sa patrie. Enfin l'orateur arrive au seul argument qui eût pu faire impression sur l'esprit du pape : « Ne devez-vous pas, très saint Père, avant tout songer à apaiser les discordes qui s'élèvent de toutes parts en France et rendre la paix à ce peuple au milieu duquel vous avez vécu, afin de ne pas ressembler à ce serviteur qui, voyant venir un loup, s'enfuyait, tant il avait peu souci des brebis confiées à sa garde. » Tel était le premier point du discours. Il restait à l'orateur à développer les deux derniers points et à montrer à Urbain V les dangers du voyage d'Avignon à Rome et le résultat auquel son entreprise devait aboutir. Mais le texte du manuscrit s'arrête brusquement au milieu d'une phrase : « Enfin, Saint-Père, considérez la route que vous choisissez et les dangers qu'elle présente, car c'est par mer... »

Ce discours fit grand bruit. Pétrarque en eut connaissance et écrivit à ce propos à Urbain V : « Plus que personne le roi de France, fils de l'Église, et qui aime sa mère d'un amour sincère, mais peu réfléchi, désirant la garder auprès de lui, et ne considérant pas combien il serait plus honorable pour elle de s'éloigner, a cherché, au moment où vous êtes prêt à accomplir une œuvre pieuse et sainte à arrêter vos pieds dans toutes sortes d'entraves ; un homme docte et disert, à ce qu'on assure, a prononcé devant vous et vos frères, — ceux-ci trop disposés à se laisser persuader — un discours où il s'est efforcé d'exalter la France sa patrie et de rabaisser l'Italie [1]. » Puis il conjurait le pape de ne pas se laisser fléchir par les prières de Charles V et de surmonter les obstacles qu'il lui opposait. Urbain V partit en effet d'Avignon le vendredi 30 avril [2]. Il est probable

1. Pétrarque, lettre citée par Raynaldi, *Ann. eccles.* a. 1367, § I.
2. *Prima Vita Urbani V*, dans Baluze. *Vitæ papar. Aven.*, t. I, col. 376 ; *Grandes Chroniques*, éd. P. Paris, t. VI, p. 247 ; *Itinéraire*, dans Baluze,

que les ambassadeurs du roi restèrent à Avignon jusqu'à cette époque. Car ce n'est qu'au mois de juin 1367 qu'ils traversèrent la Bourgogne, retournant à Paris [1]. Urbain V s'arrêta à Pont de Sorgues où il coucha deux nuits, puis il gagna Marseille. C'est là qu'il conféra à Guillaume d'Aigrefeuil la dignité de cardinal prêtre. Le 19 mai [2], ou le 20 mai [3], le pape prit la mer. Des galères et des navires lui avaient été offerts par la reine de Sicile, les Vénitiens, les Génois et les Pisans. Plusieurs cardinaux français refusèrent de suivre le pape. D'autres prirent la voie de terre se proposant de rejoindre le pape à Viterbe. Les cardinaux de Canillac, de Blandiac et Itier restèrent à Avignon [4]. Urbain V emmena avec lui un certain nombre de seigneurs parmi lesquels le seigneur de Grisac et celui de Montferrand. Il avait voulu que leur famille les accompagnât pour qu'ils fussent moins tentés de revenir en France [5].

Dès que le souverain pontife eut établi sa résidence à Rome, les relations entre la cour de France et le Saint-Siège devinrent

Ibid., t. II, col. 768. — « Eadem die (XVII maii 1367) soluti fuerunt de mandato domini nostri pape domino Bernardo de Sancto Stephano cubiculario suo, quos obtulit pro dicto domino nostro die Veneris ultima mensis aprilis proxime preterita in ecclesia Beate Marie de Dompnis Avinionis, qua die idem dominus noster papa recessit de Avinione, pro elemosyna X floreni. » (Archives du Vatican, *Introitus et exitus*, reg. 321, fol. 130 v°.)

1. « Appert que Mgr d'Estampes fut envoyé par le roy à Avignon vers notre Saint-Père le pape et qu'il devait retourner par la Bourgogne, et comme il y avait danger sur les chemins à cause des ennemis qui y tenaient convives, monseigneur Jean de Montagu, seigneur de Sombernon, gouverneur et capitaine général du duché de Bourgogne, envoya des messagers pour luy en donner avis, et que monseigneur le duc de Bourgongne avait mandé être veu et receu honorablement par messieurs de son conseil, y ayant 300 lances anviron Langres de parens et amis de monseigneur Jehan de Neufchatel pour venir à l'encontre dudit monseigneur d'Etampes, au mois de juin 1367. *Compte de Jehan de Vertus.* » (Bibl. nat., *Collection de Bourgogne*, vol. 101, fol. 80.)

2. *Itinéraire*, dans Baluze, t. II, col. 768.

3. *Prima Vita Urbani V*, dans Baluze, t. I, col. 377.

4. Sur les cardinaux qui accompagnèrent le pape et ceux qui restèrent, voyez Baluze, *Vitæ papar. Aven.*, t. I, col. 997.

5. « Die XIII dicti mensis (maii 1367) soluti et traditi fuerunt domino Poncio Lo Berre famulo domini Avinion. cardinalis pro expensis per ipsum factis et faciendis in presenti mense maii pro ministrandis necessariis dominarum de Grisaco, Montisferrandi et nonnullis aliis personis que de mandato domini nostri sequuntur earum maritos Romam, de quibus omnibus reddet rationem, C floreni fortes ad grayletum. » (Archives du Vatican, *Introitus et exitus*, reg. 321, fol. 129 v°.)

moins suivies. Le nombre des bulles adressées au roi de France diminue. On ne voit plus, comme dans les années précédentes, un échange continuel d'ambassades entre les deux cours.

Cependant, dès le début de l'année 1368, le pape dut intervenir pour pacifier la Provence et arrêter le duc d'Anjou dans ses entreprises contre les terres de la reine Jeanne. Le duc d'Anjou était un prince ambitieux. Il rêvait de conquérir de hautes seigneuries, et l'occasion lui manquait seule de gagner des royaumes [1]. Il tourna ses vues vers l'héritage de la reine Jeanne et d'abord vers la riche Provence. On se rappelle que déjà il avait essayé de mettre la main sur Montpellier. Les raisons qu'il invoquait pour justifier son entreprise contre la Provence n'étaient pas moins spécieuses que celles qu'il avait naguère fait valoir pour s'emparer de Montpellier. L'empereur Charles IV lui avait cédé en 1365 ses droits sur la Provence [2]. Ce prétexte lui suffisait pour envahir les terres de la reine de Sicile. Bertrand Duguesclin qui était tombé aux mains du prince de Galles venait d'obtenir sa mise en liberté. Le duc d'Anjou l'appela auprès de lui. En février 1368, le capitaine parut en Languedoc [3]; il enrôla les compagnies qui désolaient ces régions et contre lesquelles le pape renouvelait les excommunications [4], mais en vain. Duguesclin passa le Rhône, et le 4 mars vint mettre le siège devant Tarascon [5]. Le pape informé de la nouvelle, sans doute par la reine Jeanne, écrivit à Jean, évêque de Beauvais, de remettre au roi de France des lettres où il le priait de faire cesser les entreprises audacieuses et illégitimes de son lieutenant [6]. « On nous a rapporté, écrivait-il, que des gens de votre royaume, munis d'armes, de vivres, de navires, ont envahi tout à coup le comté de Provence, qui est fief d'empire, et cela sans motif légitime, mais sous de fallacieux prétextes, et sans avoir déclaré la guerre ; ils ont essayé de prendre Tarascon ; la guerre sévit encore. Nous déplorons ces faits d'autant plus amèrement qu'on dit que notre cher fils Louis, duc d'Anjou, votre frère et votre lieutenant en Langue-

---

1. Christine de Pisan, *Le Livre des fais*, 2e p., c. XI, coll. Michaud, t. II, p. 15 et 16.
2. Papon, *Histoire de Provence*, t. III, p. 217.
3. Molinier, *Arnoul d'Audrehem*, p. 183.
4. Bulles du 10 février 1368, Archives du Vatican, reg. 249, fol. 59 et 60.
5. Papon, *Histoire de Provence*, t. III, p. 218.
6. 1368, 3 avril. *Pièces justificatives*, n° LXXVIII.

doc, est complice de cette détestable entreprise ; les preuves n'en manquent pas d'ailleurs. Notre fille dans le Christ, Jeanne, illustre reine de Sicile, à qui appartient le comté de Provence, et qui tire son origine de votre glorieuse maison, votre parente et celle du duc en ligne directe, ne mérite pas un pareil traitement. Au contraire, elle aurait dû trouver dans le duc un appui contre ses ennemis. Aussi prions-nous votre sublimité au nom de l'affection que nous lui portons de remédier rapidement à cet état de choses et de faire en sorte que le duc d'Anjou supporte patiemment d'avoir pour voisine la dite Jeanne, de peur que celle-ci, sur cette provocation, n'appelle à son secours quelque prince étranger, ce qui pourrait être la source de grands malheurs pour vous et faire courir des dangers à la sénéchaussée de Beaucaire et au Dauphiné. » Le pape écrivit dans le même sens à l'empereur.

Il profita du courrier qui portait les lettres adressées à Charles V pour lui en faire remettre d'autres contenant des remontrances au sujet de l'extension illégitime qu'il prétendait donner à son droit de régale [1]. Ce n'était pas la première fois qu'Urbain V avait à arrêter le roi ou ses officiers dans leurs empiétements sur la juridiction ecclésiastique et les privilèges du clergé. Le 11 septembre 1363, il priait le gouverneur du Dauphiné de renoncer aux usurpations qu'on l'accusait d'avoir faites sur les droits de l'église de Grenoble [2]. Moins d'un an après, c'était le lieutenant du bailli de Mâcon, Aymon de Neure, qu'il fallait rappeler au respect des libertés de l'église [3]. Il avait fait pendre un certain Robinet, clerc et notaire de la cour de Lyon, malgré les protestations de l'archevêque Guillaume à qui appartenait la connaissance de la cause. Aymon fut excommunié. L'archevêque se refusant à l'absoudre, le roi fit saisir son temporel et le cita en cour de parlement, malgré les réclamations d'Urbain V, qui voulait que l'affaire se terminât en cour romaine [4]. De longs débats s'en suivirent tant à Avignon qu'au Parlement ; enfin les parties s'accordèrent devant les cardinaux Gui, évêque de Porto, et Gilles, prêtre du titre de Saint-Martin-des-Monts, comme nous l'apprend une bulle du 9 mars 1365 [5]. Les officiers du roi firent encore quelque résis-

---

1. *Pièces justificatives*, n° LXXIX.
2. *Pièces justificatives*, n° XIX.
3. *Pièces justificatives*, n° XXXV.
4. *Pièces justificatives*, n°ˢ XXXV et XXXIX.
5. *Pièces justificatives*, n° XLVIII.

tance [1]. Le roi ne leva sa main mise sur le temporel de l'archevêché de Lyon que le 7 juillet suivant (1365) [2], c'est-à-dire après la mort de l'archevêque Guillaume, et lorsqu'il eut fait donner le siège de Lyon à son cousin Charles d'Alençon. En 1368, il s'agissait d'une question de régales née à propos de la translation de Geoffroi le Meingre, évêque de Laon, au siège du Mans, et de celle de Jean d'Enguerrand, évêque de Chartres, au siège de Laon, translation qui, sur le refus du premier de changer d'église, ne put être effectuée. « Nous avons reçu récemment, écrivait le pape à Charles V le 3 avril 1368 [3], vos lettres relatives à la translation de nos vénérables frères les évêques de Laon, de Chartres et de Soissons ; nous les avons lues avec bienveillance, et voici notre réponse. Nous nous efforçons, autant qu'il est en nous, de prévenir les malheurs qui peuvent menacer vous et votre royaume, et nous ne désirons rien tant que l'accroissement de la dignité royale ; loin de nous donc la pensée de porter atteinte aux droits et prérogatives de la royauté. Mais dès qu'il s'agit de la vérité, de la justice, et des droits des églises, il convient que nous vous les rappelions, ce qui ne saurait déplaire à votre sérénité. Nous nous souvenons vous avoir écrit, et nous vous le répétons, que, lorsque nous avons transféré l'évêque de Laon à l'église du Mans alors vacante, nous entendions que cette translation ne fût exécutée que si ledit évêque y consentait ; mais, puisqu'il n'y a pas donné son acquiescement, une autre translation par nous faite de l'évêque de Chartres à l'église de Laon ne peut avoir lieu, le siège de Laon n'étant pas vacant ; et ainsi, puisqu'il n'y a pas eu vacance des sièges de Laon, de Chartres, ni de Soissons, le droit de régale ne peut y être exercé. C'est pourquoi nous prions votre sérénité de révoquer entièrement tout ce qui a pu être fait à ce sujet par vous ou vos officiers royaux au préjudice des églises et d'autres personnes. Et si certains de vos conseillers prétendaient étendre de cette façon le droit de régale au delà des limites permises par l'antique coutume, ce qui tournerait évidemment au dommage des églises et du clergé, que dans votre piété et la pureté de votre conscience vous avez protégés, et auxquels vous devez continuer

---

1. *Pièces justificatives*, n° LV.
2. *Pièces justificatives*, n° LVI.
3. *Pièces justificatives*, n° LXXIX.

vos faveurs, nous prions et exhortons paternellement votre sublimité de ne pas écouter de pareils conseils. »

Ces querelles entre l'autorité royale et l'autorité ecclésiastique étaient fréquentes au Moyen-Age. Il faut reconnaître que le plus souvent la royauté excédait ses droits ; mais ses prétentions au milieu du xiv⁰ siècle n'étaient pas encore telles que la papauté dût s'en inquiéter outre mesure. C'est ce qui explique comment Urbain V se montra dans ces sortes d'affaires à la fois ferme et réservé. Il apporta toujours beaucoup de modération dans ses remontrances à Charles V et ne crut jamais qu'il fût nécessaire de le menacer des censures ecclésiastiques. Aussi les quelques démêlés qui éclatèrent entre Charles V et ses officiers d'une part, et les évêques d'autre part, antérieurement à la mort du pape Urbain V, ne troublèrent pas les relations amicales de la cour de France avec la papauté.

Le siège de Tarascon dura jusqu'au 22 mai 1368 [1], date à laquelle la ville se rendit au duc d'Anjou. Peu après, au mois de juin, le roi envoya l'abbé de Cluny vers le duc d'Anjou, puis de là en Italie, vers le pape et la reine de Sicile [2]. Il n'est pas douteux que l'abbé de Cluny n'ait reçu mission de négocier une paix entre la reine de Sicile et le duc d'Anjou. C'est peut-être pour la même affaire que, le 4 août suivant, le pape envoya au roi de France son chapelain, maître Pierre d'Auxy, docteur en lois [3]. En août, les compagnies ravageaient encore les comtés de Provence et de Forcalquier, et faisaient des incursions jusque dans le Comtat Venaissin. Le pape tremblait pour Avignon. Philippe, recteur, et Jacques Albe, capitaine du Comtat Venaissin, imposèrent aux populations une contribution pécuniaire qui leur permit de solder des troupes et de pourvoir à la défense du territoire de l'église romaine. Le 8 août, le pape manda aux habitants d'Avignon et aux communautés du Comtat d'obéir à ses représentants et de payer l'imposition [4].

1. Froissart, éd. Luce, t. VII, p. XXVI.

2. Lettres de Charles V datées du 23 juin 1368, publ. par Delisle, *Mandements de Charles V*, n° 454.

3. « Carissimo in Christo filio Carolo, regi Francie illustri, salutem, etc. Cum dilectus filius magister Petrus de Auxeyo, legum doctor, cappellanus noster ac palatii apostolici causarum auditor, cantor ecclesie Autissiodorensis, lator presentium, ad regnum tuum pro certis suis negotiis se presentialiter conferat, ipsum tue celsitudini commendamus. Dat. apud Montemflasconem, II nonas augusti, anno VI. » (Archives du Vatican, reg. 249, fol. 140 v°.)

4. *Pièces justificatives*, n° LXXXI.

A la même date, il priait l'archevêque de Lyon de fournir au recteur du Comtat une aide en gens d'armes et en provisions [1]. Il adressa la même requête à l'évêque de Valence et à Aymar de Poitiers, comte de Valentinois. Au mois de mars précédent, le pape avait, il est vrai, obtenu des capitaines des compagnies, Bertrand Duguesclin, le Petit Meschin et les autres, des lettres scellées de leurs sceaux, par lesquelles ils s'étaient engagés sous la foi du serment à respecter les terres et sujets de l'église romaine et de l'église d'Avignon [2]. Ils avaient même promis de ne permettre à qui que ce fût d'attaquer le Comtat. Maintenant, oublieux de leurs promesses, écrit le pape à la date du 1er septembre, peu soucieux des excommunications lancées par Jean XXII et Clément VI contre tous ceux qui attaqueraient le Comtat, « ils ont osé récemment, audace condamnable ! envahir les territoires de la cité d'Avignon et du Comtat Venaissin, appartenant de plein droit à l'église romaine, s'y établir, y jeter le trouble, y porter l'incendie, le pillage et le meurtre. » Le pape mande en conséquence (1er sept. 1368) [3] à l'official d'Avignon de prononcer l'excommunication contre eux, de mettre sous l'interdit tous les lieux qu'ils détiennent ou qui leur appartiennent, de les déclarer inhabiles, eux et leurs descendants jusqu'à la troisième génération, à obtenir aucune indulgence ou à recevoir aucun bénéfice ecclésiastique, à moins qu'ils ne consentent à restituer à l'église d'Avignon, dans un délai fixé par l'official tout ce qu'ils lui avaient enlevé. Le mois suivant, d'après Fontanieu [4], une trêve fut conclue entre Louis d'Anjou et la reine de Naples.

Le 22 septembre 1368, le pape créa sept cardinaux prêtres [5]. Lors de son avènement au trône pontifical il avait refusé le chapeau rouge à un certain nombre de personnages pour lesquels le roi Jean sollicitait cet honneur. Cette fois, il donna un témoignage éclatant de sa bienveillance envers la France en élevant au cardinalat quatre prélats français, dont deux occupaient de hautes fonctions à la cour de Charles V : Jean de Dormans, évêque de Beauvais et chancelier de France, et Etienne, évêque de Paris, qui avait été maître de l'hôtel du roi. Les deux autres étaient Bernard du Bouquet, archevêque de

---

1. *Pièces justificatives*, n° LXXX.
2. Voyez la bulle du 1er septembre, *Pièces justificatives*, n° LXXXIII.
3. *Pièces justificatives*, n° LXXXIII.
4. Fontanieu, Cartulaire de Dauphiné, Bibl. nat., ms. lat., 10958, fol. 228 v°.
5. *Prima Vita Urbani V*, dans Baluze, *Vitæ papar. Aven.*, t. I, col. 384.

Naples, originaire de Cahors, et Pierre de Banhac, abbé de Montmajour, Limousin de naissance.

Urbain V, qui ne manquait jamais d'user de son autorité pour pacifier les querelles, cherchait alors à réconcilier le duc de Bar avec les habitants de Metz qui le tenaient prisonnier. Le 1er octobre 1368, le pape ordonna à Jean, abbé de Fécamp, de se rendre, comme nonce apostolique, en Lorraine pour y rétablir la paix [1]. Il pria Thierry, évêque de Metz, de seconder le nonce dans sa mission. Charles V sollicitait du pape une aide plus effective. Il le priait d'octroyer à son beau-frère une décime d'un an sur les revenus ecclésiastiques des diocèses de Cambrai, de Liège et du pays de Flandre pour lui permettre de payer sa rançon [2]. La lettre par laquelle il adressait au pape cette requête est datée du 10 novembre 1369 ; mais il avait déjà écrit précédemment au souverain pontife à ce sujet. On ne voit pas que celui-ci ait rien accordé.

Le 18 juin 1369 [3], eut lieu le mariage de Marguerite de Flandre et de Philippe, duc de Bourgogne, mariage d'une importance politique considérable et dont le pape avait singulièrement favorisé la conclusion. Marguerite était veuve de Philippe de Rouvre et fille de Louis de Male, comte de Flandre, de Nevers et de Rethel, duc de Brabant et sire de Malines. Son premier mari était à peine mort qu'Edouard III avait sollicité sa main pour son quatrième fils, Aymon, comte de Cambridge [4]. Les négociations furent longues, si longues que par bonheur rien n'était terminé quand Charles V arriva au trône. De suite il songea à unir cette riche et puissante héritière à son frère le duc de Bourgogne. La comtesse d'Artois était favorable à son projet ; il n'eut pas de peine à gagner le pape. Urbain V sentait quel terrible coup l'union de Marguerite de Flandre avec un prince anglais porterait à la puissance

1. « Dil. filio Johanni, abbati monasterii Fiscannensis, Rothomagensis diocesis, apostolice sedis nuntio salutem, etc. Pacis vinculum inter cunctos Christi fideles..... Dat. apud Montemflasconem, kalendis octobris, anno VI. » (Archives du Vatican, reg. 249, fol. 177 v°.)

2. Lettres de Charles V du 10 nov. 1369, Delisle, *Mandements de Charles V*, n° 605, p. 299.

3. C'est la date donnée par le *Chronicon comitum Flandrensium* dans De Smet, *Corpus chronicorum Flandrie*, t. I, p. 232.

4. Philippe de Rouvre mourut le 21 novembre 1361. Dès le 8 février 1362, le roi d'Angleterre donnait tout pouvoir à l'évêque de Winchester et au comte de Suffolk pour négocier le mariage. (Froissart, éd. Luce, *sommaire*, t. VII, p. XXXIX, note 5, et p. 129 et suiv.)

française[1]. Si jamais la Flandre, l'Artois, le Nivernais venaient à passer à l'Angleterre, qu'arriverait-il du malheureux royaume de France déjà tant éprouvé! On pouvait craindre sa ruine totale, voire même son absorption dans le royaume d'Angleterre ; au moins ne pouvait-il manquer d'être lancé dans des tribulations dont nul n'aurait su prévoir la fin. Les maux qui naîtraient du mariage de l'héritière de Flandre avec le fils d'Edouard III, on pouvait prévoir quels ils seraient en se rappelant ceux qu'avait engendrés la lutte pour la possession de l'Aquitaine entre la maison de France et celle d'Angleterre. A envisager la situation respective des deux nations rivales, le pape avait raison, et sa conduite en cette affaire ne saurait être trop admirée ; les chroniqueurs n'ont pas manqué de la signaler. Qui eût pensé qu'à quelques années de là cette nouvelle maison de Bourgogne, profitant de sa prodigieuse fortune, allait entrer dans l'alliance des pires ennemis de la France? Il était facile au souverain pontife de s'opposer au mariage de Marguerite avec le prince anglais ; car ils étaient unis par des liens de parenté. Le roi d'Angleterre ayant sollicité du pape une dispense générale pour que ses enfants pussent contracter mariage avec leurs parents au troisième degré, Urbain V refusa de faire droit à sa requête par bulle datée du 18 décembre 1364[2]. Le 30 octobre 1365[3], le souverain pontife révoqua toutes les dispenses de mariage accordées aux souverains en termes généraux par ses prédécesseurs Clément VI et Innocent V, et spécialement la dispense qu'avait obtenue le fils d'Edouard III pour son mariage avec la fille de Louis de Male. Ce fut peut-être pour obtenir du pape qu'il revînt sur cette décision qu'Edouard III, en 1366, envoya des ambassadeurs à Avignon. Cette hypothèse tire quelque vraisemblance du fait que Raoul de Louppy reçut du roi de France, qu'il était allé visiter à Paris, l'ordre oral de se rendre « en Avignon devers le pappe après messire Jehan de Chandoz et autres ambaisseurs du roy d'Angleterre ». Raoul revint en Dauphiné le 6 juillet. Il gagna aussitôt Avignon[4]. Bientôt après, le 1er août, les ambassadeurs retournèrent auprès d'Edouard porteurs des réponses du

---

1. Les craintes d'Urbain V ont été exprimées par l'auteur de la *Prima Vita*, Baluze, *Vitæ papar. Aven.*, t. I, col. 373.
2. Archives du Vatican, reg. 247, fol. 14 v°.
3. Bulle citée par Luce, dans Froissart, *sommaire*, t. VII, p. LX, note 2.
4. *Compte de Raoul de Louppy*, éd. Chevalier, art. 82, p. 38.

pape [1]. Ces réponses ne donnaient pas satisfaction au roi d'Angleterre. Car une seconde ambassade dont faisait encore partie Jean Chandos suivit de près la première. Charles V, qui en fut informé, députa encore à Avignon, en octobre 1366, le gouverneur du Dauphiné à l'effet d'empêcher le succès de cette ambassade. Le voyage de Raoul de Louppy dura du 10 au 18 octobre [2]. A un an de là, le 3 novembre 1367, Urbain V releva Aymon et Marguerite des engagements qu'ils avaient pris mutuellement et permit à Philippe de Bourgogne de contracter mariage avec une femme qui lui serait parente au troisième degré [3]; c'était rendre possible et approuver tacitement son union avec sa cousine de Flandre. Le 4 février 1369 (n. st.) [4], le duc de Bourgogne députa Gui le Baveux et messire Thomas de Voudenay, ses chambellans, auprès du comte de Flandre pour négocier son mariage. Le 2 avril 1369, les bases du traité de mariage étaient déjà arrêtées [5]; il ne fut signé que le 13 avril par les deux chambellans du duc et par Pierre d'Orgemont et Jean Blanchet, agissant au nom et comme procureurs du duc de Bourgogne [6]. Le mariage fut célébré le 18 juin suivant.

Le roi Charles V saisissait toutes les occasions de reconnaître les services que le pape ne cessait de lui rendre. En octobre 1367 [7], il avait fondé et doté une chapelle en l'honneur de saint Louis dans ce monastère de Montpellier qu'Urbain V aimait comme son œuvre. Le 5 décembre 1368, il lui donna, à lui et à ses successeurs, et en toute souveraineté, la partie du pont d'Avignon qui s'étendait de la rive orientale du Rhône jusqu'à une chapelle située au milieu du pont [8]. Le roi savait

1. Deux bulles d'Urbain V du 1er août 1366, adressées l'une à Edouard, roi d'Angleterre, l'autre au prince de Galles, dans le reg. 248, fol. 138, Archives du Vatican, et dans Rymer, *Fœdera*, 3e éd,, t. III, p. 114.

2. *Compte de Raoul de Louppy*, éd. Chevalier, art. 83.

3. Bulle du 3 nov. 1367 citée par Luce dans Froissart, *sommaire*, t. VII, p. LX, note 2.

4. Note dans la *Collection de Bourgogne* (Bibl. nat.), vol. 24, fol. 14. Voyez la même collection, même vol., fol. 66 v°.

5. Lettres du duc de Bourgogne, datées de Paris, 2 avril 1369, par lesquelles il mande aux bailli et receveur de Chalon que son traité de mariage est fini. *Collection de Bourgogne*, vol. 26, fol. 9.

6. Copie du traité de mariage dans la *Collect. de Bourgogne*, vol. 69, fol. 184.

7. *Histoire de Languedoc*, t. IV, p. 334.

8. Lettres de Charles V, au Louvre, le 5 décembre 1368, publ. dans l'*Histoire de Languedoc*, t. IV, preuves, n° CXXXV.

toute la sollicitude du pape à l'égard des habitants du diocèse de Mende dont il était originaire. Le 24 mai 1364, Urbain V avait prêté aux habitants de Florac, ville du diocèse de Mende, une somme de trois cents florins de France pour leur permettre de fortifier leur ville [1]. En janvier 1364, il requérait du roi de France et du chancelier la révision des rôles des impositions mises sur le diocèse de Mende [2], ravagé et dépeuplé par les guerres et les épidémies. Le roi se rendit à la prière du pape qui l'en remercia par bulle du 17 octobre 1364 [3] : « A notre très cher fils dans le Christ, le roi de France. Nous avons appris récemment que votre magnificence, acquiesçant à nos prières, avait ordonné d'expédier des lettres de grâce et de justice sur la réduction des feux des cité et diocèse de Mende au vrai chiffre auquel ils s'élèvent actuellement. Ces lettres, d'ailleurs, nous les avions déjà obtenues de votre père. Mais les gens de votre Chambre royale en arrêtaient l'expédition. Nous prions votre sérénité le plus cordialement que nous pouvons de tourner des regards de pitié vers cette terre si malheureuse et de donner effet à la grâce que vous nous avez accordée, en levant les empêchements qui retardent l'expédition des lettres. » Le pape s'adressa aussi directement aux gens de la Chambre des Comptes. Quelques années plus tard, en 1369, il obtint du roi pour une partie des habitants du diocèse de Mende une faveur singulière [4] et qui montre à quel point Charles V était

1. « Die eadem (XXIIII maii 1364) soluti et traditi fuerunt de mandato domini nostri pape Stephano Capellani, consuli, et nomine universitatis loci de Floriaco, Mimatensis diocesis, ratione veri et puri mutui, per dominum nostrum papam eis facti de peccuniis sue camere apostolice pro fortificatione ipsius loci facienda, per ipsum Stephanum et universitatem predictam restituendi et solvendi decano et collegio de Bedoesto, dicte diocesis, pro dicto domino nostro papa, recipiendi pro edificiis et reparatione ipsius collegii, videlicet L floreni in festo Omnium Sanctorum ad donum annuum, et sic de anno in annum ex tunc sequendo in simili festo Omnium Sanctorum donec de infrascripta summa prenominata decano et collegio fuerit integraliter satisfactum, prout in instrumento per dominum Odinum Auberti, rectorem parrochialis ecclesie Sancti Dyonisii de Bustholene, Ebroicensis diocesis, familiarem dicte camere, super hiis recepto plenius continetur, ipso Stephano nomine universitatis predicti loci de Floriaco manualiter recipiente, IIIe floreni Francie. » (Archives du Vatican, *Introitus et exitus*, reg. 305, fol. 117.)
2. *Pièces justificatives*, n° XXIII.
3. *Pièces justificatives*, n° XL.
4. Charles V, en considération du pape Urbain V « visis litteris... per ejus solennes nuncios nobis missis, auditaque dictorum nunciorum relacione ex

jaloux de gagner les bonnes grâces du souverain pontife. Urbain V se plaignait qu'à l'occasion de la levée des subsides, fouages, gabelles, impositions de toutes sortes, le sénéchal de Beaucaire et d'autres commissaires députés par le roi et le duc d'Anjou eussent causé des dommages nombreux et incessants à l'église de Mende et à ses sujets. Il envoya même au roi une ambassade solennelle. Charles V, voulant témoigner hautement du désir qu'il avait que l'équité la plus stricte présidât au jugement des procès où étaient impliqués les habitants de Mende et leur assurer un recours contre les exactions de ses propres officiers, exempta l'évêque de Mende et son église, les bailes, juges, procureurs, sergents, officiers et sujets tant de la terre dudit évêque que de la terre commune à l'évêque et au roi, de toute juridiction autre que celle du Parlement. Ce privilège toutefois ne vaudrait que la vie durant d'Urbain V.

Une nouvelle rupture avait éclaté entre la France et l'Angleterre. Les hostilités commencèrent avec l'année 1369. Dès le 21 juillet le pape accorda à Charles V pour une durée de deux ans un subside pris sur les revenus ecclésiastiques du royaume, non compris la province de Languedoc [1]. Dans cette dernière province, le duc d'Anjou, qui avait poussé son frère à la rupture du traité de Brétigny, se préparait avec ardeur à soutenir la lutte contre les Anglais. Les populations, lasses des ravages des compagnies, se montrèrent empressées à seconder ses efforts. Au mois de novembre 1369, les communautés des trois sénéchaussées assemblées à Toulouse consentirent à une imposition sur les blés, les vins et autres denrées et marchandises. Les collecteurs prétendaient lever l'imposition sur le clergé. L'archevêque de Toulouse et ses suffragants protes-

---

parte ejusdem romani pontificis seriosius nobis facta, intelleximus quod plurima gravamina per senescallum nostrum Bellicadri et Nemausi ceterosque justiciarios necnon et per commissarios super facto subsidiorum, imposicionum, focagiorum, gabellarum, financiarum aliarumque redibenciarum et aliàs in partibus occitanis tam a nobis quam a carissimo germano et locumtenente nostro duce Andegavensi in eisdem partibus deputatos, vel eorum locatenentes, Mimatensi ecclesie ejusque hominibus et personis hactenus illata fuerunt et de die in diem inferuntur... » exempte du vivant du pape Urbain V, originaire du diocèse de Mende, l'évêque de Mende, et les bailes, juges, procureurs, sergents et officiers tant de la terre propre dudit évêque que de la terre commune à l'évêque et au roi, et leurs sujets, de toute juridiction autre que celle du Parlement. (Archives nationales, X1a 21, fol. 424.) Cette note m'a été obligeamment communiquée par M. Siméon Luce.

1. *Pièces justificatives*, n° LXXXV.

tèrent, le duc s'en remit à la décision du souverain pontife. Le
pape dispensa le clergé du paiement de cette imposition. Par
bulle du 5 avril 1370, il manda au duc de réparer les dommages
portés aux églises à cette occasion et le pria d'interdire à ses
officiers de lever ce subside sur les gens d'église [1].

Le roi de France désirait le retour d'Urbain V à Avignon.
Il lui semblait que, plus voisin du théâtre de la guerre, le pape
serait plus à même d'en atténuer la gravité et d'interposer sa
médiation entre la France et l'Angleterre. Les Romains cher-
chaient à retenir Urbain V. Celui-ci ne fit connaître la décision
qu'il avait prise qu'après avoir quitté Rome. Il se rendit à
Viterbe et là il déclara qu'il avait résolu de retourner à Avignon ;
il invita les curiaux à se tenir prêts à partir pour les premiers
jours d'octobre [2]. Les Italiens lui prédisaient sa mort s'il exé-
cutait son projet. Pétrarque [3] accusait sa faiblesse et lui reprochait de céder aux instances de quelques cardinaux habitués à
vivre en France et qui regrettaient le séjour d'Avignon. Lui
ne tint compte ni des menaces, ni des prières. Son devoir l'appe-
lait en France. Le fléau de la guerre s'était de nouveau abattu
sur le royaume. Il devait interposer son autorité pour mettre
fin à des luttes qui attiraient sur sa patrie tant et de si terribles
maux. Dès le mois de mai son retour était irrévocablement
décidé. Il manda à Gaucelin, évêque de Maguelonne, son
trésorier, et à l'abbé de Montmajour de louer des galères et de
les envoyer à Corneto avant le mois de septembre ; il comptait
prendre la mer la première semaine de septembre [4]. L'abbé de
Montmajour loua, le 28 mai, à Marseille, six galères. Le 7 août,
le trésorier lui délivra cent cinquante florins pour les dépenses
d'Ameilh Boniface, amiral de cette flotte. Avant de quitter
l'Italie, le souverain pontife tint à remercier publiquement le
peuple romain du dévouement qu'il lui avait montré ; et, dans
une bulle datée du 26 juin 1370, il déclara qu'il s'éloignait de
Rome à regret, mais que certaines affaires, dont il était utile,
aussi bien pour l'Eglise que pour les régions d'outre les Alpes,
qu'il prît la direction, le rappelaient en France [5]. Il s'embarqua
à Corneto le 5 septembre 1370 [6]. Le roi de France avait envoyé

1. *Pièces justificatives*, n° LXXXVI.
2. *Prima Vita Urbani V*, dans Baluze, *Vitæ papar. Aven.*, t. I, col. 390.
3. Cité par Raynaldi, *Annales eccles.*, a. 1370, § XX.
4. Sur ces locations de galères, voyez *Pièces justificatives*, n° LXXXVIII.
5. Raynaldi, *Annales eccles.*, a. 1370, § XIX.
6. *Prima Vita Urbani V*, dans Baluze, *Vitæ papar. Aven.*, t. I, col. 391.

au devant de lui son conseiller Jean de la Grange, abbé de Fécamp, avec dix galères richement équipées [1], dont le commandement fut confié à Etienne de Brandis, maître des ports de la sénéchaussée de Carcassonne [2]. L'abbé de Fécamp était encore à Paris le 16 juillet [3] ; le 22 août, on constate sa présence à Gênes [4]. D'autres vaisseaux avaient été mis à la disposition du pape par le roi d'Aragon, la reine de Sicile, la cité d'Avignon et les Provençaux [5]. Il aborda à Marseille le 16 septembre [6]. Le 24, il faisait son entrée à Avignon [7]. Le duc d'Anjou vint aussitôt l'y saluer. Il désirait obtenir du pape un subside pour subvenir aux frais de la guerre contre l'Anglais [8]. Urbain V céda à ses prières, et par bulle du 2 novembre 1370, il lui accorda une dîme à percevoir pendant un an sur les revenus ecclésiastiques de Languedoc [9]. Vers ce même temps une assemblée des Etats de Languedoc avait décidé d'envoyer auprès du pape un certain nombre de bourgeois pour lui exposer la situation difficile de la province et examiner avec lui les mesures à prendre pour y organiser la défense [10]. Le pape avait de son côté pris quelques dispositions pour ménager un accord entre Edouard III et Charles V [11]. Mais la mort vint l'arrêter dans ses projets. Il mourut le 19 décembre 1370.

La France perdait en lui un puissant auxiliaire. Aucun pape ne s'était montré plus digne du rôle de pacificateur universel qui est dans l'essence même du pouvoir pontifical. Si d'autres papes ont été préoccupés autant qu'Urbain V de maintenir la paix entre les nations chrétiennes, aucun du moins n'a apporté dans l'accomplissement de ce devoir plus de zèle et d'équité ni un dévouement plus entier à la France. Nous avons vu les relations amicales de la cour de France et de la cour romaine à peine troublées pendant huit ans par quelques désaccords vite dissipés. Urbain V tint la promesse qu'il avait faite, lors

1. Voyez des lettres de Charles V du 18 déc. 1372, Delisle, *Mandements de Charles V*, n° 935, et *Chronique des Quatre premiers Valois*, p. 211.
2. Voyez Moranvillé, *Jean le Mercier*, p. 180, note 3.
3. *Pièces justificatives*, n° LXXXIX.
4. *Pièces justificatives*, n° XC.
5. *Prima Vita Urbani V*, dans Baluze, *op. cit.*, t. I, col. 391.
6. *Ibidem*.
7. *Ibidem*.
8. *Histoire de Languedoc*, t. IV, p. 346.
9. Archives du Vatican, reg. 260, fol. 112, n° 378.
10. *Histoire de Languedoc*, t. IV, preuves, col. 302-303.
11. *Prima Vita Urbani V*, dans Baluze. *Vitæ papar. Aven.*, t. I, col. 398.

de son couronnement, au roi de France, de répandre sur lui et son royaume les faveurs apostoliques. Toutes les entreprises de Jean II et de Charles V, il eut à cœur de les faire réussir. Dans tous les démêlés qui, sous son pontificat, s'élevèrent entre ces deux rois et d'autres princes, il apparut comme médiateur. Le plus souvent le succès couronna ses démarches. Surtout il travailla à jeter hors du royaume les compagnies qui le ravageaient et menaçaient de ruiner son ancienne prospérité. La mort le surprit au moment où il venait de faire un grand sacrifice à l'intérêt de son pays et quand il s'apprêtait à tenter la réconciliation d'Edouard III et de Charles V. C'est en toute vérité qu'il pouvait écrire à ce dernier [1] : « Nous nous efforçons, autant que nous le pouvons, de prévenir les malheurs qui menacent vous et votre royaume, et nous ne désirons rien tant que l'accroissement de la dignité royale. » Rétablir la paix en France, voilà le but où Urbain V s'efforça d'atteindre. L'Eglise révère ce grand pontife comme un saint. La France, elle aussi, doit un culte à sa mémoire, comme à celle d'un homme qui a de toutes ses forces travaillé au relèvement de sa patrie.

1. Bulle du 3 avril 1368, *Pièces justificatives*, n° LXXIX.

PIÈCES JUSTIFICATIVES

I

Avignon, 1362 (7 novembre).

Urbain V approuve le mariage projeté entre Jeanne, reine de Sicile, et Jacques, roi de Majorque.

(Archives du Vatican, registre 252, fol. 49 v°, pièce n° 100.)

Carissime in Christo filie Johanne, regine Sicilie illustri, salutem etc. Personam tuam inclitam ac regnum Sicilie [1].... Sane, cum in concessione dicti regni olim per prefatam ecclesiam (Romanam) inclite memorie Carolo, primo regi Sicilie, attavo tuo, facta, inter alia specialiter contineatur quod si forte, deficientibus masculis, contigerit feminam innuptam in ipso regno succedere, illa maritabitur persone que ad ipsius regni regimen ac defensionem existat ydonea, Romani tamen pontificis super hoc consilio requisito, nec nubet nisi vero catholico et ecclesie predicte devoto; et, si contra hoc fieret, licebit eidem Romano pontifici contra ipsam ad privacionem predicti regni sine figura judicii et absque omni juris solempnitate, in quacumque etate filia ipsa consistat, procedere, si hoc ei videbitur expedire; pro parte tua fuit nobis reverenter expositum quod tibi, que incommodis viduitatis afflceris, pro honore tuo dictique regni felici regimine ac tutela per consiliarios tuos expediens reputatur quod alicui viro strenuo qui generis nobilitate proditus, circumspectione providus et magnanimitate sublimis idem regnum sciat provide regere ac viriliter possit defendere, matrimonialiter copuleris, quodque tu ac iidem consiliarii carissimum in Christo filium nostrum Jacobum, regem Majoricarum illustrem, ydoneum et utilem ad hujusmodi contrahendum matrimonium extimatis; et propterea proinde super hoc nostrum consilium requisisti. Nos igitur reputacioni et extimacioni hujusmodi post multam deliberacionem super hoc prehabitam non immerito concurrentes prefatumque regem virum catholicum et devotum predicte ecclesie reputantes, super eodem per te et ipsum regem contrahendo matrimonio nostrum prebemus consilium et assensum. Datum Avinione, VII idus Novembris, anno primo.

---

1. Les points remplacent dans ce document et ceux qui suivent les passages qu'il nous a semblé inutile de reproduire.

II

Avignon, 1362 (15 novembre).

*Urbain V prie Jean, roi de France, d'excuser Raymond de Garcibaud,
bailli du Vivarais et du Valentinois, qui n'avait pu se trouver dans son
baillage au moment du passage du roi.*

(Archives du Vatican, registre 245, fol. 14 v°.)

Carissimo in Christo filio, Johanni, regi Francie illustri, salutem
etc. Cum dilectus filius nobilis vir Raymundus Garsaballi, domicellus,
Vivariensis et Valentinensis pro regia sublimitate balivus, nos, qui
eum sincere diligimus, in nostre promotionis ad apicem apostolatus
primordii visitasset, tuamque serenitatem sentiret partibus commissi
sibi officii vicinasse, ad eam volebat, prout decens erat, accedere
incunctanter; sed nos ipsius Raymundi, qui diutius fuit in Romana
curia, servicio, precipue nobis fido, in dicto principio indigentes,
de tua benignitate confixi, ipsum pro diebus aliquibus confidenter
duximus retinendum, intendentes quod locum ubi fueris cito studeat
se conferre, regali culmini debitam reverenciam impensurus. Quare tua
magnitudo dignetur prefatum Raymundum in hac parte nostro habere
intuitu excusatum. Dat. Avinione, XVII kalendas Decembris, anno
primo.

III

Avignon, 1362 (29 novembre).

*Urbain V engage Jeanne, reine de Sicile, à épouser Philippe, duc de
Touraine, fils du roi de France.*

(Archives du Vatican, registre 245, fol. 17 v°.)

Carissime in Christo filie, Johanne, regine Sicilie illustri, salutem etc.
Regie serenitatis honorem ac regni Sicilie, quod a nobis et Romana
ecclesia tenes in feudum, statum prosperum paternis desideriis
cupientes, hodie per alias nostras litteras ex certis honestis et admissi-
bilibus causis in litteris ipsis expressis te rogandam duximus et
hortandam ut cum dilecto filio nobili viro Philippo, duce Turonii,
carissimi in Christo filii nostri Johannis regis Francie illustris nato,
matrimonio copuleris, et licet preces et exhortacio nostra hujusmodi,
quibus te paternis convenimus affectibus, sufficere censeantur, quia
tamen maritari debes persone que ad ipsius regni regimen et defensionem existat ydonea, Romani tamen pontificis prius super hoc
consilio requisito, nec nubere debes nisi viro catholico et ecclesie
predicte devoto, nos super hoc ex habundanti providere volentes,

prefatum Philippum, ad dicti regni regimen et defensionem ydoneum ac
virum catholicum et devotum ejusdem ecclesie reputantes, super dicto,
auctore Deo, contrahendo matrimonio nostra tenore presentium
prestamus consilium et assensum. Dat. Avinione, III. kal. Decembris,
anno primo.

IV

Avignon, 1362 (29 novembre).

Urbain V expose à Jeanne, reine de Sicile, les raisons qui doivent la déter-
miner à choisir pour époux le fils du roi de France, Philippe, duc de
Touraine.

(Archives du Vatican, registre 245, fol. 18.)

Eidem (Johanne regine Sicilie). Apostolice considerationis intui-
tus...... Hec nempe, magnatibus orbis qui tecum possint matrimonialiter copulari frequenti comparacione discussis, in nullo alio sic
decenter quam in dilecto filio nobili viro Philippo, duce Turonii, nato
carissimi in Christo filii nostri Johannis, regis Francorum illustris,
convenire plenius, nostro et multorum prudentium judicio reperimus;
et nichilominus ad hujusmodi inter te dictumque Philippum copulam
suadendam nonnulle alie cause animum nostrum rationabiliter pro-
movent, que regia consideracione pensate ad hoc non immerito te
debent reddere promptiorem. Novit quidem tua serenitas quod ab illustrissimo stipite regum Francie prodiit inclitum genus tuum et quod
multo Francorum sanguine et magnis pecuniarum subsidiis prefatum
regnum Sicilie per progenitores tuos ex concessione prefate ecclesie
acquisitum extitit et defensum, et equitati congruit ut ad extraneos ex
tui facto non transeat sed per tuam et dicti Philippi, Domino conce-
dente, prolem suscipiendam ad dictum stipitem revertatur et si secus
forsitan ageres, inclitos tuos et domus serenissime Francie, ex qua,
ut tu nosti, reges alii prodierunt, consanguineos ac benivolos verisimiliter conturbares, quod tuo et ejusdem regni Sicilie statui posset
nocuum pro tempore reperiri. In tuis etiam debet esse devotionis affectibus ut illi jungaris connubio qui et sui progenitores eidem ecclesie,
tue matri et domine, cujus benivolencia patrocinio et favore cunctis
indigebis temporibus, clariorem semper exhibuerunt puritatem, ejusque
favores et gratiam plenius mereantur, quantaque prefata ecclesia
eandem domum Francie, ipsius exigentibus meritis et grandibus
serviciis ab olim receptis ab ea, dilectionis plenitudine prosequatur tua
sublimitas non ignorat. Ex hiis igitur tuam excellentiam non indigne
rogamus, eidem paterno consilio nichilominus suadentes quatenus cum
dilecto Philippo, per cujus magnanimitatem et circumspectionis indus-
triam regalibus moribus educatam ac ipsius et sui genitoris incliti
aliorumque suorum consanguineorum et amicorum potenctiam dictum
regnum et comitatus tuos Provincie et Forcalquerii, malignorum vexa-
tionibus conquassata, diutius speramus regi feliciter et defensari

potenter, matrimonialiter copuleris; per hoc enim firmitati tui status
provide consules, regio providebis honori, paternis exhortationibus
annues, tuisque subjectis desiderate tuitionis remedium et expectatam
leticiam exhibebis. Dat. Avinione, III kalendas Decembris, anno
primo.

V

Avignon, 1362 (3 décembre).

*Urbain V annonce à Pierre Raymond, comte de Comminges, qu'il envoie
vers lui Pierre, évêque de Cambrai, pour le réconcilier, ainsi que Jean
comte d'Armagnac et Arnaud Amanieu, seigneur d'Albret, avec Gaston,
comte de Foix.*

(Archives du Vatican, registre 245, fol. 19.)

Dilecto filio, nobili viro, Petro Raymundi, comiti Convenarum,
salutem etc. Super custodiam universi gregis dominici....... Nuper
siquidem in nostre promotionis ad apicem apostolatus auspiciis dolenter
audivimus inter nobilitatem tuam et dilectos filios, nobiles viros,
Johannem, comitem Armaniaci, ac Arnaldum Amaneni, militem,
dominum de Libreto, ex parte una, ac Gasconem, comitem Fuxi, ex
altera parte..... adhuc vigere discordiam... Nosque, solicite
cogitantes quomodo discordie prefate dispendiis celeriter occurrere
valeamus, de circumspectione venerabilis fratris nostri Petri, episcopi
Cameracensis..., quem utrique parti reputamus acceptum, in his et
aliis plene confisi, eum ad tuam et eorundem discordantium partes ac
presentiam, ad extirpandum, cum favore auctoris pacis, prefatam
discordiam, providimus destinandum. Quocirca nobilitatem eandem
hortamur... Dat. Avinione, III nonas Decembris, anno primo.
  Eodem modo, dilecto filio, nobili viro Amaneni, militi, domino de
Lebrito..... Dat. ut supra.
  Eodem modo, dilecto filio, nobili viro Johanni, comiti Armaniaci...
Dat. ut supra.

VI

Avignon, 1362 (3 décembre).

*Urbain V prie le roi de Navarre et divers seigneurs partisans, les uns de
Jean d'Armagnac, les autres de Gaston de Foix, de s'interposer entre les
deux comtes pour la conclusion d'une paix.*

(Archives du Vatican, registre 245, fol. 46 v°.)

Dilecto filio, nobili viro.. de Navarra [1] salutem etc. Super custodiam
..... Te rogamus et hortamur attente quatinus pro hujusmodi pace ac

1. La table des rubriques placée en tête du registre porte : « Regi Navarre, quod super pace
inter Armaniaci et Fuxi comites reformanda interponat partes suas. »

concordia, cum Dei auxilio faciendis, tue circumspectionis et solicitudinis studium efficaciter adhibere procures..... Dat. Avinione, III nonas Decembris, anno primo.

Eodem modo ut in proxima, dilecto filio nobili viro.. vicecomiti de Caramanno salutem etc.

Eodem modo, dilecto filio nobili viro.. comiti Perdiaci salutem etc.

In eodem modo, dilecto filio nobili viro, Bertrando de Ispania, militi.

Eodem modo, dilecto filio nobili viro Arnaldo de Ispania militi.

Simili modo, dilecto filio nobili viro Manaldo, domino de Barbasano.

Eodem modo, dilecto filio nobili viro.. domino de Monte Eisquino.

Eodem modo, dilecto filio nobili viro Bernardo Saqueti, militi.

VII

Avignon, 1362 (3 décembre).

Urbain V annonce à Gaston, comte de Foix, qu'il a député Pierre, évéque de Cambrai, comme arbitre entre lui et le comte d'Armagnac.

(Archives du Vatican, registre 245, fol. 47.)

Dilecto filio, nobili viro Gasconi, comiti Fuxi, salutem etc. Super custodiam etc. ut supra usque valeamus. Nuper siquidem in nostre promotionis..... Quocirca nobilitatem eandem hortamur et rogamus attente quatinus monitis nostris, que tibi per eundem episcopum (Petrum, Cameracensem) confidenter dirigimus, devotius acquiescens ac prudenter attendens quod in hac parte tua et tuorum subditorum ac sequacium salus et commoda ex apostolice pietatis diligencia procurantur, animum tuum ad habendum pacem cum prefatis comitibus et Arnaldo, prompta voluntate disponas, dictamque pacem, quantum in te fuerit, facere non omittas, super quibus prefato episcopo ea que tibi ex parte nostra retulerit credas indubie sicut nobis. Dat. Avinione, III nonas Decembris, anno primo.

VIII

Avignon, 1362 (19 décembre).

Urbain V prie Gaston, comte de Foix, de traiter Jean d'Armagnac, son prisonnier, avec bienveillance et de faire la paix avec lui.

(Archives du Vatican, registre 245, fol. 52 v°.)

Dilecto filio nobili viro, Gasconi, comiti Fuxi, salutem etc. Super amaram discordiam a patre scandali seminatore zizanie dudum inter te

et dilectum filium, nobilem virum Johannem, comitem Armaniaci.....
suscitatam in nostris apostolatus primordiis anxie cogitantes, venerabilem fratrem nostrum, Petrum episcopum Cameracensem..... pro
tractatu pacis..... nuper ad te dictumque comitem mittebamus.
Verum aliquibus post ipsius episcopi a nobis et curia Romana recessum
diebus elapsis, quamplurimorum insinuatione percepimus quod idem
comes cum multis nobilibus et aliis suis valitoribus et sequacibus per
te in armorum congressibus captus fuit. Porro, fili dilecte, si provide
inspexeris que super hoc dignis sunt meditationibus attendenda, tuam
non decet nobilitatem in eorundem captorum detentione diutina
delectari..... Te igitur ad ea que pacis et concordie sunt eo
promptiorem invenire sperantes quo tuorum felicitatem successuum ab
eo recognosces humiliter et ei solum actiones reverenter attribues a
quo omnem fortitudinem esse constat, nobilitatem tuam..... obsecramus..... quatinus..... animum tuum habilites et disponas ad
pacem prefatumque comitem cum suis omnibus velis benigne tractare
et ad ipsorum relaxationem intendere gratiose..... Cui quidem episcopo fidem credulam in dicendis placeat adhibere. Dat. Avinione,
XIIII kal. Januarii, anno primo.

IX

Avignon, 1362 (19 décembre).

Urbain V informe Jean, comte d'Armagnac, fait prisonnier par Gaston de
Foix, qu'il travaille à sa délivrance [1].

(Archives du Vatican, registre 245, fol. 52 v°.)

Dilecto filio nobili viro Johanni, comiti Armaniaci, salutem. Super
amaram discordiam..... Quare, de pace predicta ac tua et eorum
captorum liberatione soliciti, dictum episcopum (Petrum Cameracensem) ad nostram fecimus presenciam remeare, recepturum novam
instructionem super hujusmodi negocii condictionibus immutatis,
ipsumque de novo instructum ad te et comitem prefatum remittimus,
pacem et libertatem hujusmodi tractaturum, quantum pacem et liberationem ipsas in nostris habeamus desideriis, eidem comiti per nostras
exponentes litteras ac per eundem episcopum mandantes exponi
plenius oraculo vive vocis. Quia igitur tribulationibus multis afficeris,
quesumus quod tanquam vir fortis et prudens in Domino conforteris.
Speramus enim quod dictus comes erga te et alios captos favorabiliter
se habebit, sicque realiter apostolicis monitionibus acquiescet, quod
nobis et ceteris hoc expectantibus imbrevi proveniet de hujusmodi

---

1. A la même date, le pape écrit à Pierre Raymond, comte de Comminges, également
prisonnier de Gaston de Foix : « Dil. fil. nob. viro Petro Raymundi, comiti Convenarum. Super
amaram discordiam..... Dat. ut supra. » (Même registre, fol. 54 v°.)

pace et liberatione jocunditas quam desiderabiliter expectamus, cui
quidem episcopo fidem credulam in dicendis placeat adhibere. Dat.
Avinione, XIIII kal. Januarii, anno primo.

X

Avignon, 1362 (19 décembre).

*Urbain V prie Jean d'Armagnac, fils de Jean, comte d'Armagnac, de
s'efforcer d'amener la délivrance de son père et la conclusion d'une paix
avec Gaston de Foix.*

(Archives du Vatican, registre 245, fol. 54.)

Dilecto filio nobili viro Johanni de Armaniaco, nato dilecti filii
nobilis viri Johannis, comitis Armaniaci, salutem etc. De captione tui
genitoris et aliorum suorum sequacium paternis eis et tibi compa-
tientes affectibus, ad dictum tuum genitorem ac dilectum filium,
nobilem virum, Gasconem, comitem Fuxi, venerabilem fratrem
nostrum Petrum, episcopum Cameracensem, apostolice sedis nuntium,
latorem presencium nostris litteris tenorum inclusorum presentibus
destinamus. Quocirca nobilitatem tuam hortamur et obsecramus in
Domino Jhesu Christo quatinus attente considerans quod ex hujusmodi
guerrarum dissidiis et ipsius tui genitoris et aliorum detencione si,
quod absit, protendantur in longum majora dampna et amariora
discrimina suis et tuis amicis et subditis, hoc maxime tempore quo
totus fere orbis est positus in maligno, possunt verisimiliter provenire..... eidem patri tuo in hiis que ad pacem et liberationem
hujusmodi spectare cognoveris ferventer intendas..... Dat. ut
supra [1].

XI

Avignon, 1363 (10 février).

*Urbain V mande à Bertrand, évêque de Comminges, de faire cesser les
empiétements de certaines personnes, laïques et ecclésiastiques, sur les
droits du souverain pontife dans le Comtat-Venaissin, à Montélimar et
à Avisan.*

(Archives du Vatican, registre 245, fol. 93 v°.)

Venerabili fratri Bertrando, episcopo Convenarum, salutem etc.
Inter ceteras terras et provincias..... Sane ad audienciam nostri
apostolatus pervenit quod nonnulle tam ecclesiastice quam seculares

---

1. C'est à dire le 14 des calendes de janvier, l'année première du pontificat.

persone tam comitatus predicti (Venayssini) et castrorum Montilii
Ademari et Avisani, Valentinensis et Tricastrine diocesium, quam
diversarum aliarum partium, suis juribus et terminis non contente,
honores, jura, bona et loca nostra et ejusdem ecclesie tam in comitatu
quam in castris predictis eorumque castrorum districtu et pertinenciis,
pro parte ad nos in eisdem castris, districtu et pertinenciis spectante
consistencia invadere, usurpare ac molestare indebite, necnon habitatores et incolas comitatus ac castrorum, districtus et pertinenciarum
predictorum pro parte ad nos pertinente in eisdem castris, districtu et
pertinenciis, ut premittitur, per captiones et arrestationes personarum,
indebitas predationes et spolia rerum et bonorum suorum vexare et
opprimere multipliciter contra justiciam aliosque injuriosos excessus,
circa hec in nostram et ecclesie prefate offensam et injuriam, predic-
torumque habitatorum et incolarum manifestum prejudicium committere presumpserunt hactenus et presumunt. Nos igitur, ausus talium
detestabiles oportunis refrenari remediis..... cupientes....., felicis
recordationis Benedicti XII et Innocencii VI, Romanorum pontificum,
predecessorum nostrorum vestigiis super hiis inherentes, fraternitati
tue per apostolica scripta committimus et mandamus quatinus per te
vel alium seu alios quoscunque invasores et occupatores injuriosos..... de quibus tibi simpliciter et de plano sine strepitu et
figura judicii constiterit, quod ab hujusmodi usurpationibus.....
omnino desistant et de commissis nobis et eidem ecclesie et aliis
quorum interest debitam satisfactionem impendant, per censuram
ecclesiasticam auctoritate nostra, appellatione postposita, quando et
quotiens oportunum extiterit compellere, non omittas, non obstante
tam pie memorie Bonifacii pape VIII predecessoris nostri. qua cavetur
ne aliquis extra suam civitatem et diocesim..... Dat. Avinione, IIII
idus Februarii, anno primo.

XII

Avignon, 1363 (27 février).]

*Urbain V réduit de moitié le taux de la décime dans les provinces de Lyon,
Reims, Sens, Rouen et Tours, et dans les diocèses de Bourges et de
Clermont.*

(Archives du Vatican, registre 261, fol. 4 v°, n° 16.)

Ad perpetuam rei memoriam. Ex paterne caritatis officio ecclesiarum
ecclesiasticarumque personarum libenter subvenimus incommodis.....
Nuper siquidem pro parte venerabilium fratrum nostrorum Lugdunensis, Remensis, Senoneusis, Rothomagensis, Turonensis et Bituri-
censis archiepiscoporum necnon eorundem Lugdunensis, Remensis,
Senonensis, Rothomagensis, Turonensis archiepiscoporum suffraga-
neorum ac Claromontensis episcoporum fuit expositum in consistorio
coram nobis quod tam sue quam alie ecclesie necnon monasteria et
quelibet alia ecclesiastica tam secularia quam regularia et eciam pia
loca in Lugdunensi, Remensi, Senonensi, Rothomagensi et Turonensi

provinciis ac in eorum necnon in Bituricensi et Claromontensi civitatibus et diocesibus adeo, propter guerras et mortalitatum pestes....., sunt in suis redditibus et fructibus diminuta quod cum iidem archiepiscopi et episcopi quam alii eorundem ecclesiarum, monasteriorum et locorum prelati, rectores atque persone incumbencia eis onera comode supportare non possint, quare pro parte dictorum exponencium..... Nos itaque taxacionem decime ecclesiarum monasteriorum et locorum predictorum omniumque reddituum et preventuum ecclesiasticorum in dictis Lugdunensi, Remensi, Senonensi, Rothomagensi et Turonensi provinciis, ac in earum necnon Bituricensi et Claromontensi civitatibus et diocesibus consistencium, secundum quam iidem archiepiscopi, episcopi aliique prelati, rectores atque persone in eisdem provinciis civitatibus et diocesibus redditus et proventus ecclesiasticos obtinentes consueverunt imposita eis quecumque onera supportare, ad ipsius taxacionis medietatem, de fratrum nostrorum consilio, apostolica auctoritate reducimus, et pro reducta ex nunc haberi volumus et eciam ordinamus; tenore presencium statuentes quod deinceps hujusmodi medietas pro integra et vera taxacione sive decima in eisdem provinciis, civitatibus et diocesibus perpetuis futuris temporibus sic habeatur ac reputetur et integra decima nominetur; ita quod quicumque et quocienscumque in ipsis provinciis civitatibus et diocesibus decima pro apostolica camera imponi vel aliis concedi contingeret, aut ipsi archiepiscopi et episcopi aliique prelati, rectores et persone, secundum decimam, aliqua onera apostolica aut quavis auctoritate vel concessione aut quacumque occasione vel modo supportaturi sint, secundum taxacionem hujusmodi sic reductam, decimam ipsam solvere et hujusmodi supportare onera tantummodo teneantur..... Nulli ergo etc...... Dat. Avinione, III kal. Marcii, anno primo.

XIII

Avignon, 1363 (9 mars).

Urbain V envoie ses instructions à Raymond de Sainte-Gemme, nonce apostolique, chargé de ménager la conclusion d'une paix entre Jean d'Armagnac et Gaston de Foix.

(Archives du Vatican, registre 245, fol. 101 v°.)

Dilecto filio magistro Raymundo de Sancta Gemma, decano ecclesie de Burlacio, Castrensis diocesis, notario nostro, apostolice sedis nuncio, salutem etc. Super treugarum tractatu inter dilectos filios nobiles viros Johannem Armaniaci et Gasconem Fuxi comites, de quo nobis tua diligencia ex hoc plurimum commendanda aliqua noviter intimavit, deliberatione prehabita diligenti, certas informationes tibi transmittimus ac etiam copiam litterarum quas comitibus prefatis dirigimus presentibus interclusas; ideoque discretioni tue, de qua in hiis et aliis plenam in Domino fiduciam obtinemus, committimus et mandamus quatinus juxta informationes easdem super hujusmodi treugis, per quas speramus subsequi bonum pacis, cum eisdem comitibus tractes diligenter et ordines nostra vice, prout emergentium casuum status exegerint et tue circumspectionis providencia cognoverit, expedire. Dat. Avinione, VII idus Marcii, anno primo.

Urbanus papa V.

(1.) Consideret autem magister Raymundus, decanus de Bullacio, nuncius noster, omnes vias et modos per quas seu quos poterit comites Fuxi et Armaniaci ad pacem reducere et id studeat facere toto posse.

(2.) Quod si, impediente factore zizanie, facere non potuerit, pro nunc tractet de treugis.

(3.) Et in omni casu provideat quomodo societates existentes cum dictis comitibus seu gentibus ipsorum dirimantur et dispergentur seu anullentur.

(4.) Et maxime procuret pro viribus quod non veniant ad has partes.

(5.) Si vero comes Fuxi, ut scripsit dictus decanus, voluerit magnas treugas et comes Armaniaci voluerit breviores, tunc trahat unum et alium ad finem quod non frustetur effectu sed quod ex ejus operibus fructuosis pax vel treuga competens subsequatur, caute semper providendo quod ad has partes societates memorate aut alie non declinent.

(6.) Si vero sentiret quod ad has partes ille aut alie societates deberent accedere, quod absit, hoc nobis quam citius poterit, studeat intimare.

(7.) Et idem de quibuscumque aliis rumoribus notabilibus seu etiam ponderosis necnon etiam de causis vel causa, occasione quarum haberet forsitan facere longam moram, quam tamen studeat breviare, prout juxta qualitatem negotiorum occurrentium eidem videbitur expedire.

(8.) Hoc autem omittendum non est quod treugue nimis magne videntur periculose eo quia interim societates stabunt in partibus destruentes easdem ; unde circa predicta sit dictus decanus prout de eo confidimus diligens et attentus.

Dilecto filio nobili viro Gasconi, comiti Fuxi, salutem etc. Cum magne solicitudinis studio..... Dat. Avinione, VII idus Marcii, anno primo.

In eodem modo nobili viro Johanni, comiti Armaniaci, mutatis mutandis.

XIV

Avignon, 1363 (31 mars).

Urbain V accorde au roi de France, pour subvenir aux frais de la croisade, tout l'argent destiné à la Terre-Sainte, provenant de donations ou amendes faites ou prononcées pendant les douze dernières années dans le royaume de France, et à faire ou prononcer pendant six années à compter de la date des présentes ; il en règle la perception.

(Archives du Vatican, registre 252, fol. 16, n° 16.)

Urbanus episcopus, servus servorum Dei, carissimo in Christo filio Johanni, regi Francie illustri, salutem etc. Calamitosa miseria obprobriosaque servitutis quibus Terra Sancta..... Quia tamen pro supportanda ingentium expensarum, quas tanti negotii assumptio et prosecutio de necessitate requirunt, ulteriori subsidio nosceris indigere,

nos,..... tuis supplicationibus inclinati, omnia legata et donata inter
vivos seu in ultima voluntate, ac penas, condempnaciones, penitencias
impositas seu injunctas et quecumque alia ex voto, stipulacione, pacto
vel promissione passagio generali aut in dicte Terre subsidium seu
succursum in regno et diocesibus supradictis (Remensi et Lugdunensi),
quatinus extra ipsum regnum pretendi noscuntur, facta seu debita a
duodecim annis citra, hiis tamen, que per sedem eandem pro aliis certis
necessitatibus concessa vel per eam pro variis urgentibus negociis que
sibi periculose nimium preteritis occurrerunt temporibus expensa
fuerint, super quibus quidem concessis, ut premittitur, et expensis
stari ordinamus et volumus simplici verbo nostro, et de illis eciam de
quibus per donantes vel legantes extiterit ordinatum quod certis personis assignari deberent, duntaxat exceptis, necnon omnia et singula
per dictos sex annos in regno et diocesibus memoratis pro dicto passagio et Terre Sancte subsidio seu succursu leganda, donanda, penas et
penitencias imponendas seu injungendas, et alia ex voto, stipulatione,
pacto vel promissione pro ejusdem succursu seu subsidio disponenda
in subsidium expensarum que tue serenitati ex tanti prosecutione
negotii dinoscuntur incumbere, auctoritate presentium tibi concedimus
exigenda, colligenda et levanda per diocesanos locorum regni ejusdem
et alios, quos iidem diocesani ad hoc duxerint assumendos sub modis
et formis, modificationibus et declarationibus ac pro tempore infrascriptis, et burgensibus ydoneis, quos tu ad receptionem, conservacionem
et distribucionem dicte decime ac hujusmodi legatorum et aliorum
infrascriptorum subsidiorum, juxta ordinacionem nostram super hiis
per alias nostras litteras factam deputabis, integraliter assignanda et in
istius sancti passagii seu Terre Sancte succursum aut subsidium
expendenda, quorum quidem legatorum, donationum et aliorum
predictorum omnium tibi....., ut premittitur, auctoritate presentium
concessorum, exactionem et recepcionem per dictos diocesanos aut
successores eorum ex nunc volumus inchoari, sed ipsorum distribucionem seu consumpcionem differri quousque hujusmodi negocium
taliter sit dispositum tantumque in eo processum et maxime circa pre-
paracionem eorum que ad generale passagium requiruntur, quod a
nobis vel successore nostro Romano pontifice probabiliter supponatur
et eciam declaretur, quod iter tuum III dictas kalendas Marcii, in
quibus vel ante iter dicti passagii inchoare coram nobis sollempniter
promisisti et eciam jurasti, verisimiliter possit et debeat, impedimentis
cessantibus, inchoari, ejusque persecutio fieri oportune; ordinamus
quoque ad omnes habentes aut detinentes species, quantitates vel
corpora seu legata que per dictam sedem concessa vel expensa aut per
donantes seu legantes certis personis mandata non fuerint, ut
prefertur, ad ea tradenda diocesanis seu deputandis predictis per
censuram ecclesiasticam compellantur ab ipsis; et nichilominus ut premissa donata, legata et alia supradicta tam pro preterito tempore quam
in futurum per sex annos predictos leganda, donanda et alia pro
eisdem passagio et subsidio seu succursu, ut premittitur, disponenda
in publicam veniant nocianem, mandamus et volumus quod dyocesani
predicti, singuli videlicet eorum in singulis suis civitatibus et diocesibus, tabelliones et notarios publicos civitatum et diocesum eorundem
per juramentum per ipsos diocesanos ab eorundem tabellionum, nota-

riorum singulis exigendum, vel per excommunicacionis sentenciam, prout magis viderint expedire, compellere studeant ut ipsi de clausulis testamentorum vel prothocollorum ab ipsis vel ab aliis scriptorum, si aliquorum aliorum testamenta vel prothocolla fuerint penes eos, ad ipsius Terre Sancte duntaxat negocium pertinentibus, de testamentis seu prothocollis eisdem canonice extractis in formam publicam copiam faciant diocesanis eisdem, per quos eciam hoc idem mandamus et volumus fieri circa testatorum heredes et nichilominus ordinamus quod per diocesanos predictos in suis civitatibus et diocesibus fiat monicio generalis ut quicumque sciret aliqua donata vel relicta seu quovis modo alio debita in subsidium seu succursum dicte Terre Sancte vel passagii generalis, quo ad illa que superius sunt expressa, infra certum competentem terminum super hoc statuendum, ipsis diocesanis vel deputandis ab eis illa debeant revelare, quodque, lapso eodem termino, possint ipsi diocesani contra contumaces procedere ad promulgandas excommunicacionis, suspensionis et interdicti sentencias, si et prout viderint expedire. Porro, ut circa hujusmodi exactionem donatorum, legatorum et aliorum predictorum pro ipso passagio ac dicto subsidio seu succursu, ut premittitur, debitorum, viam maliciis, quantum possumus, precludamus, ne illos qui teneri ad legata, donata et alia predicta vel illa detinere forsitan dicerentur, contingat super hiis indebite molestari, volumus et auctoritate presencium ordinamus quod de legatis, donatis, penis, penitenciis et aliis supradictis a duodecim annis proxime preteritis supra nichil penitus exigatur, nisi forsan de eo quod pro anteriori tempore fore debitum dicetur, diocesanis seu deputandis predictis foret prompta fides, quo casu ad illius solucionem hujusmodi debitorem compelli volumus nisi solucionem a se factam alleget, super qua eciam, si eam probare non possit suo stari volumus juramento, dum tamen homo fuerit bone fame, aliàs hujusmodi debitum solvere compellatur, ubi vero predecessorum suorum aut aliarum personarum solucionem duxerit allegandam, cum de facto proprio potius quam predecessorum suorum et personarum aliarum noticiam habere possit et debeat, factam a se hujusmodi solucionem ostendere teneatur, quod nisi fecerit ipsum volumus ad illam compelli. Insuper, si diocesanis ipsis vel eorum alicui casus aliqui super hiis forsitan occurrant qui sub verbis predictis, videlicet donata, legata, tam inter vivos quam in ultima voluntate, penas, condempnaciones, penitencias impositas seu injunctas debita ex voto, stipulacione, pacto vel promissione non videantur inclusi, volumus quod ipsi diocesani casus eosdem prefate sedi debeant intimare ut circa illos per eam ordinari valeant quod ad honorem Dei et utilitatem istius sancti passagii visum fuerit expedire. Rursus, ut hoc sanctum negocium eo felicius finem sorciatur optatum quo majorum subsidiorum fuerit fultimento munictum, tuis devotis precibus annuentes, universa legata indistincta seu incerta, a quibuscumque personis seu communitatibus in regno seu diocesi memoratis pro tempore et alio casu supra expressa facta et que fient in eis et inposterum per sex annos predictos, dummodo incertitudo seu indistinctio non sit talis que viciet ipsa legata que fient in eis, tue regali celsitudini in subsidium concedimus premissorum, per diocesanos predictos seu subcollectores deputandos ab eis, ut de aliis premittitur, colligenda dictisque burgensibus assignanda, consumenda et distribuenda sub modis et formis et declaracionibus circa donata, legata et alia supradicta et inferius eciam annotata et in ipsius sancti passagii et Terre Sancte utilitatem sicut premissa alia integraliter convertenda. Ad omnem siquidem circa hec dubitacionis materiam amputandam, quantum ad presentem spectat articulum, illa non reputamus incerta seu indistincta legata que possunt ex post facto reduci ad certitudinem ex disposicione ordinantis vel legis aut que, licet incerta, sunt ex legatariorum personis non tamen ex causa pro qua vel ob quam relinquuntur, ut pote si pro maritandis puellis, celebrandis missis, constituendis capellis seu constituendis capellanis aut aliis similibus aliqua sint relicta, et ideo legata hujusmodi et similia sub concessione non veniant antedicta. Illa vero legata quo ad hoc indistincta dicimus et incerta que habent incertitudinem tam ex legatariorum personis quam ex causa pro qua sunt facta, ut puta cum testator legat sine determinacione aliqua pro anima sua centum, aut cum simpliciter hoc vel illud in pios usus precipit erogari, licet enim per ordinarium forsitan juris auctoritate vel per executorem ultime voluntatis defuncti de incertis seu de indistinctis legatis hujusmodi valeat ordinari, in eis tamen et similibus concessionem locum habere volumus supradictam, nisi forsan per eos ad quos hec pertinuerit, antequam ad eorum noticiam concessio pervenerit aut pervenire potuerit, legata hujusmodi fuerint distributa. Et ne ipsi calumpniose possint concessionis ejusdem ignorantiam allegare, ordinamus et eciam declaramus quod noticiam hujusmodi concessionis ad eos censeatur potuisse pervenire post mensem computandum ab ipsius concessionis publicacione, que per diocesanos vel de mandato eorum in civitatibus aut per ecclesiarum parrochialium rectores de suorum diocesanorum archidiaconorum, archipresbyterorum seu decanorum mandato in ecclesiis suis parrochialibus civitatum et diocesium eorumdem facta publice fuerit, diebus dominicis et festivis, nisi forsan aliqua justa causa eorum ignoranciam excusaret ; et si eciam de legatis hujusmodi ad certam personam pars aliqua obvenire deberet ex ordinacione disponentis vel legis, volumus quod pars ipsa in hujusmodi nostra concessione non veniat, sed ipsi persone assignari vel penes eam deberet integraliter remanere; declaramus quoque sub concessione hujusmodi non venire legata illa incerta que reperirentur per illum ad quem pertinent certis concessa personis vel ad usum alium deputata. Ceterum, omnia que in colligenda, conservanda et distribuenda dicta decima sexannuali et circa racionis reddicionem et cessacionem collectionis et retitucionem ejusdem decime in aliis nostris litteris super concessione ipsius tue regali celsitudini facta confectis duximus plenius inserenda circa legata, donata incerta et certa, et alia omnia suprascripta que in dictis regno et diocesibus eidem celsitudini tue concedimus per presentes, nisi quatinus alias super illis vel eorum aliquo per nos est, ut premittitur, ordinatum, volumus et decrevimus observari. Nulli ergo etc. nostre ordinacionis, mandati, voluntatis, declaracionis, concessionis et constitucionis infringere etc. Dat. Avinione, II kal. Aprilis, anno primo [1].

1. Des bulles *In eodem modo* sont adressées à la même date aux archevêques de Rouen, Reims, Toulouse, Narbonne, Sens, Lyon, Tours et à leurs suffragants, à l'évêque de Viviers et à l'évêque du Puy. (Registre 252, fol. 20-22, nᵒˢ 18-26.)

XV

Avignon, 1363 (31 mars).

Urbain V accorde au roi de France la décime de tous les revenus ecclésiastiques du royaume pendant six ans, et il en règle la perception.

(Archives du Vatican, registre 252, fol. 17, n° 17.)

Carissimo in Christo filio, Johanni, regi Francie illustri, salutem etc. Etsi cunctorum Christi fidelium precioso domini nostri Jhesu Christi sanguine redemptorum persone temporalesque facultates..... Nos igitur..... decimam omnium ecclesiasticorum fructuum, reddituum et proventuum per totum tuum regnum Francie ab universis ecclesiarum et monasteriorum prelatis aliisque personis ecclesiasticis dicti regni, preterquam ab eisdem fratribus nostris sancte Romane ecclesie cardinalibus..... necnon a dilectis filiis, magistris, prioribus, preceptoribus et fratribus Hospitalis Sancti Johannis Jerosolimitani aliisque personis aliorum militarium ordinum, necnon personis ecclesiasticis que, obtenta licencia debita, in isto sancto passagio personaliter transfretabunt, quos quidem..... ab hujusmodi prestacione decime exemptos esse volumus et immunes, de dictorum fratrum consilio usque ad dictos sex annos proxime secuturos a data presencium computandos auctoritate apostolica imponimus, singulis annis dicti sexennii in duobus mediatatem terminis, videlicet in Purificacionis Beate Marie Virginis et aliam mediatatem in Nativitatis Beati Johannis Baptiste festivitatibus solvendam, exigendam et colligendam ; ita tamen quod ultimo dicte Nativitatis Beatis Johannis termino qui, elapso dicto sexennio, immediate sequenti, non obstante quod idem sexennium jam fluxerit, dicta decima persolvatur ; in quibus solucione, exactione et collectione modificaciones adhiberi volumus infrascriptas, videlicet quod in regni predicti partibus, in quibus ad certum tempus hujusmodi decima tibi et aliis ante datam presentium est concessa, finito tempore concessionis hujusmodi, decima ipsa per nos per presentes, prout premittitur, imposita in partibus illis colligi debeat et levari per illud tempus duntaxat quod residuum fuerit de dictis sex annis ab expiracione concessionis ejusdem ; ita quod in aliquo casu ipsius decime duplex exactio non concurrat, et interim ab omni subsidio personarum ecclesiasticarum dicti regni ac omni exactione et alio quocumque tuo et gencium tuarum gravamine eisdem personis imponendis cesset omnino, quodque ipsa decima in Ludgunensi, Remensi, Rothomagensi ac Turonensi provinciis ac in earum necnon Bituricensi et Claromontensi civitatibus et diocesibus, secundum ordinacionem super ipsa decima per nos dudum facta, in provinciis et civitatibus et diocesibus prelibatis, in aliis vero dicti tui regni partibus, secundum antiquam taxacionem, solvatur, et quod hii, quorum facultates ad integram solucionem hujusmodi decime, supportatis aliis oneribus consuetis, non suppetunt, ultra quam juxta suarum hujusmodi facultatum exigenciam comode possunt, illi vero qui de ipsa decima nichil solvere possunt super cujusmodi ipsorum impotencia prelatorum ejusdem regni, quibus exactionem dicte decime committemus, conscientias onerare intendimus, ad solvendum aliquid pretexte imposicionis et mandati hujusmodi nullatenus compellantur, quodque ille persone ecclesiastice que, cum debita licencia, ut premittitur, transfretaverint, a prestacione decime suorum ecclesiasticorum reddituum et proventuum modo qui sequitur sint exempte : videlicet quod decima primi biennii per personas ipsas, tam exemptas quam non exemptas, preter diocesanos, debita, penes diocesanos eorum, diocesanorum vero penes ecclesiarum suarum cathedralium capitula deponatur in usus eorum, si transfretaverint, vel in dicte terre subsidium, et aliàs contra infideles et inimicos fidei, si non transfretaverint, convertenda; volumus tamen quod illi penes quos dicta decima deponetur illis a quibus ipsam recipient promittere debeant quod. eis, cum transfretabunt, decimam ipsam reddent, ipseque persone collectoribus dicte decime....... teneantur quod in casu quo transfretare non contingat eosdem tertii anni decimam, exclusa cunctacione qualibet, collectoribus ipsis solvent. Quia vero, considerato summe serenitatis tue affectu..... firmam spem gerimus quod idem negotium..... prosperum et votivum sortietur effectum....., dictam sex annorum decimam, videlicet ecclesiasticorum reddituum et proventuum dicti regni Francie, eciam si ad ecclesias pertineant que forsan extra regnum predictum existunt necnon Remensi et Lugdunensi diocesibus, in quantum extra regnum pretenduntur predictum....., tibi in auxilium expensarum hujusmodi negocii auctoritate presencium duximus concedendam in utilitatem predicti passagii predicteque Terre Sancte subsidium seu succursum in modum qui sequitur colligendam, observandam et eciam convertendam, videlicet quod eadem decima auctoritate sedis prefate per ordinarios et collectores ab eis auctoritate apostolica deputandos colligi debeat, juxta modum in aliis nostris litteris super hoc ordinariis eisdem directis contentum, quodque pecunia colligenda de dicta decima et aliis subsidiis pro dicto passagio dicteque Terre Sancte subsidio seu succursu tibi per alias nostras litteras concessis non thesaurariis tuis sed certis burgensibus ydoneis, per te ad recepcionem ejusdem pecunie deputandis, per ordinarios seu collectores predictos integraliter assignetur; quam iidem burgenses recipere eamque conservare fideliter de mandato quatuor prelatorum regni predicti, quorum duo per sedem apostolicam, alii vero duo per te, vel duorum ex eis, quorum unus per eandem sedem apostolicam, alius vero per te fuerint deputati ad ipsius passagii commodum.dispensare utiliter, necnon prelatis eisdem annis singulis de receptis et expensis computum et racionem debitam reddere teneantur, ipsi quoque prelati quatuor aut duo ex ipsis, ut premittitur, deputandi ad mandatum seu ordinacionem tuam pro dicti passagii preparacionibus, provisionibus et commodis, absque eo quod aliquid de predictis in usus alios convertatur, per dictos burgenses soluciones fieri faciant et pecunias liberari, et ut prelati et receptores predicti commissa sibi fidelius et diligencius exequantur, jurabunt prelati quidem in exigenciam status sui, receptores vero super sancta Dei evangelia corporaliter manu tacta, quod ipsi predicta fideliter ad dicti passagii utilitatem facient et complebunt, nec aliquid quod de predictis receptum fuerit convertent in usus alios quam dicti passagii nec con-

verti per alios pro posse permittent, quodque, si per te ipsis precipi
vel mandari contigerit ut de receptis hujusmodi aliquid solverent vel
liberarent aut solvi facerent seu eciam liberari quod non videretur
eisdem in utilitatem cedere passagii antedicti, iidem prelati, seu duo
ex ipsis, ut premittitur, deputandi, serenitati tue referent fideliter seu
rescribent quid ipsis super hoc videbitur faciendum, ut sic per te
possit et debeat ad dicti utilitatem passagii maturius super hoc et
commodius provideri. Ordinamus quoque et volumus quod iidem
prelati in venerabilis fratris nostri.. Parisiensis episcopi, seu,
vacante Parisiensi ecclesia, in ejusdem ecclesie decani et alicujus seu
aliquorum aliorum a tua magnificencia ad hoc, si volueris, deputandorum presencia, dicti vero burgenses in manibus ipsorum quatuor
prelatorum vel duorum ex eis qui fuerint, ut premittitur, deputati,
dictum prestare habeant juramentum; si vero, hujusmodi sancto
pendente negocio, contingeret aliquem vel aliquos de predictis prelatis
transferri, cedere vel decedere aut aliàs impediri sic quod non possit
supra vel infrascriptis vacare, in loca illius vel illorum, quem vel quos
transferri cedere, decedere aut aliàs, ut predicitur, impediri contigerit,
alius seu alii dicti regni prelati per eum vel eos qui translatum,
cedentem vel decedentem vel alias impeditum aut translatos, cedentes,
decedentes vel aliàs impeditos deputaverant, debeant deputari et
eciam subrogari. Rursus, si forte, quod absit, contingeret te infra prefatum terminum impedimento perpetuo impediri vel tali quod probabiliter appareret prelatis duobus, super hoc per sedem deputandis
predictam, quod, nec in dicto termino vel alio per sedem eandem ex
causa aliqua forsitan prorogato, nec infra spacium eciam septem
mensium terminum ipsum immediate sequentem, iter dicti passagii
posses aperire illudque prosequi, ut prefertur, ordinamus et volumus
quod, nisi per sedem predictam super hoc aliud ordinatum extiterit,
tam decimam quam subsidia supradicta exigendi seu colligendi per
sedem eandem commissa potestas eo ipso cum moderamine infrascripto
expiret; quo casu quidquid de decima et subsidiis antedictis penes te
vel heredes successores tuos restaret et in ejusdem passagii preparacionibus aut pro eo de mandato tuo, juxta ordinacionem nostram prefatam,
non esset expensum, necnon galee et alia quecumque facta, empta pro
dicto passagio seu pro eo quomodolibet acquisita de decima et
subsidiis memoratis debeant per te vel successores tuos integraliter,
quatinus fuerint penes te vel successores eosdem, quatuor prelatis
predictis sine difficultate qualibet assignari; quantum ad alia vero que
tunc collecta non essent de decima et subsidiis supradictis pro preteritis
tunc terminis, tu seu heredes seu successores tui non remaneatis nec
sitis in aliquo obligati, sed exigantur illa seu colligantur per dictos
ordinarios aut subcollectores eorum et collecta tradantur predictis
quatuor prelatis, ut premittitur, deputandis, ut in manibus eorum,
sedis ejusdem nomine, conserventur et distribuantur per sedem ipsam
secundum modum inferius annotatum. Porro circa illa que tua
excellencia de predictorum decime et subsidiorum pecunia forsitan
assignabit seu sanciet assignari nobilibus seu quibuslibet aliis secum
transfretare volentibus, forsan ad procuranda seu emenda aliqua sibi
pro passagio necessaria vel eciam oportuna seu aliàs pro supportandis
expensis quas essent facturi in prosecucione passagii sepefati, pro

serenitate tue conscientie ac dicti securitate negocii habeas inter alia
precavere quod illi, quibus facies illa tradi, proprio firmare debeant juramento quod ea que sibi tradentur fideliter conservabunt et illa, quanto
commodius et utilius poterunt, in utilitatem dicti passagii seu prepara-
torum ipsius et non in alios usus convertent, et quod nichilominus, in
casu in quo te contingeret taliter impediri, quod pecuniam dictorum
decime et subsidiorum et alia supradicta, juxta ordinacionem premissam
dictis prelatis assignari deberent, predictam pecuniam et alia ex illa
pro passagio acquisita bona fide prelatis restituent memoratis et quod
eciam ad hoc sub firmis et validis obligacionibus et sub cohercione
jurisdictionis tue se, heredes suos et bona eorum astringant, prout per
illos qui se obligant sub sigillo Castelleti Parisius vel sub sigillis
aliis regiis est in regno predicto fieri consuetum, sic quod non restet in
casu predicto nisi sola execucio quam tu per ministros tue temporalis
justicie facere tenearis, ita quod dicto passagio non possit maliciose
subtrahi aliquid de predictis, et nichilominus possint tales ad premissa
compelli per censuram ecclesiasticam, si visum fuerit expedire; quod si
excellencia tua tales obligari non providerit, ut prefertur, tu et tui
heredes ac successores ad restitucionem premissam dictis faciendam
prelatis remaneatis efficaciter obligati, semper tamen racione habita
racionabilium expensarum, si que forte ab illis quibus premissa
fuerint tradita facte fuerint sine fraude in emendis seu procurandis ex
dicta pecunia vel eciam conservandis hiis que pro dicto passagio esse
poterant oportuna, prout fuerit racionis, et habita eciam racione
aliorum que de jure. super hoc fuerint attendenda, que committenda
duximus dictorum arbitrio prelatorum; eo vero casu quo tua circum-
spectio dictam recipientes pecuniam obligari providerit, ut prefertur, non
tenearis ad restitucionem hujusmodi sed duntaxat ad instrumenta et
litteras, confecta super hiis, dictis assignanda prelatis et ad ipsos super
hujusmodi obligacionum execucione juvandos efficaciter per ministros
tue justicie temporalis. Insuper de illis que per receptores predictos
vel illos de mandato tuo mercatoribus vel aliis quibuscumque tradentur
ad faciendas provisiones quaslibet dicto passagio neccessarias seu eciam
oportunas, ordinamus quod tenearis in casu hujusmodi ad illa seu
acquisita ex eis restituendum seu restitui faciendum prelatis predictis,
habita tamen ut in alio casu, ut premittitur, racione racionabilium
expensarum et aliorum que in racione reddenda fuerint attendenda et
ad hoc in quantum per racionem reddendam prelatis eisdem appa-
ruerit te teneri. De illis autem que ab aliis dicto passagio seu pro
Terre predicte subsidio seu succursu forsitan debentur vel que forte
detinerentur a personis aliis quibuscumque non tamen ex facto vel
mandato tuo seu deputandorum a te, super hoc ordinamus quod ad
restitucionem talium que ad te vel ad tuos non perveniunt nullatenus
tenearis; nostre tamen intencionis existit quod ad colligenda omnia
talia in quibus ceteri tenebuntur per executores tuos prefatos in dicte
Terre favorem prelatos juvare habeas supradictos; qui quidem prelati
aut duo ex ipsis, ut premittitur, deputandi omnia sibi, ut predicitur,
assignanda nomine sedis predicte recipere et conservare debebunt in
locis regni predicti congruis et securis, distribuenda per sedem
eandem ad opus illorum in quos distribuenda et expendenda
fuerint et in dicte Terre subsidium, prout melius et commodius fieri

poterit, juxta modum qui sequitur convertenda, videlicet, quod si, postquam te contigerit, ut premittitur, impediri, per sedem predictam aliud
generale vel eciam particulare passagium indicatur, si tu tunc
superstes vel rex alius Francie, qui tempore illo regnaret, velletis in
illo passagio transfretare, predicta omnia tam in pecunia quam in rebus
aliis consistencia sub modis et forma circa concessionem, conservacionem, distribucionem et ordinacionem illorum in presenti provisione
adjectis, super quibus jam dicto passagio sunt concessa, tibi vel successori
tuo transfretare volenti integraliter debeant assignari. Si vero tu vel
successor tuus, qui pro tempore fuerit, in illo passagio transfretare
non possetis sive velletis, sive prelati aliqui seu magnates vel nobiles
alii dicti regni vellent in illo passagio transfretare, juxta condicionem
ipsorum et numerum bellatorum quos secum ducerent debeat illis de
supradictis auctoritate dicte sedis provideri ; quod si aliqui prelati vel
nobiles de regno eodem nollent in dicto transfretare passagio vel qui
transfretare vellent adeo pauci essent quod, dictis congruenter illis pro-
viso, aliqua superessent, in hujusmodi casibus de toto eo quod taliter
superesset posset eadem sedes pro utilitate Terre predicte ac personis
eciam aliis quam de regno prefato que vellent transfretare in ipso
passagio libere, prout sibi visum fuerit, ordinare ; verum si infra dictum
terminum dictarum kalendarum Marcii, celsitudini tue impedimentum
occurrerit temporale per quod crederetur probabiliter te non debere a
prosecucione dicti itineris in prefatis terminis impediri, aut si eciam
impedimentum tale occurreret in termino ad arripiendum iter statuto
quod infra septem menses eundem terminum immediate sequentes
presumeretur probabiliter cessare debere, dictorum decime et subsidiorum collectio non expiret nec cesset ; quod si impedimentum hujusmodi
esset tale quod infra septem menses prefatos non crederetur probabiliter cessaturum, exnunc expirare debeat collectio supradicta nisi
per sedem prefatam dictus terminus ex causa aliqua fuerit prorogatus.
Quo casu, si ipsa prorogacio unius anni spacium non excedat, collectio
hujusmodi non expiret ; si vero prorogatio excesserit annum, collectionem eandem eo ipso volumus expirare. Si tamen, finito prorogacionis
hujusmodi termino, tu paratus fueris negocium dicti passagii prosequi,
volumus et concedimus quod hujusmodi collectionis et exactionis commissio eo ipso vires suas resumat et per deputatos prius commissarios possit ad execucionem hujusmodi collectionis procedi, acsi continue ipsarum commissio in suo robore perstitisset ; ubi vero impedimentum tale
occurreret quod arrepcionem itineris totaliter impediret, debebunt predicta omnia in manu sedis prefate penes supradictos quatuor prelatos
aut duos ex eis, ut premittitur, deputandos plene et integraliter
assignari nomine sedis ejusdem conservanda per eos, ut in alio casu
premittitur, disponenda. Denique cum supra ordinavimus quod
potestas exigendi seu colligendi decimam et alia supradicta in certis
casibus debeat expirare, hoc intelligimus quoad illa que forent pro
futuris tunc terminis colligenda ; quantum vero ad ea que pro
preteritis tunc terminis colligenda restabunt, potestatem eandem
in suo volumus robore permanere, ita quod dicti ordinarii seu
collectores eorum illa exigere seu colligere debeant et collecta predictis
quatuor prelatis aut duobus ex eis, ut premittitur, deputandis
integraliter assignare nomine sedis predicte conservanda per eos et

per sedem ipsam ut supra proxime exprimuntur disponenda; ceterum ordinamus et volumus quod duo prelati per sedem deputandi predictam, seu alii eis per sedem eandem per modum, qui in alio casu supra exprimitur, subrogandi, de impedimentis predictis informare se debeant, et an justa vel legitima fuerint vel non fuerint; prelati vero alii supradicti, antequam constet regem eumdem ab arrepcione dicti itineris totaliter impediri, sedi predicte super receptis, ut premittitur, et expensis infrascriptam et non aliam teneantur reddere racionem, videlicet quod annis singulis eidem sedi significare debeant per scripturam eorum in summa quantum receptum fuerit de predictis et quantum expensum fuerit, sine expressione alia parcium minutarum. In casu vero seu casibus quo vel quibus assignanda essent ei predicta per ipsos nomine sedis prefate, ut predicitur, conservanda, racionem de illis sedi predicte reddere debeant in hunc modum, videlicet quod postquam receptores predicti de receptis et expensis ab ipsis prelatis eis plenam reddiderint racionem, partes et particulas eciam assignando, teneantur iidem prelati annis singulis significare per scripturam sedi prefate seu aliis in regno predicto deputandis ab ea, quidquid collectum, expensum, et residuum fuerit de predictis, partes eciam, si petantur ab eis, non minutas particulas assignando, declarando videlicet, exponendo quantum dicti receptores de mandato ipsorum expenderint, miserint seu tradiderint pro navibus forsan emendis, quotque navos empte inde fuerint et summam in grosso, quantum circa hoc sit expensum et per quos, in quo seu quibus locis facta fuerit empcio navium predictarum, et idem circa galeas, equos et blada et alia quelibet pro dicto empta et procurata passagio debeat observari ut videlicet de quolibet illorum in genere, quantum pro illo traditum seu expensum fuerit distincte exprimatur in summa, nec sint prelati ipsi super hoc aliud particulare computum obligati. Preterea, si receptores predicti aliquas pecunie summas tradiderint alicui vel aliquibus per se forsan ad passagium preparandis, iidem prelati in scripturis, per quas sedi predicte raciones reddiderint, summas illas exprimere teneantur, si vero ad emenda vel procuranda neccessaria pro faciendo passagio deputati vel missi receptoribus regiis vel aliis a te super hoc deputandis, de emptis et aliàs administratis ac expensis per eos reddiderint racionem, hii qui ipsam receperint teneantur racionem eandem integraliter assignare prelatis qui illam in racione sedi predicte per eos reddenda, et quantum predictis ad emendum vel procurandum neccessaria pro passagio, ut premittitur, deputandis vel missis in grosso traditum fuerit, quantumcumque secundum racionem ipsis prelatis assignatam seu redditam in singulis generibus negociacionum passagium predictum tangencium expensa in grosso fuerit per deputatos vel missos predictos et quantum eciam de predictis sibi traditis remanserit penes eos exprimere, et illud quod dicto residuo apud eos fuerit de mandato sedis ejusdem, secundum ordinacionem nostram supra expressam, expendere et distribuere teneantur; tu vero aut heredes vel successores tui super premissis vel eorum aliquo dicte sedi vel deputandis ab ea seu alii cuicumque non teneamini reddere racionem. Per premissa autem nolumus nec intendimus impedire dictos quatuor prelatos tibi et successoribus tuis de collectis expensis et residuo supradictis, partes et particulas omnes et singulas exhibere et eciam assignare ac reliqua restituere in usus et utilitatem dicti passagii, ut premittitur, convertenda, in casibus scilicet in quibus ad te seu successores eosdem spectabit, juxta ordinacionem predictam premissam, distribucio predictorum. Ad hoc si postquam transfretaveris et ultra mare per annum steteris ex causa probabili te, quod absit, redire contigerit durante tempore dicte decime sexannalis, eciam assumpto per te negocio inperfecto, totum illud quod de decima et aliis subsidiis tunc colligendum restabit tibi auctoritate concedimus supradicta. Idem quoque tibi concedimus si ex quo transfretaveris infra annum ex causa probabili, dicto eciam inperfecto negocio, te, quod absit, redire contingat, sic tamen quod si per tuam magnificenciam et populum christianum aliqua terra de illis quas infideles in partibus Terre predicte tenent nunc fuerit acquisita, pro terminis tunc futuris possit per illos quos ad hoc deputaveris et per alios qui ad hoc ipsum convenerint retineri; hoc casu de conservacione et defensione terre hujusmodi usque ad quantitatem medietatis predicte adminus teneberis providere, et, si, quod absit, perdi contigerit terram illam, totum illud quod restabit de illis que debebant expendi pro defensione et conservacione terre sic perdite converti debeat in subsidium conservandi terras Christianorum dicte Terre Sancte vicinas, et vero casu quo infra annum redires, non acquisita terra aliqua que posset, ut premittitur, retineri, cum probabiliter sit timendum quod infideles Christi et hiis que per Christianos facta contra eos fuerint provocati in terras Christianorum vicinas ferocius insurgant et animosius invalescant, ex quo terris ipsis nisi succurretur, eisdem irrecuperabile periculum immineret, ordinamus et volumus quod, casu hujusmodi occurrente, in defensione terrarum ipsarum adminus usque ad medietatem quantitatis prefate ponere tenearis, hoc semper adhibito moderamine in omnibus in hujusmodi defensionum et conservacionum casibus quod, retentis tibi neccessariis pro regressu, de residuo quod tunc penes te aut alios tuo nomine in illis partibus fuerit, terris prefatis et earum defensioni, quantum commode poteris, usque ad quantitatem medietatis predicte habeas subvenire et postmodum satisfactionem inde recipere advenientibus terminis quibus tunc futuro tempore dicta decima et subsidia colligentur. Quod si penes te aut alios tunc in eisdem partibus non haberes unde pro dicta defensione tantum posses dimittere quantum dicta medietas videbitur posse ascendere, ordinamus quod, quamcitius commode poteris, non expectatis predicte collectionis terminis tunc futuris, residuum quod de dicta medietate deficeret tenearis complere, super quo tuam conscientiam oneramus. Ceterum volumus et ordinamus quod, si post iter arreptum in prosecucione dicti negocii te, quod absit, contingat decedere negocio inperfecto, durante dicto tempore decime sexannalis, quod de decima et subsidiis supradictis, si superesset, secundum modum et formam prefatos habere et penes te retinere deberes, illud eisdem modo et forma habere debeat heres tuus. Denique licet proponamus, quantum convenienter poterimus, in colligenda dicta decima, ut prefertur, imposita, ac in utilitatem dicte Terre et aliàs contra infideles et inimicos fidei convertenda facere, diligenciam adhiberi per moniciones, sentencias et processus et aliàs, prout fuerit oportunum, non tamen intendimus, si forsan in ea levanda, habenda seu, ut premittitur, convertenda impedimentum aliquod eveniret quod ex hoc nobis vel successoribus nostris aliquod imputetur vel passagium tuum occasione hujusmodi retardetur nec ad probacionem impedimenti hujusmodi, cum ex hoc possent alia passagii impedimenta causari, nos aut successores nostros quomodolibet obligari. Nulli ergo etc. Datum Avinione, II kalendas Aprilis, anno primo [1].

XVI

Avignon, 1363 (15 avril).

Urbain V engage Charles, roi de Navarre, à faire la paix avec Pierre, roi d'Aragon, et avec Jean, roi de France.

(Archives du Vatican, registre 245, fol. 127.)

Carissimo in Christo filio Carolo, regi Navarre illustri, salutem. Justus Dominus et sanctus in omnibus suis operibus .... Eapropter serenitatem tuam hortamur et rogamus attencius quatinus, pro reverencia Dei et favore tam pii ultramarini negotii, cum carissimo in Christo filio nostro Petro, rege Aragonum illustri, pacem et concordiam studeas reformare, et si quid rancoris erga dictum regem Francie in animo tuo fortasse remansit, illud ex toto ac confestim abicias, attentissimoque studio caveas ne contra prefatum tuum socerum attemptes facere seu fieri facere aliquam noxiam novitatem ; quinimmo solerter studeas, quantum in tua magnitudine fuerit, te sibi filialis et indissolubilis dilectionis vinculo reunire, ac sibi per te ipsum vel saltem per tuum auxilium adesse potenter in pio negotio memorato. Nos enim eundem regem Francie similiter fuimus exhortati quod erga te et tuos benigne se habeat, ac, materia cujuslibet turbationis abjecta, eandem celsitudinem ad suam reconciliationem admittens, eam, prout decet, paternis affectibus prosequatur. Quod si forte in hiis partes apostolice solicitudinis fuerint oportune, nos illas gratanter offerimus, parati utriusque vestrum honores et commoda, prout nobis possibile fuerit, promovere. Ceterum pro hiis magnificencie regie latius explicandis dilectum filium magistrum Johannem Crozati, decanum Beate Marie de Tutella, Tirasonensis diocesis, capellanum nostrum ac causarum sacri palacii apostolici auditorem, apostolice sedis nuncium, latorem presentium, virum utique providum et fidelem, ad tuam presentiam destinamus, cui super hiis que tibi certa premissa ex parte nostra retulerit, velis fidem plenariam adhibere. Dat. Avinione, XVII kal. Maii, anno primo.

---

1. Des bulles *in eodem modo* sont adressées à la même date aux archevêques de Reims, Toulouse, Tours, Narbonne, Sens, Lyon, Rouen et à leurs suffragants, et aux évêques de Viviers et du Puy (Registre 252, fol. 22-24, nᵒˢ 28-35). A la même date, le pape mande aux mêmes prélats de convertir en monnaies d'or toutes les sommes qu'ils percevront sur les subsides accordés au roi de France pour la délivrance de la Terre Sainte et de les faire parvenir tous les six mois à la Chambre Apostolique sous peine d'excommunication. (Même registre, fol. 27 vᵒ, nᵒˢ 39 à 46.)

XVII

Avignon, 1363 (25 mai).

Urbain V informe Jean II, roi de France, que le cardinal Talayrand de Périgord ne peut quitter la cour de Rome pour accomplir la mission que le dit roi voulait lui confier.

(Archives du Vatican, registre 245, fol. 160 v°.)

Carissimo in Christo filio Johanni, regi Francie illustri, salutem etc. Regie serenitatis litteris, quas hodie recepimus, breviter respondentes notificamus quod, cum sit de more laudabilis Romani pontificis ab antiquo servato quod sancte Romane ecclesie cardinalis extra Romanam curiam, nisi de aliorum fratrum consilio, non mittatur, nuper ut desideria tua, quibus semper, prout cum Deo possumus, libenter annuimus, impleremus, missionem venerabilis fratris nostri Tallayrandi, episcopi Albanensis, faciendam ad partes de quibus nobis dixerat tua sublimitas, eisdem fratribus duximus proponendam. Sed eis visum non extitit quod pro nunc dicta missio fieret, propter quod non processimus ad eadem. Attendentes autem tuarum precum instanciam, iterato faciemus propositionem hujusmodi ut votis tuis, si decenter possit fieri, satisfiat et quod concludetur ex ea regie magnitudini curabimus indicare. Dat. Avinione, VIII kal. Junii, anno primo.

XVIII

Avignon, 1363 (4 septembre.)

Urbain V prie le roi Jean d'excuser Jean Ferdinand, capitaine d'Avignon et du Comtat Venaissin, qui, retenu par la nécessité de veiller à la défense du pays, ne peut se rendre auprès de lui.

(Archives du Vatican, registre 245, fol. 246.)

Carissimo in Christo filio Johanni, regi Francie illustri, salutem etc. Cum nuper excellencia tua dilectum filium Johannem Ferdinandi, castellanum Emposte hospitalis Sancti Johannis Jerosolimitani duxerit requirendum, quod ad informandum te de agendis in negotio ultramarini passagii quod devotio regie sublimitatis assumpsit, ad tuam presentiam personaliter debeat se transferre, ipseque castellanus sit capitaneus nostrorum civitatis Avinionis et Comitatus Venayssini, et propter gentes societatum que hic prope morantur et multo magis propter gentes que de Ispania et Catalonia ad has partes declinare timentur, dicti castellani presencia in eisdem partibus sit non solum nobis sed etiam tue serenitati multipliciter oportuna, et de alio ydoneo capitaneo providere subito non possimus, celsitudinem tuam rogamus attente quatinus eundem castellanum, si ad tuam presenciam non accedat ad presens, premissis consideratis, habeas excusatum, presertim quia si, quod absit, dicte gentes de Ispania et Catalonia ad partes declinarent easdem, prosecutioni negocii dicti passagii non prodesset, cum nec ad illud posses intendere, ut deceret; premissis vero vehementibus suspictionibus, Deo propiciante, sublatis, eundem castellanum ad regalem celsitudinem libenter destinare curabimus per te, prout volueris, retinendum. Dat. Avinione, II nonas Septembris, anno primo.

XIX

Avignon, 1363 (11 septembre).

Urbain V prie le gouverneur du Dauphiné de ne pas empiéter sur la juridiction de l'église de Grenoble.

(Archives du Vatican, registre 245, fol. 248 v°).

Dilecto filio, nobili viro .. gubernatori Dalfinatus Viennensis salutem etc. Ad nostrum pervenit auditum quod tu jurisdictionem temporalem ecclesie Gracionopolitane occupare presumis in anime tue dispendium et grande ipsius ecclesie detrimentum, quam occupationem Deo displicere non ambigimus et dilecto filio nobili· viro .. dalfino Viennensi, domino tuo, cujus predecessores consueverunt non spoliare sed ampliare ecclesias, credimus non placere. Quare nobilitatem tuam rogamus et hortamur attente quatinus, si quid de jurisdictione hujus-modi forsitan occupasti, illud ob reverenciam Dei ac apostolice sedis et nostram, ac pro honore dicti tui domini restituere non postponas, quinimmo jura et libertatem ecclesiastica tuis sic studeas favoribus adjuvare ac protegere quod sub tuo regimine conserventur illesa, tuque proinde divinam ac prefate sedis et nostram gratiam uberius merearis. Dat. Avinione, III idus Septembris, anno primo.

XX

Avignon, 1363 (22 octobre).

Urbain V prie Louis, évêque de Valence, de se rendre en personne ou d'envoyer des procureurs à une assemblée qui se tiendra le 5 novembre suivant à Montélimart, à l'effet de prendre des mesures contre les attaques des compagnies.

(Archives du Vatican, registre 245, fol. 275 v°.)

Venerabili fratri Ludovico, episcopo Valentino, salutem etc. Ad obviandum malignitatibus societatum que partes istas et nonnullas alias concusserunt hactenus et concutere non desistunt, nos pro Comitatu Venayssini et civitate Avinionensi, ac dilecti filii nobiles viri.. senescalus Provincie, ac.. dominus de Vinayo, pro Dalfinatu Viennensi, nunc in Romana curia existentes, duximus ordinandum quod die quinta mensis novembris proxime secuturi in castro Montilii Ademari, per venerabilem fratrem nostrum Philippum, patriarcham Jerosolimitanum, Comitatus nostri Venayssini rectorem, nomine nostro ac dictorum nobilium nuncios a dominis eorum habentes mandata plenaria super unione contra societates hujusmodi per gentes terrarum nostrarum et dictorum nobilium invicem facienda, et dando in agendis ordine debito, colloquium celebretur. Cum autem hujusmodi negotium pro ecclesiis quibus presides te contingat, nosque geramus in votis quod tua fraternitas, quam Deus zelo rei publice accendit et circumspectionis industria decoravit, intersit colloquio prelibato, fraternitatem eandem requirimus et rogamus attente mandantes quatinus dicta die ad prefatum colloquium personaliter convenire vel saltem ydoneos nuncios cum sufficienti mandato ad hoc dicta die destinare procures. Nos enim dilectum filium nobilem virum, Ademarum de Pictavia, comitem Valentinesii similiter per litteras nostras [1] requirimus quod ad dictum colloquium veniat vel saltem suos nuncios cum simili mandato transmittere non postponat. Idem quoque dominus de Vinayo asseruit se credere quod dilectus filius nobilis vir Amedeus, comes Sabaudie, in unione hujusmodi volet esse et ad dictum colloquium suos nuncios destinabit. Dat. Avinione, XI kal. Novembris, anno primo.

XXI

Avignon, 1363 (29 octobre).

Urbain V prie Pierre Scatisse, trésorier de France, de ne pas mettre la main royale sur les biens de l'église de Mende, sous prétexte de les protéger contre les attaques des compagnies.

(Archives du Vatican, registre 245, fol. 280.)

Dilecto filio Petro Scatisse, thesaurario Francie, salutem etc. Ad nostrum pervenit auditum quod, quia gentes comitivarum que sunt in regno Francie dudum quoddam castrum ecclesie Mimatensis furtive invaserunt, tu predictum et alia castra et loca ejusdem ecclesie, ne similis casus possit accidere, ad manum regiam ponere satagis et procuras. Quare cum hoc in grave dampnum et prejudicium ecclesie supradicte possit verisimiliter redundare, discretionem tuam rogamus attente quatinus, mature considerans quod casus similis invasionis multis potencioribus episcopo supradicto in dicto regno et alibi accidit et quod idem episcopus pro recuperatione castri predicti fecit cum multa diligencia posse suum quodque ipse de genere nostro

1. Ces lettres sont dans le même registre. fol 276.

existit, talem sibi obprobriosam non facias novitatem, presertim cum
sit paratus omnia sua et ecclesie supradicte loca diligenter facere custo-
diri, et nos eum duximus admonendum. Dat. Avinione, IIII kalendas
Novembris, anno primo.

XXII

Avignon, 1363 (30 novembre).

*Urbain V autorise le clergé du Dauphiné, de la Provence, du Comtat
Venaissin, des comtés de Forcalquier, de Valentinois et de Savöie à
payer un subside pour l'entretien de gens d'armes contre les compagnies.*

(Archives du Vatican, registre 251, fol. 195 v°, n° 37.)

Venerabili fratri Philippo, patriarche Jerosolimitano, salutem etc.
Quanta ecclesiarum et monasteriorum aliorumque locorum incendia,
hominum cedes..... Propter que nonnulli ecclesiarum prelati, ac
domini et gubernatores Dalphinatus Viennensis necnon Provincie,
Forcalquerii, Venayssini, Valentinensis et Sabaudie comitatuum et
adjacentium partium contra impetus et hostilitates societatum hujusmodi obviare viriliter intendentes, quandam collegationem provida
deliberacione fecerunt, sibi ipsis de certis gentium armigerorum
equestrium et pedestrium numeris pro defensione dictorum Dalfinatus
ac comitatuum et partium talliam imponentes..... Unde pro parte
dictorum prelatorum, dominorum et gubernatorum fuit nobis humiliter
supplicatum quod, cum defensio hujusmodi non solum eisdem laicis
sed eciam ceteris personis ecclesiasticis ac ecclesiis..... sit utilis et
eciam oportuna, universis ecclesiarum et monasteriorum prelatis ac
personis ecclesiasticis..... dictorum Dalfinatus, comitatuum et
partium, contribuendi, secundum facultates eorum, in hujusmodi
defensione de aliquo subsidio competente licenciam concedere dignaremur..... Nos igitur,..... fraternitati tue..... dandi auctoritate
nostra..... prefatam licentiam..... plenam concedimus tenore presentium facultatem.....; presentibus post biennium a data presentium
minime valituris. Dat. Avinione, II kal. Decembris, anno secundo.

Venerabilibus fratribus archiepiscopo Arelatensi ejusque suffraganeis salutem etc. Quanta ecclesiarum et monasteriorum..... Dat.
Avinione, II kal. Decembris, anno secundo (fol. 196 v°, n° 38.)

Venerabilibus fratribus archiepiscopo Viennensi ejusque suffraganeis
salutem etc. Quanta ecclesiarum et monasteriorum..... Dat. ut supra
(fol. 196 v°, n° 39).

XXIII

Avignon, 1364 (5 janvier).

Urbain V prie le roi Jean de faire reviser les rôles du fouage imposé au diocèse de Mende, ravagé par la guerre et les épidémies.

(Archives du Vatican, registre 246, fol. 61 v°.)

Carissimo in Christo filio Johanni, regi Francie illustri, salutem etc. Dudum cum tua serenitas apud apostolicam sedem consisteret, tam nos quam quidam nuncii populi civitatis et diocesis Mimatensis, ex qua nos originem sumpsimus, magnificenciam regiam affectuose rogavimus quod, cum idem populus propter mortalitates preteritas fuisset nimium diminutus, antiquum numerum focorum dictorum civitatis et diocesis, secundum quem idem populus impositiones et onera a regia potestate imposita solvere cogebatur, ad verum numerum, qui est ad presens in eisdem civitate ac diocesi, reducere dignaretur, tuaque celsitudo, affectu pietatis et precibus nostris inducta, certis commissariis mandavit quod de veritate predictorum se informare et eidem serenitati referre curarent. Cum autem facta sit informatio prelibata et ad suam curiam remittatur ad presens, celsitudinem tuam rogamus attente quatinus reformationem dicti numeri, secundum quod veritas reperietur in facto et equitas suadebit, benigne velis facere expediri et latori presentium concedi litteras oportunas, ac super financia que pro predictis a dicto populo per tuam curiam petitur ipsum populum ex guerris et mortalitatibus supradictis nimium attenuatum in facultatibus habere misericorditer commendatum, ita quod preces nostras sibi senciat fructuosas. Dat. Avenione, nonis Januarii, anno secundo.

Venerabili fratri, Johanni episcopo Belvacensi, cancellario regni Francie salutem. Super quodam negocio quod nobis cordi existit, prout merito esse debet, carissimo in Christo filio nostro Johanni, regi Francie illustri, scribimus sub forma presentibus interclusa. Quare fraternitatem tuam rogamus attente quatinus pro felici expeditione dicti negocii apud eundem regem et aliàs, prout potes vigore tui officii, tam super negocio principali quam super graciosa financia interponas pro nostra reverencia efficaciter partes tuas. Dat. ut supra.

Eodem modo venerabili fratri.. episcopo Meldensi, sed non ponantur verba illa : aliàs prout potes vigore tui officii.

XXIV

Avignon, 1364 (5 janvier).

Urbain V déclare à Jean, roi de France, qu'il lui est impossible de lui faire un prêt d'argent en ce moment.

(Archives du Vatican, registre 246, fol. 62.)

Carissimo in Christo filio Johanni, regi Francie illustri, salutem etc. Dilectus filius nobilis vir Robertus de Lauriaco, miles, ambaxiator et

consiliarius tuus ad nostram presenciam destinatus, a nobis ex tua
parte petiit, quod tue serenitati pro tua redemptione et aliis incum-
bentibus tibi oneribus gravibus supportandis de aliquo dignaremur
mutuo subvenire. Licet igitur ad sublimitatem tuam de hujusmodi
oneribus paterne geramus compassionis affectum, et, si possibilitas
adesset, libenter affectum operis evidencia probaremus, tamen quia
camera nostra, sive pax fiat cum hostibus sancte matris ecclesie sive
guerra procedat, quod absit, est nimium aggravata, petitam subvencio-
nem, quod displicenter referimus regie celsitudini, non possumus exhibere super qua impossibilitate dicto Roberto per nos plenius exposita,
tibi per eum oretenus referenda velis fidem credulam adhibere. Ceterum
litteras passagii ultramarini quas tibi concessimus fere omnes fecimus
expediri ; sed quia juramentum quod tu et dilectus filius Carolus, primogenitus tuus, prefate debetis ecclesie, secundum quod olim clare memorie
Philippus, genitor tuus, et tu tunc ejus primogenitus prestitistis, nondum est per te prestitum, expedit quod, antequam eedem littere tradantur procuratoribus tuis, tu et idem tuus primogenitus mittatis procuratorium sufficiens ad Romanam curiam in forma quam idem Robertus
tibi portat et quod dictum prestetur in manibus nostris juramentum,
litterasque ipsas ex tunc eisdem procuratoribus faciemus ilico exhiberi.
Dat. Avinione, nonis Januarii, anno secundo.

XXV

Avignon, 1364 (5 janvier).

*Urbain V informe Jean, évêque de Beauvais et chancelier de France, qu'il
ne délivrera aux représentants du roi de France les lettres pour l'expédition d'outre-mer, qu'après que ledit roi et son fils aîné, Charles, auront
fait prêter par procureurs, entre les mains du pape, un serment analogue à celui que prêta jadis le roi Philippe VI.*

(Archives du Vatican, registre 246, fol. 62 v°.)

Venerabili fratri Johanni, episcopo Belvacensi, salutem etc. Ad noticiam tuam deducimus per presentes quod dilecti filii.. abbas monasterii
de Miravalle, Premonstratensis ordinis, Tullensis diocesis, et Petrus
de Aquila, carissimi in Christo filii nostri Johannis regis Francie illustris in Romana curia procuratores pro expeditione litterarum passagii,
quas dicto regi concessimus, solicite laborarunt, et fere omnes sunt
expedite. Sed quia juramentum quod dictus rex ac dilectus filius Carolus, primogenitus suus, prestare debent, secundum quod olim clare
memorie Philippus, rex Francie, dicti Johannis regis genitor, et ipse
Johannes rex, tunc ejus primogenitus, prestiterunt, nondum est per
ipsos Johannem, regem, ac Carolum, ejus primogenitum, prestitum,
expedit quod, antequam eedem littere tradantur procuratoribus prelibatis, ipsi rex et Carolus mittant procuratorium sufficiens ad Romanam
curiam in forma quam dilectus filius nobilis vir Robertus de Lauriaco,
miles, ambaxiator et consiliarius dicti Johannis regis, ei et dicto Carolo

presencialiter portat, et quod predictum prestetur in nostris manibus juramentum, litterasque ipsas extunc eisdem procuratoribus faciemus ilico exhiberi. Dat. Avinione, nonis Januarii, anno secundo.

XXVI

Avignon, 1364 (20 janvier).

Urbain V envoie Jean, abbé de Citeaux, auprès de Philippe, duc de Bourgogne, pour l'entretenir d'affaires intéressant à la fois l'honneur du duc et la tranquillité de la cour romaine.

(Archives du Vatican, registre 246, fol. 69.)

Carissimo in Christo filio Johanni, regi Francie illustri, salutem etc. Serenitati tue mittimus unam cedulam presentibus interclusam, rogamus igitur attente circumspectam magnitudinem regiam quatinus pro Dei reverencia necnon tuo et dilecti filii nobilis viri Philippi, ducis Turonie, nati tui, honore super contentis in dicta cedula oportunum velis remedium adhibere. Dat. Avinione, XIII kal. Februarii, anno secundo.

1364 (24 janvier).

Dilecto filio nobili viro Philippo, duci Burgundie, salutem etc. Dilectum filium Johannem, abbatem monasterii Cisterciensis, latorem presentium, virum circumspectum et honoris tue domus regie zelatorem, pro quibusdam negociis tuum et dicte domus honorem et statum ac quietem nostram et Romane curie tangentibus tibi ex parte nostra exponendis per eum ad tuam presenciam destinamus. Tuam igitur nobilitatem affectuose rogamus quatinus eidem abbati in exponendis eisdem tanquam tibi salubribus credas indubie ac annuere non omittas. Dat. Avinione, IX kal. Februarii, anno secundo.

1364 (24 janvier).

Dilecto filio nobili viro Jacobo de Vienna, militi, salutem etc. Dilectum filium Johannem, abbatem monasterii Cisterciensis, latorem presentium, ad presentiam dilecti filii nobilis viri Philippi, ducis Burgundie, pro quibusdam negociis destinamus ei que commisimus quod ipsa negocia ex parte nostra tue nobilitati exponeret oraculo vive vocis. Igitur nobilitatem tuam rogamus attente quatinus eidem abbati in hiis que tibi pro parte nostra duxerit exponenda credas indubie ac annuas cum effectu. Datum Avinione, IX kal. Februarii, anno secundo.

Eodem modo nobili viro Guidoni, militi, domino de Frolois.

Eodem modo nobili viro Subdito de Laustran, militi.

Eodem modo nobili viro Guillelmo de Agrimonte, militi.

Eodem modo dilecto filio, magistro Philippo Paillart, cancellario Burgundie et ubi dicitur nobilitatem dicatur discretionem.

Eodem modo venerabili fratri Gaufrido, episcopo Eduensi, et ubi dicitur discretionem dicatur fraternitatem.

XXVII

Avignon, 1364 (7 mars).

*Urbain V prie le clergé, la noblesse et les communautés des comtés de
Provence et de Forcalquier de tenir les engagements pris par eux lors de
la formation de la ligue contre les compagnies.*

(Archives du Vatican, registre 246, fol. 132 v°.)

Venerabilibus fratribus universis archiepiscopis et episcopis,
aliisque ecclesiarum et monasteriorum prelatis necnon dilectis filiis
nobilibus et universitatibus civitatum, castrorum et villarum comitatuum Provincie et Forcalquerii et partium eis adjacencium, salutem etc.
Sicut ad vestram noticiam non ambigimus pervenisse, nonnulli ecclesiarum prelati temporalia dominia pro suis ecclesiis obtinentes, ac
dilecti filii nobiles viri.. Sabaudie et.. Valentinensis comites, necnon
senescallus Provincie et Forcalquerii ac.. gubernator Dalfinatus Viennensis ac rector Comitatus nostri Venaysini, volentes contra formida-
bilem hostilitatem quarundam gencium perversarum, que comitive seu
compagne vocantur, comminancium invadere istas partes et presertim
Provincie et Forcalquerii comitatus, provide obviare, certam invicem
colligationem fecerunt, ut funiculus duplex immo multiplex non faci-
liter possit rumpi, certam sibi ipsis gencium armigerarum talliam imponentes. Quocirca, cum nuper a fidedignis receperimus nova quod
dicte comitive se preparant de proximo dictos comitatus, in quibus
consistitis, invadere forti manu, et propterea opus sit virili ac potenti et
solicite defensioni vestre et comitatuum predictorum [providere], universitatem vestram rogamus et hortamur attente quatenus ea que pro dicta
colligatione, pro parte dictorum comitatuum Provincie et Forcalquerii
sunt promissa, tanquam utilia et necessaria plurimum prompte ac celeriter executioni mandetis, ac vos et dictos comitatus ad honorem et
statum carissime in Christo filie nostre Johanne, regine Sicilie illustris,
vestramque libertatem et prosperitatem viriliter defendatis. Dat. Avinione, nonis Marcii, anno secundo.

XXVIII

Avignon, 1364 (7 mars).

*Urbain V prie Amédée, comte de Savoie, de rendre à l'église de Mâcon le
château « de Romanayo » qu'il avait repris sur les compagnies.*

(Archives du Vatican, registre 246, fol. 132.)

Dilecto filio nobili viro Amedeo, comiti Sabaudie, salutem etc. Pro
parte venerabilis fratris nostri Philippi, episcopi Matisconensis, nobis fuit
expositum quod gentes quarundam comitivarum seu societatum castrum de Romanayo, Matisconensis diocesis, ad ecclesiam Matisconen-
sem pertinens, occuparunt, quod postmodum tua nobilitas pro salute et

securitate patrie circumstantis recuperavit a gentibus memoratis. Quare nobilitatem eandem rogamus attente quatinus ob reverenciam Dei ac apostolice sedis et nostram cum dicto episcopo super restitutione dicti castri te reddas benignum ac etiam gratiosum, exinde a Deo premium et laudis humane preconium indubie recepturus. Dat. Avinione, nonis Marcii, anno secundo.

XXIX

Avignon, 1364 (19 mars).

Urbain V déclare à Jean, roi de France, qu'il ne pourra lui accorder la levée d'une décime pour solder des gens d'armes contre les compagnies que s'il renonce à percevoir la décime accordée précédemment pour la croisade.

(Archives du Vatican, registre 246, fol. 137.)

Carissimo in Christo filio Johanni, regi Francie illustri, salutem etc. Quamvis, fili carissime, regnum tuum de quo origine sumpsimus et in quo pro majori parte peregimus dies nostros, habeamus in nostre caritatis visceribus radicatum, illiusque tranquillitatem et prosperitatem omnimodam plenis desideriis affectantes, pro regni tuitione prefati parati sumus, prout cum Deo et honore nostro possimus, favorem apostolicum impertiri, tamen quia, ut tua novit serenitas, decimam sexanualem ecclesiasticorum proventuum dicti regni exhibendam tibi in subsidium passagii Terre Sancte concessimus, et super hoc expedite sunt apostolice littere ac tuis nunciis et procuratoribus assignate, non videmus quod clero dicti regni licenciam dandi tibi subsidium pro gentibus armorum tenendis contra comitivas perversarium gentium prefatum regnum infestantium, pendente solutione dicte decime, honeste concedere valeamus. Quare, si, ut credimus, ad transfretandum sit regia magnitudo disposita, et velis quod ad exactionem dicte decime procedatur, moleste non feras si hujusmodi licenciam minime impertimur, cum eidem clero redderetur impossibile hujusmodi duo onera simul ferre. Si autem magis optes predictum habere subsidium, jam licenciam prefatam concessimus et litteras fieri super ea mandavimus; sed cum condicione quod ab exactione dicte decime cessetur omnino et hujusmodi sexanium, quo dicta debebit decima exigi, imposterum extendatur. Dat. Avinione, XIIII kal. Aprilis anno secundo.

XXX

Avignon, 1364 (31 mars).

Urbain V remercie les bourgeois de Marseille qui avaient mis à sa disposition des arbalétriers pour la défense des terres de l'église romaine.

(Archives du Vatican, registre 246, fol. 139 v°.)

Dilectis filiis universitati civitatis Massiliensis salutem etc. Dilecti filii nobilis viri Fulconis de Agouto, militis, senescalli Provincie, relacione didicimus jocundanter vestram oblationem quam pro nostra et terrarum ecclesie Romane defensione, si casus necessitatis occurreret, liberalitas vestra fecit, et licet de hoc essemus indubii, tamen vestram bonam dispositionem recenter audisse extitit nobis gratum provideque vestre devote filiationi referimus multas grates. Ceterum quia alique prave gentes armigere de comitivis propinquare ad istas partes dicuntur, devotionem vestram rogamus attente quatenus, si venerabilis frater noster Philippus, 'patriarcha Jerosolimitanus, rector dicti comitatus, balistarios a vobis requireret, eos bonos, fideles et expertos sibi pro suis congruis stipendiis concedatis. Dat. Avinione, II kalendas Aprilis, anno secundo.

XXXI

Avignon, 1364 (24 avril).

Urbain V prie le roi de France de favoriser la délivrance de Jean, comte d'Armagnac[1].

(Archives du Vatican, registre 846, fol. 160 v°.)

Carissimo in Christo filio Johanni, regi Francie illustri, salutem etc. Ex paterne pietatis affectu, quem ad dilectum filium nobilem virum, Johannem, comitem Armaniaci gerimus, sibi de longa sua detentione compatimur, et pro ejus liberatione libenter fecimus posse nostrum, sed quia nondum speratus et procuratus in hac parte fuit secutus effectus, dilectus filius Johannes Chivalerii, canonicus Suessionensis, lator presentium, ad regiam presentiam pro certis habendis in dicta liberatione remediis per dictum comitem presencialiter destinatur. Tuam igitur serenitatem affectuose rogamus quatenus in exhibendis remediis hujusmodi te reddas favorabilem et benignum et liberalitate solita graciosum nosque nichilominus pro liberatione predicta non desinemus nostre possibilitatis operam exhibere. Dat. Avinione, VIII kal. Maii, anno secundo.

XXXII

Avignon, 1364 (6 mai).

Urbain V offre au roi Charles V de s'interposer entre lui et son cousin Charles de Navarre.

(Archives du Vatican, registre 246, fol. 177 v°.)

Carissimo in Christo filio Carolo, regi Francie illustri, salutem etc. Celsitudinis tue litteras paulo antequam regiam assumeres digni-

---

1. A la même date, le pape requiert la bienveillance des gens de la Chambre des Comptes de Paris à l'égard de Jean Chevalier, ambassadeur du comte d'Armagnac, qui avait quelques affaires à expédier pour ledit comte en ladite chambre (même registre, fol. 160 v°). Par d'autres bulles datées du même jour, il pria Jean, duc de Berry, Charles, duc de Normandie, l'évêque de Beauvais, les archevêques de Reims et de Sens, et l'évêque de Paris, de s'employer à la délivrance de Jean d'Armagnac. (Même registre, fol. 161 et 161 v°.)

tatem conscriptas benigne recepimus, in quibus novitates exortas inter te ac carissimum in Christo filium nostrum Carolum, regem Navarre illustrem, nostro apostolatui filialiter reserasti. De premisso itaque ac cunctorum fidelium et precipue inclite tue domus dissidio et inquietudine tui regni longorum bellorum vexati turbinibus paterna pietate dolentes, in votis gerimus inter excellenciam tuam et eundem regem sinceram benivolenciam, qualem inter consanguineos et affines presertim regia serenitate pollentes esse convenit, cordialiter reformari, et ad hoc promptis affectibus offerimus interponere partes nostras. Dat. Avinione, II nonas Maii, anno secundo.

XXXIII

Avignon, 1364 (18 juin).

Urbain V atteste que le sénéchal de Beaucaire s'acquitte fidèlement et avec sagesse de l'office que le roi lui a confié.

(Archives du Vatican, registre 246, fol. 218 v°.)

Carissimo in Christo filio Carolo, regi Francie illustri, salutem etc[1]. Reputantes fore consentaneum rationi de bonis operibus testimonium perhiberi, celsitudinem tuam volumus non latere quod, prout nonnullorum fide dignorum relatione percepimus, dilectus filius nobilis vir Petrus Raymundi de Rapistagno, miles, senescallus tuus Bellicadri, cujus senescallia vicinissima est Romane curie, sicut nosti, commissum sibi regimen exercet fideliter ac solicite et prudenter, adeo quod, prout credimus, tua serenitas de ipsius senescalli bono regimine potest merito contentari. Dat. Avinione, XIIII kal. Julii, anno secundo.

XXXIV

Avignon, 1364 (1er juillet).

Urbain V recommande au roi Charles V, Yolande, reine de Majorque.

(Archives du Vatican, registre 246, fol. 242 v°.)

Carissimo in Christo filio Carolo, regi Francie illustri, salutem etc. Quamvis in cunctorum justis peticionibus..... Cum itaque, prout audivimus, carissima in Christo filia nostra Violandis, regina Majoricarum illustris, super quibusdam suis negociis coram tua celsitudine quedam sua negotia habeat expedire, serenitatem tuam rogamus attente quatenus eandem reginam habere digneris, consideratione sui status illustris ac pietatis intuitu, regiis favoribus commendatam. Dat. Avinione, kalendis Julii, anno secundo [2].

1. Une bulle *in eodem modo* est adressée, à la même date, à Jean, évêque de Beauvais, chancelier de France. (Même registre, même folio.)
2. Une bulle *in eodem modo* est adressée, à la même date, à Jeanne, reine de France (même registre, même folio). Urbain V recommanda de nouveau Yolande, reine de Majorque, à Charles V et à Jean, évêque de Beauvais, par bulles données à Avignon le 25 juillet 1366. (Registre 248, fol. 134 v°.)

PROU, *Relations pol.* 8

XXXV

Avignon, 1364 (3 juillet).

Urbain V prie le roi de France de cesser d'inquiéter l'archevêque de Lyon au sujet de la sentence d'excommunication portée par lui contre Aymon de Neure, lieutenant du bailli de Mâcon.

(Archives du Vatican, registre 246, fol. 245.)

Carissimo in Christo filio Carolo, regi Francie illustri, salutem etc. Etsi omni tempore regie circumspectionis industria..... Sane non sine multa displicencia nuper fidedigna relatione percepimus quod Aymo de Neuro, civis Lugdunensis, qui se dicit locum tenentem tui bailivi Matisconensis, ex eo quod propter graves et sacrilegos excessus videlicet captionis, detentionis, torture et demum suspendii quondam Robineti, clerici et tunc notarii archiepiscopalis curie Lugdunensis, existentis in tonsura et habitu clericali, quos idem Aymo fieri fecerat, quamvis venerabilis frater noster, Guillelmus, archiepiscopus Lugdunensis, eundem clericum a dicto Aymone requisivisset, ut ipsum clericum ad examen curie sue ecclesiastice remitteret canonice puniendum, et quorum excessuum occasione idem archiepiscopus contra ipsum Aymonem auctoritate sua processerat et in Romana curia auctoritate apostolica procedi fecerat, fuit, prout est, excommunicationis vinculo innodatus, ubi in contritione cordis de tam gravibus sceleribus misericordiam suppliciter postulare debuerat, in superbiam majorem elatus a serenitate tua falsis, ut dicitur et credimus, suggestionibus impetravit litteras et mandata directa dilecto filio Petro Maspini, hostiario regio, continencia in effectu quod idem archiepiscopus a prosecutione processuum contra eundem Aymonem factorum in Romana curia, ut prefertur, desistat omnino, ipsosque processus revocari et ipsum Aymonem a sentenciis quibus ligatus existit absolvi et absolutum ita publice et solenniter, prout excommunicatus et aggravatus fuerat, nunciari indilate faceret ipsius archiepiscopi sumptibus et expensis, et quod, si archiepiscopus ipse hoc facere seu procurare differret plus debito, omnia castra, fortalicia, jurisdictio temporalis et ville ac alia loca ecclesie Lugdunensis in tuo regno existencia realiter capiantur et ad manum regiam teneantur, ac ipsorum redditus et emolumenta leventur, et ad premissa prefatus archiepiscopus et gentes sue manu armata, non obstantibus quibuscunque appellationibus, compellantur, ipseque archiepiscopus et omnes gentes ac consiliarii ejus qui sibi prestiterunt in hujusmodi processibus favorem aut consilium adversus Aymonem prefatum citentur personaliter Parisius super premissis in parlamento tuo, eidem Aymoni et procuratori regio responsuri; que, si vera sint, aut ea ex regalis circunspectionis sciencia emanasse non credimus, aut ex non bonis consiliis ac eisdem suggestionibus processisse putamus, cum tu, magnis pollens virtutibus, a claritate progenitorum tuorum qui ecclesiarum et ecclesiastice libertatis zelatores precipui existentes, ecclesias, prelatos et ecclesiasticas personas magna veneratione et propensis studiis inter ceteros mundi principes singulariter coluerunt, nullatenus deviare credaris, sed sicut jam uberes premicias virtuosorum operum et

felicium successuum demonstrasti, sic nos et alii te ac domum regiam
et regnum tuum totis precordiis diligentes spem sumimus ampliorem
quod a talibus abstinebis ac timorem et amorem Dei in tuis actibus
retinebis..... Quocirca magnitudinem regiam rogamus attente quatinus
predicta mature considerans..... premissa que adversus archiepiscopum
et gentes suas prefatas facta dicuntur benigne studeas revocare, ut Deo
semper et apostolice sedi reddaris acceptior.... et ipsi archiepiscopus et
gentes ejus pro reverencia Dei et dicte sedis ac nostra indempnes ab
hujusmodi gravaminibus conserventur. Dat. Avinione, V nonas Julii,
anno secundo.

XXXVI

Avignon, 1364 (17 juillet).

*Urbain V permet à Charles V, roi de France, d'exiger pendant un an du
clergé de son royaume un subside, à l'effet de pouvoir résister aux
compagnies.*

(Archives du Vatican, registre 251, fol. 301 v°, n° 398.)

Venerabilibus fratribus archiepiscopo Remensi ejusque suffraganeis
salutem [1]. Regnum Francie Deo acceptum et ecclesie Romane devotum...
singulari prerogativa meretur in ipsius defensione apostolicis favoribus
adjuvari. Ex hiis igitur digne moti, ac carissimi in Christo filii nostri
Caroli, regis Francie illustris, supplicationibus inclinati, cum defensio
hujusmodi non solum ipsi regi et laicis dicti regni sed eciam prelatis,
clero et personis ecclesiasticis ac ecclesiis, monasteriis et piis locis dicti
regni prefati sit utilis eciam opportuna, fraternitati vestre ac omnibus
prelatis et clericis ecclesiasticis personis secularibus et regularibus,
exemptis et non exemptis, vestrarum civitatum et diocesium, prout in
predicto regno consistunt, dandi semel prefato regi pro defensione predicta aliquod competens subsidium licitum et honestum de bonis ecclesiasticis vestris et eorum, secundum vestras et eorundem prelatorum,
clericorum et personarum ecclesiasticarum facultates, per vos taxandum,
super quo vestras conscientias oneramus, dummodo a solutione decime
per nos dudum in ipso regno imposite in subsidium passagii generalis et
ab omni alio novo subsidio..... dicto regi seu aliàs pro ipso regno et
terris ejus hinc ad unum annum proxime secuturum abstineatur
omnino... plenam tenore presentium licentiam elargimur. Volumus
autem quod, cum hujusmodi subsidium offerri debebit, in singulis
vestris civitatibus seu diocesibus universus clerus, sicut ad synodum,
convocetur, et quod ad ejusdem subsidii solucionem impotentes.....
minime sint astricti, et quod ipsum subsidium ad fructus, redditus et
proventus vestros et eorundem prelatorum..... consistentes extra
regnum prefatum nullatenus extendatur..... quodque persone ipse
ecclesiastice, que forte pro dicta defensione jam dederunt quodcumque

1. Des bulles de même teneur furent adressées, à la même date, aux archevêques de Lyon,
Rouen, Sens, Tours, Bourges, et à leurs suffragants; elles sont transcrites dans le même registre
sous le numéro 392.

subsidium a dando istud subsidium infra dictum annum penitus sint immunes..... Dat. Avinione, XVI kalendas Augusti, anno secundo.

XXXVII

Avignon, 1364 (29 juillet).

Dispense de mariage en faveur de Marie de France, sœur de Charles V, et de Robert, duc de Bar.

(Archives du Vatican, registre 246, fol. 264.)

Carissimo in Christo filio, Carolo, regi Francie illustri, salutem etc. Nuper litteras tue serenitatis recepimus in quibus nobis significare curasti quod dilectam in Christo filiam Mariam de Francia, sororem tuam. dilecto filio nobili viro Roberto, duci Barrensi, pro tuo et regni tui commodo dederas in uxorem; sed quod post hoc erant reperta duo impedimenta, unum quod ipsi Robertus et Maria in tercio consanguinitatis gradu mutuo se contingunt, et alterum quod quondam Henricus, dux Barrensis, ejusdem Roberti genitor, postquam idem Robertus natus extitit, prefatam Mariam de sacro fonte levavit, super quibus impedimentis humiliter supplicasti per sedem apostolicam dispensari. Licet igitur, fili carissime, affectemus honestis tuis votis annuere et parati simus super primo impedimento, honesta causa suadente, liberaliter dispensare, quia tamen secundum est gravius et super eo deliberatio apostolice maturitatis exigitur, dispensationem hujusmodi nondum duximus concedendam; sed prius de causis utilitatis dicti regni, que nos ad hoc movere merito debeant, et cum fratribus nostris sancte Romane ecclesie cardinalibus quod in tali secundo impedimento per predecessores nostros Romanos pontifices, ut plurimum sit servatum, et quid nos in hac parte agere debeamus plene volumus informari; ideoque magnitudo regia moleste non ferat, si expressum responsum tibi remittimus de presenti Dat. Avinione, IIII kal. Augusti, anno secundo.

XXXVIII

Avignon, 1364 (13 septembre).

Urbain V prie Charles V, roi de France, de pardonner aux habitants de Carcassonne, au cas où on les accuserait d'avoir livré à l'inquisiteur sept chefs de compagnies faits prisonniers par eux, malgré la sauvegarde promise aux dits prisonniers par les officiers royaux.

(Archives du Vatican, registre 246, fol. 312.)

Carissimo in Christo filio Carolo, regi Francie illustri, salutem etc. Regiam sublimitatem credimus non latere quod dudum dilecti filii, cives civitatis tue Carcassonensis sive habitatores suburbii ejusdem, tuos officiales et gentes sequentes fideliter et audacter, illas pravas gentes que se societates appellant, tunc partes illas depopulantes immaniter, tanquam viri fideles et strenui magnanimiter fuerunt aggressi et viriliter prosecuti easque tandem de eisdem partibus expulerunt, multis ex ipsis cesis et captis, inter quos quidem captos septem fuisse dinoscuntur qui se dictarum societatum capitaneos faciebant et qui per aliquos tuos officiales sub fide salvationis personarum ipsarum recepti fuisse dicuntur. Sed quia ad dilectum filium.. inquisitorem heretice pravitatis in eisdem constitutum partibus fidedigna relatione pervenerat quod iidem septem viri propter multa hereticalia que dixerant et fecerant multipliciter suspecti erant de labe heretice pravitatis, ipsos tanquam tales fecit suo nomine arrestari et in carceribus episcopatus Carcassonensis curie detineri, nosque, premissis prolatis ad nostram noticiam, mandavimus eosdem non dimitti captivos sed per eundem inquisitorem procedi super suspicione hujusmodi, mediante justicia, contra eos. Quare, cum iidem cives seu habitatores, tanquam viri catholici, per dictum inquisitorem seu ejus vicarium requisiti, eidem tam propter reverenciam Dei et catholice fidei quam propter bonum regni tui, ne dicti mali viri, si relaxati forent, pejora prioribus in regno committerent memorato, in dicta detentione favisse noscantur, eos de hiis merito laudandos serenitati tue affectuosius commendamus, eam rogantes attente quatinus, cum, prout audivimus, predicta gesta fuerunt in favorem fidei et pro bono tui regni, etiam post dationem dicte per eosdem tuos officiales date fidei, ut prefertur, et periculosum foret nimium eosdem captivos, non discusso negotio catholice fidei, relaxare, contra cives eosdem, si forte apud regiam majestatem de premissis ab aliquibus culparentur, mansuetudo regia non turbetur, quin immo eos tanquam Deo devotos et sibi fideles et eorum negotia commendatos habeat, et precipua benevolencia prosequatur. Dat. Avinione, idus (*sic*) Septembris, anno secundo.

XXXIX

Avignon, 1364 (18 septembre).

Urbain V prie Charles V, roi de France, de lever la main mise par lui sur le temporel de l'archevéché de Lyon.

(Archives du Vatican, registre 246, fol. 315 v°.)

Carissimo in Christo filio Carolo, regi Francie illustri, salutem etc. Dudum cum ad nos fidedigna relatio produxisset quod[1]....., prout in nostris litteris inde confectis plenius continetur. Nuper autem audivimus quod, postquam premissa tue magnitudini scripsimus, castra, ville, loca et jurisdictio temporalis memorati archiepiscopi per tuam curiam fuerunt recepta et tenentur ad presens, ac eorum necnon alii decimales

---

1. Voyez la *Pièce justificative*, n° XXXV.

redditus dicti archiepiscopi, non absque ecclesie predicte detrimento
gravissimo, destruuntur, quodque postmodum in tua presentia extitit
ordinatum quod prefatus archiepiscopus eundem Aymonem ante omnia
faceret absolvi a sententiis prelibatis, duas litteras absolutionis hujusmodi citra festum Omnium Sanctorum proximum obtenturum, quarum
unam propriis expensis mitteret Lugdunum, et alteram Parisius, ibidem solemniter publicandas omnesque processus contra dictum Aymonem premissorum occasione habitos faceret revocari; ita quod contra
ipsum Aymonem pro premissis nullam haberet de cetero actionem, et
quod, hiis peractis, processus facti contra ipsum et suos in dicta curia
regia cassabuntur, alioquin in statu pristino remanebunt. Quia igitur
hujusmodi ordinacio dinoscitur esse facta in offensam Dei et prejudicium ecclesiastice libertatis et in perniciosum exemplum, quod similia imposterum presumantur impune, devotam serenitatem tuam ite-
rum affectuosius deprecamur quatinus super premissis utique arduis
maturius consideres ac salubriter provideas prout tuis honori ac saluti
videris expedire... non permittens quod vir sacrilegus... absolvatur
impenitens... Dat. Avinione, XIIII kal. Octobris, anno secundo.

XL

Avignon, 1364 (17 octobre).

*Urbain V prie le roi de France de faire expédier les lettres royaux obtenues
par lui sur la réduction des feux du diocèse de Mende.*

(Archives du Vatican, registre 246, fol. 349 v°.)

Carissimo in Christo filio Carolo, regi Francie illustri, salutem etc.
Nuper significatione fidedigna jocunde percepimus quod tua magnificencia nostris precibus annuens litteras tam gracie quam justicie super
reductione focorum civitatis et diocesis Mimatensis ad verum numerum
qui habetur hodie in eisdem, olim per clare memorie Johannem, regem
Francie, genitorem tuum, ad instanciam nostram facta, mandavit totaliter expediri, sed quod gentes camere regie ipsas litteras arrestarunt.
Quare serenitatem tuam quanto cordialius possumus deprecamur
quatenus ad terram illam nimium debilitatam dirigens oculos regie
pietatis, concessam nobis hujusmodi graciam seu dictas litteras super
ea, amotis impedimentis quibuslibet, velis facere expediri. Dat. Avinione, XVI kal. Novembris, anno secundo [1].

1. Une bulle est adressée à la même date par Urbain V aux gens de la Chambre des Comptes
pour les prier de ne pas arrêter plus longtemps l'expédition des lettres royaux (même registre,
fol. 250).

XLI

Avignon, 1364 (27 novembre).

Urbain V prie Charles V, roi de France, d'envoyer auprès du Saint-Siège des ambassadeurs pour traiter de la paix avec les ambassadeurs que Charles, roi de Navarre, a promis de députer à Avignon. Il écrit à Louis de Navarre, à Jeanne, reine de France et de Navarre, et à Blanche, reine de France, pour les prier de favoriser la conclusion de la paix entre Charles V et Charles de Navarre.

(Archives du Vatican, registre 247, fol. 8 v°)

Carissimo in Christo filio Carolo, regi Francie illustri, salutem etc. Inter serenitatem tuam ac carissimum in Christo filium nostrum Carolum, regem Navarre illustrem, inter quos viget discordia, reformari concordiam cupientes et ad hoc laborare paterne solicitudinis studio intendentes, dudum dilectum filium Petrum, abbatem monasterii Sancti Michaelis de Clusa, Taurinensis diocesis, ad dictum regem ad senciendum voluntatem suam super pace quam inter te et dictum regem tractare proponimus, duximus destinandum, nuperque idem abbas ad nostram presentiam rediens nobis ex parte dicti regis retulit quod ipse rex propositum nostrum hujusmodi reverenter recipiens respondit quod paratus erat super dicta pace nostris beneplacitis efficaciter obedire ac mittere nuncios suos solennes ad nostram presentiam cum pleno mandato tractandi, firmandi et complendi pacem hujusmodi, prout duxerimus ordinandum. Quapropter premissa multipliciter nobis accepta tue magnitudini reserantes, te affectuose requirimus et rogamus ac paternis consiliis exhortamur quatenus ad dictam pacem tractandum et, cum Dei auxilio, faciendum cordialiter te disponens, nuncios et procuratores tuos plene instructos cum pleno mandato quamcito commode poteris ad Romanam curiam deliberes destinare, interim nobis notificans qua die disponas eos esse in dicta curia, quia dicto regi scribemus quod ad eandem diem suos nuncios transmittere non postponat. Nos enim in hujusmodi pio ac Deo et hominibus accepto negotio et regno tuo, Domino adjuvante, perutili laborare proponimus cum effectu et solicitudine oportunis. Interim vero a bellicis incursibus contra dictum regem Navarre ac dilectum filium nobilem virum Ludovicum de Navarra, fratrem ejus, et ipsorum terras abstinere velit regia celsitudo, nosque eidem Ludovico presentialiter scribimus et hortamur eundem ut ab omni novitate contra tuam sublimitatem et terras tuas velit similiter abstinere. Dat. Avinione, V kal Decembris, anno tercio.

Dilecto filio nobili viro, Ludovico de Navarra, salutem etc. Inter carissimos in Christo filios nostros Carolum Francie et Carolum, fratrem tuum, Navarre reges illustres et te, inter quos pacis emulus zizaniam discordie seminavit, reformari concordiam cupientes... Quapropter..... te affectuose requirimus et rogamus ac paternis consiliis exhortamur quatinus ad pacem ipsam cum Dei auxilio faciendam cordialiter te disponas, ac interim a bellicis incursibus contra dictum regem Francie

ac gentes et terras ejus abstineas et per gentes tuas facias abstineri...
Dat. ut supra.

Carissime in Christo filie Johanne, regine Francie et Navarre illustri, salutem etc. Inter carissimos in Christo filios nostros Carolum Francie et Carolum, nepotem tuum, Navarre reges illustres, inter quos...
Nos igitur... serenitatem tuam rogamus et hortamur attente quatinus,
ut dicta pax debitum sortiatur effectum, omnimodo quo poteris interponas efficaciter partes tuas, et presertim hortando dilectum filium nobilem virum Ludovicum de Navarra, nepotem tuum, ut a bellicis incursibus contra dictum regem Francie et ipsius terras abstinere velit, hujusmodi pendente tractatu... Dat. ut supra.

Eodem modo carissime in Christo filie Blanche regine, Francie illustri, sed loco nepotem dicatur fratrem.

XLII

Avignon, 1364 (29 décembre).

*Urbain V prie Louis, duc d'Anjou, lieutenant du roi en Languedoc, de trai-
ter avec bienveillance les bourgeois de Narbonne qui, à l'occasion d'une
émeute suscitée par des Espagnols dans leur ville, ont tué quelques-uns
de ceux-ci.*

(Archives du Vatican, registre 247, fol. 18 v°)

Dilecto filio nobili viro Ludovico, duci Andegavensi, salutem etc. [1]
Expositione quorumdam civium Narbonensium didicimus quod dudum
in ipsa civitate Narbonensi, inter quosdam cives ex una parte
et gentes quasdam armigeras Ispanorum ex altera, consulibus civitatis
ejusdem in domo consulari pro patrie defensione, regiis quoque ac reipublice tractandis negotiis, insimul congregatis, rumor extitit suscitatus,
culpa tamen eorumdem Ispanorum contra cives eosdem insurgencium,
de quorum assuetis maleficiis et rapinis cives ipsi vehementissime
dubitabant et propterea se ab ipsis defendere sunt conati, ex quo
rumore hinc inde plura sunt omicidia et vulnera subsecuta, verum
cum dicti consules timeant quod tu, qui in partibus occitanis regius
locumtenens existis, velis ex suggestione aliquorum malivolorum ipsorum civium contra ipsos occasione predicta procedere, nobilitatem tuam
rogamus et hortamur attente quatinus benigne considerans quod civitas predicta regio culmini semper fidelis extitit et devota, et quod super
excessu multitudinis semper mitius est agendum, cum dictis civibus
super offensa, si quam ex rumore hujusmodi commiserunt, velis agere

---

1. Le 2 janvier 1365, le pape écrit dans le même sens au roi de France, Archives du Vatican,
même registre, fol. 22 v° : « Carissimo in Christo filio Carolo, regi Francie illustri, salutem etc.
Exponentibus nobis quibusdam civibus. . Dat. Avinione, IIII nonas Januarii, anno tercio. »

graciose vel saltem eos ad defensionem sui juris benigne admittere juxta formam juris quo Narbonensis patria gubernatur. Datum Avinione, IIII kalendas Januarii, anno tercio.

XLIII

Avignon, 1365 (16 janvier).

Urbain V déclare que les sentences rendues par Jean du Bois, comme juge mage du Dauphiné, pendant qu'il était frappé d'excommunication, sont valables.

(Archives du Vatican, registre 261, fol. 163 v°, n° 18.)

Ad futuram rei memoriam. Justis petencium desideriis libenter annuimus et que a nobis humiliter postulantur favore prosequimur oportuno. Sane peticio pro parte dilecti filii nobilis viri Johannis de Bosco, militis Eduensis, nobis nuper exhibita continebat quod. olim bone memorie Petro, episcopo Hostiensi, ac procuratore fiscali camere apostolice minus veraciter referentibus, bone memorie Stephano archiepiscopo Tholosano, apostolice sedis camerario, quod idem Johannes de ipso.. episcopo nonnulla verba injuriosa protulerat tunc expressa, idem camerarius prefatum Johannem responsurum super premissis eidem.. episcopo et procuratori, ad ipsorum.. episcopi et.. procuratoris instanciam, coram se fecit ad judicium evocari, et demum quia dictus Johannes citatus coram eodem camerario in termino sibi prefixo non comparuit, dictus camerarius in ipsum Johannem excommunicacionis sentenciam promulgavit ac sentenciam ipsam postmodum aggravavit, quodque idem Johannes de mandato ipsius camerarii excommunicatus et agravatus extitit publice nunciatus. Cum autem, sicut eadem peticio subjungebat, idem Johannes qui in Viennensi et Valentina partibus pro karissimo in Christo filio nostro Carolo, rege Francorum illustri, racione Delphinatus sui Viennensis judex major, prout existit, antequam ab hujusmodi excommunicationis et aggravacionis sentenciis esset absolutus nonnullas sentencias in causis coram eo vertentibus protulerit demum ab ipsis sentenciis in eum latis fuerit absolutus, et ab aliquibus dubitetur sentencias ipsas per eum, ut premittitur, latas nullius existere firmitatis, nos, ipsius Johannis in hac parte supplicacionibus inclinati, volumus et apostolica auctoritate decernimus quod prefate sentencie per dictum Johannem, sicut premittitur, late, ac omnes et singuli actus coram ipso Johanne in eisdem causis habiti, dummodo sentencie ipse aliàs rite et juste late fuerint, perinde valeant et plenam obtineant roboris firmitatem, ac si Johannes predictis excommunicacionis et agravacionis sentenciis ligatis (*sic*). Nulli ergo etc. nostre voluntatis et constitucionis infringere, etc. Datum Avinione, XVII kalendas Februarii, anno tercio.

XLIV

Avignon, 1365 (19 janvier).

Urbain V félicite Amédée, comte de Savoie, de l'aide qu'il prête au chapitre de Lyon pour le recouvrement de la ville d'Anse, et accorde une indulgence plénière à tous ceux qui mourront en combattant les compagnies.

(Archives du Vatican, registre 247, fol. 9.)

Dilecto filio nobili viro Amedeo, comiti Sabaudie, salutem etc. Ex notificatione dilectorum filiorum capituli ecclesie Lugdunensis gratanter accepimus quod strenua tua nobilitas eos in recuperatione loci Anse, Lugdunensis diocesis, ad eosdem capitulum pertinentis magnifice adjuvat et adjuvare disponit magnificencius in futurum, de quo nobilitatem eandem multipliciter in Domino commendantes, te paterne rogamus quatinus quod in hac parte laudabiliter incepisti continue prosequaris, illas gentes iniquas detestabilium comitivarum brachio tue potencie dispergendo. Nos enim, ut negotium hujusmodi procedat felicius, tuis ac venerabilis fratris nostri.. archiepiscopi Lugdunensis dictorumque capituli et aliorum de partibus illis supplicationibus inclinati, illis quos pugnando contra comitivas easdem forsitan obire contigerit plenam indulgenciam in forma consueta duximus concedendam, prout in nostris litteris inde confectis plenius continetur. Dat. Avinione, XIIII kal. Februarii, anno tercio.

XLV

Avignon, 1365 (31 janvier).

Urbain V prie Louis, duc d'Anjou, de faire restituer aux ambassadeurs du roi de Navarre, qui se rendaient à la cour romaine, six cent quatre-vingt-six pièces d'or à eux enlevées à l'entrée du pont d'Avignon par les officiers du duc et ceux du roi.

(Archives du Vatican, registre 247, fol. 38 v°.)

Dilecto filio nobili viro Ludovico, duci Andegavensi, carissimi in Christo filii nostri Caroli, regis Francie illustris, fratri, et in partibus occitanis locumtenenti, salutem etc. Innotuit nobis quod pro tractatu pacis inter carissimos in Christo filios nostros Carolum Francie, fratrem tuum, et Carolum Navarre reges illustres, in curia Romana tractande, et, auctore Domino, reformande, nuncii dicti regis Navarre cum sufficienti mandato pacem predictam tractandi sunt in itinere ad dictam curiam veniendi. Sed cum prefati nuncii per dilectos filios Azenarium, priorem loci Sangosse, ordinis Carmelitarum, Pampilonensis diocesis, et Johannem, scutiferum venerabilis fratris nostri Bernardi, episcopi Pampilonensis, sexcentas octuaginta sex pecias auri in diversis monetis et res alias, pro provisione et apparatu pro ipsis nunciis in dicta curia faciendis, ad Romanam curiam eidem episcopo destinarent, officiarii et gentes tui seu dicti regis Francie in capite pontis Avinionensis consistentes, dictas monetas et res eisdem priori et scutifero abstulerunt. Quare nobilitatem tuam, cui hoc displicere putamus, rogamus attente quatinus pro nostra et apostolice sedis reverencia tuique honoris obtentu, predictas monetas et res prefato episcopo vel dictis priori et Johanni integraliter restitui facere non postponas. Dat. Avinione, II kal. Februarii, anno tercio.

XLVI

Avignon, 1365 (6 février).

Urbain V prie le roi Charles V de donner tout pouvoir au duc d'Anjou pour l'examen et la terminaison de difficultés qui s'étaient élevées entre ledit roi et Aymar, comte de Valentinois.

(Archives du Vatican, registre 247, fol. 43 v°.)

Carissimo in Christo filio Carolo, regi Francie illustri, salutem etc. Exposuit nobis dilectus filius nobilis vir, Aymarus, comes Valentitinensis, quod ipse olim pro te, ex ordinatione clare memorie Johannis regis Francie, patris tui, ac tua, in Dalphinatu Viennensi locum tenens existens pro complemento et executione pacis inter gentes tuas dalphinales ex una parte et dilectum filium nobilem virum Amedeum, comitem Sabaudie, ex altera facte, quedam castra Dalphinatus ipsius eidem comiti Sabaudie obligavit, quodque postmodum, eodem patre tuo sublato de medio, quoddam arrestum contra ipsum comitem et ejus terram, occasione obligationis prefate, in tui presentia est prolatum, verum, fili carissime, quia, sicut idem comes Valentinensis nobis asseruit, ipse obligationem predictam fecit pro dicti Dalphinatus reique publice et patrie utilitate ac pro pacis adimpletione predicte, quam per ipsum comitem Valentinensem fieri, sicut asseruit, ei prefatus pater tuus districtius injunxerat, et quam aliàs perducere non poterat ad effectum, et ex certis aliis rationabilibus causis que in tua presentia proposite seu allegate minime extiterunt, nos, qui ad dictum comitem Valentinensem et ejus negotia multum afficimur et libenter ejus commoda promovemus, serenitatem tuam attente et ex corde rogamus quatinus predictum negotium cum dependentibus et emergentibus dilecto filio nobili viro Ludovico, duci Andegavensi, fratri ac in partibus occitanis locumtenenti tuo, qui de dictis causis, cum ad presens dicto Dalphinatui satis propinquus existat, se poterit facilius et verius, cum minoribus prefati comitis Valentinensis expensis ac laboribus, informare, committere velit regia celsitudo, per dictum ducem finiendum et fine debito, prout sibi videbitur, terminandum, et quod, non obstantibus quibuscumque processibus contra ipsum comitem propterea inchoatis et factis, et arresto predicto, idem dux prefato comiti Valentinensi super premissis faciat justicie complementum, et, si forsan etiam gratia indiguerit in hac parte, quod ipse dux

eidem comiti in concessione gratie, sicut tu ipse facere posses, eidem se
cum effectu exhibere valeat liberalem. Dat. Avinione, VIII idus
Februarii, anno tercio.

XLVII

Avignon, 1365 (19 février).

*Urbain V informe Philippe, duc de Bourgogne, qu'il a fait droit aux
demandes à lui adressées par Girard de Longchamp et Thomas des
Chapelles, ambassadeurs dudit Philippe.*

(Archives du Vatican, registre 247, fol. 19 v°.)

Dilecto filio nobili viro Philippo, duci Burgundie, nato clare memorie
Johannis, regis Francie, salutem etc. Dilectos filios nobilem virum
Gerardum de Longocampo, militem, et Thomam de Capellis, clericum
secretarium, nuncios tuos, latores presentium ad nostram presentiam
destinatos gratanter recepimus, ac sepius benigne audivimus super hiis
que nobis pro parte tua exponere curaverunt ac contra illas gentes
malignas perversarum societatum gratiam concessimus postulatam.
Nobilitatis itaque tue magnifice laudandum propositum nobis per
nuncios prefatos expositum multipliciter in Domino commendamus,
ac in hiis que honeste poterimus intendimus favoribus apostolicis con-
fovere, prout iidem nuncii prefate nobilitati latius exponent oraculo
vive vocis. Dat. Avinione, XI kal. Marcii, anno tercio.

XLVIII

Avignon, 1365 (9 mars).

*Urbain V prie Charles V, roi de France, de donner effet à l'accord inter-
venu entre Guillaume, archevêque de Lyon, d'une part, et Aymon de
Neure, d'autre part, et de faire restituer audit archevêque son temporel.*

(Archives du Vatican, registre 247, fol. 61.)

Carissimo in Christo filio Carolo, regi Francie illustri, salutem etc.
Terminationem questionis, que inter venerabilem fratrem nostrum
Guillelmum, archiepiscopum Lugdunensem, et Aymonem de Neuro,
civem Lugdunensem, ac subsequenter tuam curiam, tam in Romana
curia quam Parisius diutius extitit ventilata, per venerabilem fratrem
Guidonem, episcopum Portuensem, et dilectum filium nostros Egidium,
tituli Sancti Martini in Montibus presbyterum cardinalem, amicabiliter
factam, et per tuam serenitatem, prout accepimus, ratificatam, ac remissionem rebellionum seu inobedienciarum que contra gentes tuas per
dictum archiepiscopum dicebantur commisse, ob reverenciam nostram
concessam gratas habuimus multipliciter et acceptas, proindeque

actiones tibi referimus gratiarum ; verum quia processus facti per
dictum archiepiscopum, seu ad ejus instanciam, sunt cassati et
restitutio temporalitatis ejusdem archiepiscopi, prout audivimus, per
eandem tuam curiam non est facta et procurator regius asserit quod
dicta remissio ad gentes et officiales dicti archiepiscopi propter premissam questionem in processibus dicte tue curie specialiter comprehensos nullatenus se extendit, cum nostre ac dictorum episcopi et cardinalis intentionis fuerit et tuam fuisse putemus eosdem gentes et
officiales dicti archiepiscopi in gratia dicte remissionis includi, prout
ipsi episcopus et cardinalis nobis dixerunt et magnitudini tue scribunt,
celsitudinem tuam rogamus attente quatinus dictam temporalitatem
mandes et facias celeriter restitui archiepiscopo memorato, faciendo
declarari omnes suos comprehensos in processibus dicte regie curie
secundum intentionem predictam et etiam equitatem in remissione
hujusmodi includendos. Dat. Avinione, VII idus Marcii, anno tercio.

XLIX

Avignon, 1365 (1ᵉʳ avril).

*Urbain V prie Charles V de s'opposer au passage sur ses terres de gens
d'armes appelés en Viennois à l'occasion d'une querelle née entre Louis,
évêque de Valence, et un certain Geoffroy de Clermont.*

(Archives du Vatican, registre 247, fol. 69.)

Carissimo in Christo filio Carolo, regi Francie illustri, salutem etc.
Novissime ad nos perduxit fidedigna relatio quod ad partes Viennenses
et Valentinenses, in quibus inter venerabilem fratrem nostrum Ludovicum, episcopum Valentinensem, administratorem ecclesie Viennensis,
et dilectum filium nobilem virum Gaufridum, dominum de Claromonte,
militem Viennensis diocesis, est exorta discordia, quedam gentes
armorum sunt venture ad terras discordantium predictorum, ex quarum
gentium adventu tam Dalfinatui quam terris Romane ecclesie et aliis
circumstantibus partibus magnum periculum posset verisimiliter
generari. Quare cum nos certos nuncios nostros ad concordandum
discordes eosdem duxerimus destinandos et de concordia speremus
hujusmodi si dictarum gentium non impediatur adventu, serenitatem
tuam confidencia paterna requirimus et rogamus quatinus malis innu-
meris, que ex dictarum gencium adventu evenirent indubie, regia
obvians pietate, transitum ipsarum per terras tuas facias impediri
et aliàs, ne ad nutriendum dictam discordiam transeant, digneris interponere efficaciter partes tuas. Dat. Avinione, kalendis Aprilis, anno
tercio.

Eodem modo Philippo, duci Burgundie.
Eodem modo Johanni, duci Bituricensi et Arvernie.
Eodem modo Hugoni et Ludovico de Cabilone fratribus, militibus
Cabilonensibus.

L

Avignon, 1365 (5 avril).

Urbain V envoie auprès de Charles V Gui de Prohins, gouverneur de Montpellier, pour lui rendre compte de sa mission auprès d'Edouard, prince de Galles.

(Archives du Vatican, registre 247, fol. 70 v°.)

Carissimo in Christo filio Carolo, regi Francie illustri, salutem etc. Dilectus filius nobilis vir Guido de Prohinis miles, gubernator Montispesulani, Magalonensis diocesis, lator presentium, pro regia majestate, ad dilectum filium nobilem virum Edwardum, Wallie principem, pro expellendis de tuo regno detestabilibus comitivis, cum litteris nostris ac carissimi in Christo filii nostri Edwardi, regis Anglie illustris, obediens et promptus accessit ad tuamque pergit presentiam quid in hiis fecerit relaturus. Ipsum igitur tanquam fidelem et providum servitorem regia serenitas dignetur suscipere commendatum. Dat. Avinione, nonis Aprilis, anno tercio.

LI

Avignon, 1365 (24 avril).

Urbain V avertit Louis, évêque de Valence, qu'il s'en remet à Raoul de Louppy, gouverneur du Dauphiné, du soin d'amener la conclusion d'un accord entre ledit évêque et Adémar de Clermont, seigneur de Hauterive.

(Archives du Vatican, registre 247, fol. 85.)

Venerabili fratri Ludovico, episcopo Valentinensi, administratori ecclesie Viennensis, salutem etc. Per relationem dilectorum filiorum, magistri Petri de Sarcenaco, decani ecclesie Sancti Felicis de Caromanno, Tholosane diocesis, legum doctoris, capellani nostri ac sacri palacii apostolici causarum auditoris ac nobilis viri Jacobi Albi, militis de Tarascone, Avinionensis diocesis, nunciorum nostrorum, quos nuper occasione discordie inter te ex una ac dilectum filium nobilem virum Ademarium de Claromonte, dominum Alteripe, militem Viennensis diocesis ex parte altera suscitate, ad partes destinavimus dalfinales, accepimus quod tu et dictus Ademarius de limitibus et dampnis ac injuriis illatis hinc inde estis dispositi concordare seu vos submittere judicio amicorum, sed de illa vicesima que petitur a certis hominibus ecclesie Viennensis non potestis ad concordiam devenire, propter quod de processu mutue guerre merito formidantur; nos igitur cupientes in hac parte oportunum remedium adhiberi, scribimus dilecto filio nobili viro.. gubernatori Dalfinatus Viennensis, eum affectuose rogantes quod, cum istud non sit tale negotium ex quo debeat guerra sequi, ex eo presertim quod nos parati sumus de te et ecclesia Viennensi facere justicie complementum, omnibus modis quibus

poterit hujusmodi guerram que toti patrie circunstanti posset verisimiliter esse periculosa nimium et dampnosa studeat impedire, et si
super dicta vicesima concordare minime valeatis, procuret inter vos
fieri treugam longi temporis infra quod aut possit concordia fieri aut
negotium ipsum juridice terminari. Quare fraternitatem tuam hortamur quatinus per te non remaneat quin aut fiat rationabilis concordia
vel treuga longi temporis, ut prefertur. Dat. Avinione, VIII kalendas
Maii, anno tercio [1].

LII

Avignon, 1365 (2 mai).

*Urbain V prie le roi Charles V de faire restituer à Guillaume, comte de
Beaufort, ses terres, sises en Auvergne et dans la sénéchaussée de Beaucaire et de Nîmes, mises sous la main royale.*

(Archives du Vatican, registre 247, fol. 92 v⁰.)

Carissimo in Christo filio Carolo, regi Francie illustri, salutem etc.
Pro parte dilecti filii, nobilis viri Guillelmi, comitis Bellifortis, nuper
fuit nobis expositum quod, licet quedam sue terre, quas habet in
Alvernia et senescallia Bellicadri et Nemausi, quasque olim a quodam
Humberto, dalfino Viennensi, cui per clare memorie Philippum avum
et Johannem genitorem tuos, reges Francie, pro Dalfinatu Viennensi,
sicut serenitas tua novit, concesse fuerant, justo emptionis titulo
acquisivit, dudum vigore cujusdam tue revocationis facte de donatio-
nibus et concessionibus regiis de quibuscunque terris ad regiam coro-
nam spectantibus a tempore clare memorie Philippi Pulcri, regis
Francie, citra factis, posite pluries per gentes tuas ad manum regiam
extitissent, tamen tua sublimitas de hiis informata plenarie terras ipsas
etiam pluries prefato comiti restitui mandavit et fecit, quodque, non
obstante restitutione predicta facta de tua expressa sciencia, dicte terre
ad eandem manum, non absque gravi dampno ac expensis et laboribus
dicti comitis, sunt posite iterato. Quare magnitudinem tuam omni qua
possumus affectione rogamus quatinus, justiciam dicti comitis, quam
ex premissis et quod etiam tu sibi pro dicto Dalfinatu de evictione
teneris allegat, ac sinceram affectionem, quam felicis recordationis
Clemens papa VI, predecessor noster, et dicti comitis frater, dum ageret
in humanis, in omni suo statu gessit ad inclitam domum tuam, memoria grata recensens, efficaciter prefato comiti ac dilecto filio nobili
viro Guillelmo Rogerii, vicecomiti Turenne, dicti Clementis predecessoris nepoti, super loco et terra de Balneolis, ejusdem senescallie Bellicadri, per eum etiam justo titulo emptionis, ut asseritur, acquisitis,
quos locum et terram dicte gentes tue ad ipsam manum tuam modo
simili posuerunt, super premissis providas, quod ab eisdem gentibus

1. A la même date, le pape écrit à Adémar de Clermont, seigneur de Hauterive, pour l'engager
à se prêter à la conclusion d'un accord ou d'une trêve; à Geoffroi de Clermont, frère du précédent, et à Raoul de Louppy, gouverneur du Dauphiné, pour les prier d'intervenir entre ledit
Adémar et Louis, évêque de Valence. (Même registre, fol. 85 v⁰ et fol. 86.)

tuis nullatenus molestentur, ipsosque comitem et vicecomitem et gentes suas in hiis et aliis digneris habere effectualiter commendatas. Nos enim quicquid favoris et benignitatis eisdem comiti et vicecomiti quos prosequimur plenitudine dilectionis impendes, valde gratum habebimus et proinde tue magnitudini ad condignarum gratiarum tenebimur actiones. Datum Avinione, VI nonas Maii, anno tercio.

LIII

Avignon, 1365 (8 mai).

Urbain V recommande à Edouard, prince de Galles, à Jean de Grailly et à Jean Chandos, Bertrand Duguesclin qui se rend auprès d'eux.

(Archives du Vatican, registre 247, fol. 94 v°.)

Dilecto filio nobili viro Edwardo, Aquitanie et Wallie principi, salutem etc. Dilectus filius nobilis vir Bertrandus de Querclin, comes de Longavilla, lator presentium, vir strenuus et devotus, negotium Deo et apostolice sedi ac hominibus bone voluntatis acceptum totique populo Christiano perutile, ut videlicet cum tuo aliorumque principum et magnatum consilio et auxilio impietatis fasciculos scilicet comitivas detestabiles, nonnullas partes fidelium destruentes, dissolvat et convertat contra perfidos agarenos magnanimiter promoturus, assumpsit, propter quod ad presentiam tue nobilitatis accedit, ipsum igitur digne honorandum et in tam pio negotio confovendum eidem nobilitati sinceris affectibus commendamus sibique super hiis que de predicto negotio tibi ex parte nostra narraverit velis fidem indubiam adhibere. Dat. Avinione, VIII idus Maii, anno tercio.

Dilecto filio nobili viro Johanni de Gralleyo, capitali de Bug, militi Burdegalensis diocesis. Dilectus etc. ut supra in proxima usque cum tuo aliorumque magnatum consilio etc. usque ad finem.

Eodem modo nobili viro Johanni Chandos, vicecomiti Sancti Salvatoris et conestabulo Aquitanie.

LIV

Avignon, 1365 (20 juin).

Urbain V autorise le roi Charles V à délivrer à Arnaud de Cervole, au cas où il entraînerait les compagnies hors du royaume, une partie de la décime des revenus ecclésiastiques.

(Archives du Vatican, registre 247, fol. 120 v°.)

Carissimo in Christo filio Carolo, regi Francie illustri, salutem etc. Ad noticiam tue serenitatis deducimus per presentes quod ad supplicationem ambaxiatorum tuorum, quos nuper ad Romanam curiam destinasti, supplicantium pro parte tua concessimus et voluimus quod nobilis vir Arnaldus de Cervola, miles Sarlatensis diocesis, eo casu quo comitivas extra regnum tuum et ad partes infidelium ducet sicut obtulit se ducturum, de decima proventuum ecclesiasticorum dicti regni, secundum numerum gentium quas ducet sub suo ducatu, habeat portionem; et quia nos, utpote non valentes de gentibus eisdem et aliis quibus debebit dicta decima exhiberi, informationem oportunam habere, hujusmodi portionem taxare seu declarare, prout equum existeret, non possemus, contentamur et volumus quod tua sublimitas tuique consiliarii, qui de hiis informari plenarie poterunt, taxationem seu declarationem faciant memoratam, nosque illis qui deputabuntur ad levationem dicte decime dabimus in mandatis quod eandem portionem que per te vel eosdem consiliarios taxata fuerit, dicto Arnaldo seu procuratoribus suis congruis temporibus debeant exhibere, concedemusque quod idem Arnaldus et illi qui ad dictas terras infidelium secum ibunt habeant illam indulgenciam quam concessimus transfretantibus in passagio generali; legatum autem apostolice sedis qui pro dictis gentibus petebatur concedemus cum sciemus certitudinaliter gentes predictas ad dictas partes infidelium transituras. Datum Avinione, XII kal. Julii, anno tercio.

LV

Lyon, 1365 (4 juillet).

Accord entre les vicaires de l'é.ïque d'Autun et Pierre Mespin, huissier du roi, sur l'administration du temporel de l'archevêché de Lyon.

(Bibl. Nat., ms. lat. 5187, fol. 28.)

Instrumentum qualiter domini vicarii domini episcopi Eduensis, habentis administrationem sedis Lugduni nunc vacantis, et Petrus Mespini, prius tenens temporalitatem ad manum Regis, convenerunt mediantibus probis etc.

In nomine Domini amen. Per hoc presens publicum instrumentum cunctis pateat evidenter quod anno ejusdem M° CCC^mo LX° quinto, veneris quarta die mensis Julii, hora quasi tercia, indictione tercia, pontificatus sanctissimi in Christo patris et domini, domini Urbani divina providencia pape V, anno tercio, regnante eciam illustrissimo principe et domino, domino Karolo, Dei gracia Francorum rege, regni sui anno secundo, in nostrum notariorum publicorum et testium subscriptorum presencia propter hoc personaliter constituti venerabiles viri domini Johannes de Porta, cantor, et Nicholaus de Tholono, canonicus ecclesie Eduensis, vicarii generales in spiritualibus et temporalibus reverendi in Christo patris ac domini, domini Gaufredi, Dei gracia episcopi Eduensis, gerentis et habentis omnimodam administracionem in spiritualibus et temporalibus sedis archiepiscopalis Lugduni, ipsa sede nunc vacante, ex una parte, et vir providus Petrus Mespini, hostia-

rius dicti domini nostri Regis ex altera parte, asserentes dicte partes
quod, cum questio verteretur inter ipsas super eo videlicet quod dictus
Petrus asserebat quod temporalitas dicte sedis archiepiscopalis Lugdunensis, dudum apposita ad manum regiam per curiam Parlamenti
regni, per ipsum Petrum Mespini, ad ipsam temporalitatem regendam
auctoritate regia super hoc deputatum, tamdiu regi et gubernari debebat
quousque dicta manus regia foret amota per litteras regias passatas,
auditis partibus, in curia Parlamenti, quodque Humberthus de Vareyo,
civis Lugduni, locumtenens domini baillivi Matisconensis, ad requestam dictorum vicariorum ipsum Petrum a dicto regimine amoverat,
manumque regiam in dicta temporalitate existentem levaverat indebite
et injuste sub colore quarumdam litterarum regiarum non passatarum
auditis partibus et in dicta curia Parlamenti, propter quod dictus
Petrus, ut asserebat, litteras a dicto domino baillivo Matisconensi
obtinuerat, per quas mandabatur preposito Matisconensi quod si ita
esset, auditis partibus, ipsum Petrum in statum pristinum restituat et
reducat ad regimen dicte temporalitatis sicut ante ; dictis vicariis
contrarium dicentibus et asserentibus quod dictus Humberthus, locumtenens dicti domini baillivi, rite et legitime processerat in hac parte et
manum regiam predictam in dicta temporalitate appositam, vocatis
partibus, auctoritate litterarum dicti domini regis et que de ejus mente
et conscientia processerat juste et debite ad opus et commodum dicti
domini episcopi amoverat et amovit, quodque dicte littere regie erant
et sunt efficaces et valide et tales quod per eas et virtute ipsarum
procedere potuit et debuit idem Humberthus, locumtenens, sicut fecit
et quod eciam prefate littere per dictum Petrum a dicto domino baillivo in contrarium, ut dicitur, obtente erant et sunt nulle indebiteque
et injuste ac in prejudicium dicti domini episcopi et administracionis
sue predicte concesse nec erant executioni aliqualiter demandande ;
tandem, anno, die, hora, indictione, pontificatu et regno predictis,
pluribus hinc inde alterutratis, prefati domini vicarii, nomine dicti
domini episcopi et pro eo, et idem Petrus Mespini pro se adinvicem
convenerunt, mediantibus et tractantibus prudentibus probis viris, in
hunc modum videlicet quod dictus Petrus Mespini ab hac die in antea,
vacante dicta sede, reget et gubernabit temporalitatem dicte sedis et
officium correarii Lugdunensis exercebit nomine dicti domini episcopi
Eduensis et pro ipso, hac vacacione dumtaxat durante, cum similibus
stipendiis que pro rata temporis reverendus pater dominus electus
Lugdunensis eidem Petro computabit, percipiendis ex futuris emolumentis dicte temporalitatis, quousque per dictum dominum nostrum
regem seu ejus curiam fuerit aliud ordinatum, et hoc sine prejudicio
Aymonis de Nieuro, civis Lugduni, et dicte manus regie antea in dicta
temporalitate apposite, et tenebitur dictus Petrus Mespini de juribus et
emolumentis ipsius temporalitatis ex nunc percipiendis exinde dicto
domino episcopo seu dictis vicariis suis pro eo reddere compotum et
legitimam racionem ; de expensis vero seu stipendiis prepositi Matisconensis qui ad requestam dicti Petri Mespini apud Lugdunum, ut asserit, venerat pro premissis, stabitur ordinacioni venerabilium virorum
dominorum Jacobi Fabri et Johannis Lo Vito, legum professorum,
mediantibus quibus, discesserunt dicte partes a lite mota super hoc seu
que moveri inter eos sperabatur, et nulle remanserunt littere super et

de premissis a dicto domino baillivo per dictum Petrum Mespini impetrate ; volentes dicte partes quod super premissis fierent et fiant publica instrumenta per vos notarios publicos infrascriptos. Actum Lugduni, anno, die, hora, indictione, pontificatu et regno quibus supra, presentibus domino Henrico Martineti, Petro de Roth., et Johanne de Triboud, etc.

LVI

Vincennes, 1365 (7 juillet).

Charles V, à la requéte de Charles d'Alençon, archevéque de Lyon, ordonne à ses officiers de lever la main royale mise sur le temporel de l'archevéque de Lyon.

(Bibl. Nat., ms. lat. 5187, fol. 12 v°.)

Copia littere regis super amotione manus regis a temporalitate Lugdunensi.

Charles, par la grâce de Dieu roy de France, au bailli de Mascon ou à son lieutenant salut. Comme ja pieça ou temps que l'arcevesque de Lion derrenier trespassé vivoit, la temporalité dou dit arcevesque estant en nostre royaume eust esté mise et tenue en nostre main pour cause de certain procès et poursuite qui avoit esté fait en court de Romme par le dit arcevesque ou à son instance et pourchas à l'encontre de Aymé de Neure, bourgois et citoien de Lion, pour cause de ce que le dit arcevesque disoit que au pourchas et instigacion dou dit Aymé de Neure, feu Robin le changeur, clerc et justiciable dou dit arcevesque en spiritualité, avoit esté penduz, pour cause dou quel procès plaidoié a esté fait en nostre court de Parlement entre nostre procureur et le dit Aymé, d'une part, et le dit arcevesque, d'autre ; et puis après, certain traictié et accort a esté fait entre nouz et noz genz pour nous et pour le dit Aymé d'une part et le dit arcevesque et ses consors d'autre, tant pour cause et sur le dit plait et procès comme sur certaines rebellions, desobéissances et offenses que nostre dit procureur disoit avoir esté commises tant par le dit arcevesque comme par ses gens et officiers, lesquelles rebellions, excès et offenses nous avons quitté, remis et pardonné au dit arcevesque et à ses gens et officiers entièrement ; et par le dit traictié a esté accordé que le dit procès seroit mis au néant et que le dit Aymé seroit absoulz et que ycellui Aymé feroit restitucion en sa personne dou dit clerc par signe et par la manière qu'il est acoustumé à faire en tel cas, et que la dicte main seroit levée de la dicte temporalité, si comme ce et plusieurs autres choses sont plus à plain contenues en noz lettres sur ce faites, et il soit ainsi que puis après le dit arcevesque soit alez de vie a trespassement, après la mort douquel nostre Saint Père [a esleu] à la dicte arceveschié nostre très-chier et féal cousin Charles d'Alençon, esleu de Lion, lequel nouz a humblement supplié qu'il nous pleust lever nostre dicte main de la dicte temporalité ; pour quoy nous pour amour et contemplacion de nostre dit cousin, considerant que la dicte main n'y avoit pas esté mise pour son fait, avons levé et par ces présentes levons nostre dicte main dou dit temporel, se encor y est. Si vous mandons et estroictement enjoingnons que vous ycelle main ostez et levez tout à plain se encores y est pour cause ou occasion des choses dessus dictes, en lessant et soffrant joir, user et esploictier paisiblement nostre dit cousin dou dit temporel, en ostant dou dit temporel touz commissaires deputez par nõuz ou de par nouz ou de nostre auctorité à gouverner la dicte temporalité, et ce volons nous estre fait, et l'avons octroyé à nostre dit cousin de grace especial, se mestier est, nonobstant que le dit Aymé ne soit absoulz et que le dit procès de court de Romme ne soit encores mis au néant, ne ordenances par nous faites ne quelconques lettres subreptices empetrées ou a empétrer à ce contraires. Donné au Bois de Vinciennes, le VII jour de juillet, l'an de grace mil CCC soixante et cinq, et de nostre règne le second. *Ainsi seingnies*. Par le Roy : P. Michiel. *Ita est per copiam , facta collatione, Hugo Per.*

LVII

Avignon, 1365 (16 juillet).

Urbain V sollicite d'Edouard, duc d'Aquitaine et prince de Galles, une lettre de rémission en faveur de Seguin de Badefol et de ses complices.

(Archives du Vatican, registre 247, fol. 130.)

Dilecto filio nobili viro Edwardo, Aquitanie et Wallie principi, salutem etc. Sicut ad tuam noticiam non ambigimus pervenisse, nobilis vir Seguinus de Badafol, miles Sarlatensis diocesis, subditus tuus, licet tibi dudum inobediens, qui capitaneus cujusdam societatis armigere gentis existens, nonnullas terras regni Francie occupavit et multipliciter molestavit, per hoc carissimum in Christo filium nostrum Carolum regem Francie illustrem graviter offendendo, tractatum habuit etiam in Romana curia cum gentibus dicti regis de dimittendo locum Anse, Lugdunensis diocesis, constitutum in regno prefato quem detinet occupatum et de non offendendo amplius dictos regem et regnum, ac de non militando de cetero in hujusmodi detestabilibus comitivis, dummodo offense per eum dictis regi et regno illate, tam per eundem regem quam per te sibi et suis complicibus totaliter remittantur, nosque, premissis auditis, ac gerentes in votis quod iidem Seguinus et complices a patratione tantorum scelerum que patrant assidue resipiscant, ac de prefati regis et tua benignitate paternam sumentes fiduciam, nunciis ejusdem Seguini spem indubiam dedimus quod per prelibatum regem et te hujusmodi remissionem fieri faceremus. Quare cum dicta remissio per easdem gentes dicti regis, in casum quo idem Seguinus premissa faciat, liberaliter sit promissa, et nos pro ea apud regem intercedamus eundem et non dubitemus quod per eum fiet omnino, nobilitatem eandem requirimus et rogamus attente quatinus dictam tuam plenam remissionem eisdem Seguino ac complicibus prout tibi subsunt, velis concedere

graciose et litteras super ea facere tradi dilecto filio Johanni de Sistarico, cursori nostro, presentium portitori. Dat. Avinione, XVII kal.
Augusti, anno tercio.

LVIII

Avignon, 1365 (19 juillet).

*Urbain V adresse aux archevêques et évêques du royaume de France, ses
instructions sur la levée de la décime des revenus ecclésiastiques octroyée
à Charles, pour l'expulsion des compagnies.*

(Archives du Vatican, registre 247, fol. 295.)

Venerabilibus fratribus archiepiscopo Remensi ejusque suffraganeis,
salutem etc. Quamvis ad ecclesias quaslibet presertim regni Francie,
que diversis fuerunt hactenus oneribus pregravate, sincere geramus
caritatis affectum, easque quantum possumus libenter a gravaminibus
preservemus, tamen cum promotio negotii sacre fidei et ejus hostium
impugnatio publicaque dicti regni et ipsarum ecclesiarum utilitas ac
tranquillitas procurantur, cogimur, licet inviti, easdem ecclesias
aggravare. Sane, sicut in regno Francie et circumstantibus partibus est
omnibus manifestum, ipso regno (*sic*), quod multo tempore fluctuave-
rat guerrarum turbinibus, de guerris ipsis, favente Domino, pace facta,
multe gentes armorum de diversis nationibus in multis agminibus con-
gregate, que se comitivas appellant, in eodem regno multis temporibus
hostiliter remanserunt, ac dampna et alia mala commiserunt innumera,
et nonnulli ex eis adhuc sine intermissione committunt. Verum, cum
post diversos tractatus cum eisdem gentibus habitos, capitanei et duc-
tores dictarum gentium et quidam nobiles obtulerint ac solenniter pro-
miserint easdem gentes non solum de prefato regno educere sed conducere ad partes Turchie vel aliorum infidelium ultramarinorum contra
eos pro fide catholica pugnaturas, ac petierunt sibi dari aliquod
pecuniale subsidium pro tanto itinere et prosecutione tam ardui
negotii, auctore Domino, prosperandi; nos tam pro tranquillitate
regni prefati quod gerimus in visceribus caritatis, ut hujusmodi infestis
gentibus expurgetur, quam favore sacre fidei et pro impugnatione
infidelium predictorum, carissimi in Christo filii nostri Caroli, regis
Francie illustris, precibus inclinati, decimam omnium ecclesiasticorum
proventuum et reddituum, secundum reductionem seu restrinctionem,
dudum per nos de ipsa decima in Lugdunensi, Remensi, Senonensi,
Turonensi, et Rothomagensi provinciis ac in eorum necnon Bituricensi
et Claromontensi civitatibus et diocesibus consistentium factam, ab
omnibus archiepiscopis et episcopis ceterisque personis ecclesiasticis
quibuscumque exemptis et non exemptis predicti regni, quantacunque
prefulgeant dignitate, seu cujuscunque sint preeminencie, conditionis

aut status, religionis vel ordinis, quibus et eorum alicui nulla privilegia vel indulgencias sub quacunque verborum forma vel expressione concessa volumus suffragari, preterquam a venerabilibus fratribus nostris sancte Romane ecclesie cardinalibus monasteria, prioratus, dignitates, personatus, officia, canonicatus et prebendas ac quecunque qualiacunque et quotcunque beneficia ecclesiastica in dicto regno obtentibus ac imposterum obtenturis, qui nobiscum assidue indefessis laboribus onera universalis ecclesie sortiuntur, et a dilectis filiis magistro et fratribus Hospitalis Sancti Johannis Jerosolimitani, qui contra hostes fidei Christiane exponunt jugiter se et sua aliisque personis aliorum militarium ordinum, necnon hiis quorum facultates ad integram solutionem hujusmodi decime, supportatis aliis oneribus consuetis, non suppetunt, ultra quam juxta suarum hujusmodi facultatum exigenciam commode possint ac illis qui nichil possunt solvere de decima supradicta, super quorum impotencia vestras consciencias oneramus, quos cardinales ac magistrum et fratres ac personas aliorum militarium ordinum et impotentes pro parte vel toto ab ejusdem prestatione decime exemptos et liberos fore decernimus et immunes, exigendam et colligendam per vos et singulos vestrum in singulis vestris civitatibus et diocesibus, prout in dicto regno consistunt, quos ad hoc auctoritate presentium deputamus, necnon per alios archiepiscopos eorumque suffraganeos dicti regni et eorum singulos in singulis civitatibus et diocesibus eorundem ad hoc similiter per alias nostras litteras deputatos de omnibus fructibus, redditibus et proventibus ecclesiasticis dictarum personarum ecclesiasticarum exemptarum et non exemptarum, secundum modum et morem ac consuetudinem in exactione et collectione hujusmodi in vestris civitatibus et diocesibus hactenus observatos, pro dictis capitaneis, ductoribus et nobilibus, de eorundem fratrum nostrorum consilio, usque ad biennium duximus concedendam, solvendam quolibet anno dicti biennii in duobus terminis infrascriptis; siquidem solutionis medietatis decime hujusmodi primi anni terminum primum fore statuimus festum Omnium Sanctorum proximo venturum, secundum vero terminum festum Resurrectionis dominice, ex tunc proximo secuturum; in alio anno sequenti hujusmodi terminis observandis. Quocirca universitatem vestram monemus, rogamus et hortamur attente vobis per apostolica scripta districte precipiendo mandantes quatinus vos et singuli vestrum in singulis vestris civitatibus et diocesibus per vos vel alium seu alios a quibuslibet personis ecclesiasticis secularibus et regularibus, exemptis et non exemptis, civitatum et diocesium predictarum de universis proventibus et redditibus ecclesiasticis beneficiorum ecclesiasticorum que habent et obtinent in civitatibus et diocesibus vestris predictis existentibus duntaxat intra regnum prefatum, levetis et etiam exigatis in predictis terminis quolibet anno dicti biennii decimam supradictam; ad solutionem ipsius quoscunque exemptos et non exemptos, ejusdem decime debitores, in eisdem vestris civitatibus et diocesibus ac regno consistentes, per censuram ecclesiasticam et etiam sequestrationem fructuum, reddituum, et proventuum ecclesiasticorum suorum consistencium in eisdem vestris civitatibus et diocesibus et regno, ut premittitur, si expedire videritis, appellatione postposita compellendo, ita quod ad fructus, redditus, et proventus ecclesiasticos alios eorundem, extra vestras civitates et dioceseos consistentes hujusmodi com-

pulsionis officium nullatenus extendatis nec ad exactionem hujusmodi
faciendam in aliquo casu per vos vel alium seu alios invocetis auxilium
brachii secularis, nisi, predictorum non solventium contumacia exi-
gente, aliud circa hoc per sedem apostolicam fuerit ordinatum. Et ne de
moneta in qua decime predicte solucio fiet et fieri debebit valeat hesi-
tari, et ut vitentur gravamina que propter hoc viri ecclesiastici pati
possent per vos et singulos vestrum et alios succollectores vestros, ipsa
decima ad monetam currentem communiter levetur et etiam exigatur,
juxta constitutionem super hoc editam in concilio Viennensi, ita quod
pretextu alicujus cambii debitores et solutores dicte decime non gra-
ventur; hujusmodi vero decimam exigetis et exigi facietis secundum
taxationem in vestris civitatibus et diocesibus hactenus consuetam et
nostram reductionem seu restrictionem factam, ut premittitur, super
eam, vel ubi nulla hujusmodi certa taxatio fuerit, secundum consuetudinem in exactione et solutione hujusmodi hactenus observatam,
semper dicta reductione seu restrictione servata, attencius provisuri ut
vos et singuli vestrum per vos vel alios exactionem et collectionem
hujusmodi decime in singulis vestris civitatibus et diocesibus faciatis
absque aliquo onere expensarum eorum a quibus hujusmodi decima
exigetur, nisi forte, eis deficientibus in solutione dicte decime in terminis supradictis, ob hujusmodi eorum defectum expensas fieri oporteret,
ad quarum restitutionem eos teneri volumus et astringi, quodque
circa hec constitutionem ejusdem Viennensis concilii observantes,
calices, libros et alia ornamenta ecclesiarum divinis officiis deputata
ex causa pignoris vel distractionis capere seu recipere, distrahere seu
quolibet occupare per vos vel alios minime presumatis, vobis tamen et
singulis vestrum contradictores et rebelles, si qui fuerint, qui ecclesiasticam contempnendo censuram, in solutione dicte decime fuerint contumaces, citandi si vobis videbitur expedire, ex parte nostra personaliter ad Romanam curiam et certum eis peremptorium terminum
prefigendi, quo personaliter se apostolico conspectui representent super
hiis pro meritis recepturi ac diem citationis hujusmodi ei prefixionis
termini supradicti per vestras litteras et proprios nuncios referendi
plenam concedimus facultatem, non obstante si predictis personis
ecclesiasticis et aliis quibuscunque communiter vel divisim a dicta sit
sede indultum quod ad solutionem alicujus decime minime teneantur,
et ad id compelli aut quidem interdici, suspendi vel excommunicari
non possint per litteras apostolicas que de indulto hujusmodi ac toto ejus
tenore de verbo ad verbum ac propriis eorum ordinibus et locorum seu
personarum nominibus plenam et expressam non fecerint mentionem,
et quibuslibet privilegiis, indulgenciis, exemptionibus et litteris apostolicis quibuscunque dignitatibus seu ordinibus eorundem et specialiter Cis-
terciensi, Premonstratensi, Cluniacensi, Cartusiensi, Grandimontensi,
vel eorum universitatibus aut personis singularibus generaliter vel specialiter sub quacunque forma vel conceptione verborum a memorata
sede concessis de quibus quorumque totis tenoribus de verbo ad
verbum in nostris litteris specialis plena et expressa mentio sit
habenda. Volumus insuper quod vos et singuli vestrum hujusmodi
decimam omnium reddituum et proventuum ecclesiasticorum vestrorum
a vobismet ipsis fideliter et integre exigatis ita quod nullus vestrum
circa hec sibi indulgeat, sed secum in hac parte procedat ac si tali offi-

cio in extraneos fungeretur, sic quod unusquisque vestrum in scriptis redigi faciat quicquid pro dicta decima de proventibus suis ecclesiasticis exegerit a se ipso, exactionem vero hujusmodi juxta taxationem decime si secundum eam consuevistis hactenus solvere et reductionem seu restrictionem predictas, de dictis vestris proventibus facietis, alias in exactione hujusmodi servabitis consuetudinem hactenus in similibus solitam observari, reductione et restrictione hujusmodi semper salvis, ceterum volumus et mandamus quod monetam quam recipietis vel recipi facietis et solvetis pro dicta decima fideliter et tute conservetis seu conservari faciatis donec super ipsius assignatione aliud vobis duxerimus injungendum, alioquin in personas eorum ex vobis vel vicariorum vestrorum et aliorum quorumcunque qui de mandato nostro ad collectionem et exactionem hujusmodi fuerint deputati, quique defecerint in solutione dicte decime in terminis supradictis vel in collectione et exactione aut conservatione hujusmodi fraudem forsitan vel maliciam adhibuerint, excommunicationis sentenciam auctoritate presentium promulgamus, a qua post satisfactionem debitam per aliquem de vicinioribus episcopis predicta excommunicationis sententia non ligatum, gratiam et communionem apostolice sedis habentem, facta sibi fide de satisfactione hujusmodi, possint absolutionis beneficium obtinere; verum quia presentes littere nequirent forsan propter viarum discrimina vel impedimenta legitima vestrum singulis commode presentari, volumus quod per te, frater archiepiscope, dictarum litterarum transumptum manu publica scriptum tuoque communitum sigillo vobis predictis suffraganeis transmittatur, cui adhiberi per vos volumus velut originalibus plenam fidem. Dat. Avinione, XIIII kal. Augusti, anno tercio.

Eodem modo venerabilibus fratribus.. archiepiscopo Rothomagensi ejusque suffraganeis.

Eodem modo venerabilibus fratribus.. archiepiscopo Turonensi ejusque suffraganeis.

Eodem modo venerabilibus fratribus.. archiepiscopo Senonensi ejusque suffraganeis.

Eodem modo venerabilibus fratribus.. archiepiscopo Lugdunensi ejusque suffraganeis.

Eodem modo venerabilibus fratribus . archiepiscopo Bituricensi et.. episcopo Claromontensi.

(Fol. 320.) Venerabilibus fratribus.. archiepiscopo Narbonensi ejusque suffraganeis, salutem etc. Quamvis ad ecclesias quaslibet..... Datum Avinione, XIIII kal. Augusti, anno tercio.

(Fol. 322.) Eodem modo venerabilibus fratribus.. Tholosano et.. Auxitano archiepiscopis et eorum suffraganeis.

Eodem modo venerabilibus fratribus.. archiepiscopo Arelatensi et.. Avinionensi ac.. Vivariensi et.. Aniciensi episcopis.

Eodem modo venerabilibus fratribus.. Albiensi et.. Mimatensi et.. Sancti Flori et.. Castrensi episcopis.

LIX

Avignon, 1365 (5 août).

Urbain V sollicite de Louis, évêque de Valence, un sauf-conduit pour Seguin de Badefol et ceux de ses complices qui doivent se rendre à Avignon.

(Archives du Vatican, registre 247, fol. 134 v°.)

Venerabili fratri Ludovico, episcopo Valentinensi, salutem etc. Cum nobilis vir Seguinus de Badefol, miles Sarlatensis diocesis, et ejus complices qui se comitivam appellant, castrum Anse, Lugdunensis diocesis, occupatum tenentes, jamdiu tractaverunt castrum dimittere prelibatum et de regno Francie recedere ac hujusmodi comitivam dissolvere et totaliter separare, et propterea ipse Seguinus et quidam ex eisdem complicibus ad nostram presentiam sint venturi, fraternitatem tuam hortamur attente quatinus considerans ex hoc grande bonum patrie Lugdunensis, ad quam te affectionem habere credimus specialem et omnium circumstantium partium provenire, eisdem Seguino et complicibus quos dilecti filii.. decanus Lugdunensis et gubernator Dalfinatus Viennensis tibi duxerint nominandos unacum dicto gubernatore ac dilecto filio nobili viro Guidone de Prohynis, milite Ruthenensis diocesis, qui eisdem Seguino et complicibus dabunt pro regia parte conductum, velis usque Romanam curiam vel alium locum ad dictam veniendo curiam, in quo se tutos reputabunt de securo conductu ob nostram et apostolice sedis reverenciam providere. Dat. Avinione, nonis Augusti, anno tercio.

LX

Avignon, 1365 (13 septembre).

Urbain V prie Raoul de Louppy, gouverneur du Dauphiné, de ne mettre ni laisser mettre aucune imposition sur les habitants des deux villages d'Aspres [1] et de Montbrand [2] qui dépendent du prieuré d'Aspres.

(Archives du Vatican, registre 247, fol. 148.)

Dilecto filio nobili viro Rodulfo de Lupeyo, militi, gubernatori Dalphinatus Viennensis, salutem etc. Nuper pro parte dilecti filii Guidonis de Caylano, prioris prioratus de Asperis, ordinis sancti Benedicti, Vapincensis diocesis, a monasterio Aureliaci immediate dependentis, nobis fuit conquerenter expositum quod, quamvis idem prior sit dominus solus et insolidum locorum de Asperis et de Monte Brando ac membrorum et subditorum prioratus ejusdem, cum omnimoda jurisdic-

---

1. Aspres-les-Veynes, dép. des Hautes-Alpes, arr. Gap., ch.-l. de canton.
2. Montbrand, canton d'Aspres.

tione ac mero et justo imperio, sitque exemptus ab omni jurisdictione quorumcunque, preterquam ecclesie Romane et dilecti filii.. abbatis monasterii predicti, nichilominus tamen officiarii et gentes tui, contra justicie debitum ac in lesionem non modicam ecclesiastice libertatis et ipsius prioris ac prioratus prejudicium et gravamen, compellunt subditos dicti prioratus per captionem personarum et sequestrationem bonorum ad solvendum eisdem pro quolibet foco medietatem unius floreni auri et ad tradendum omnia nomina et numerum focorum habitantium in jurisdictione prioratus ejusdem. Quare pro parte dicti prioris fuit nobis humiliter supplicatum ut eidem in predictis providere de oportuno remedio dignaremur. Nos igitur, dictorum prioris et prioratus indempnitati consulere et libertatem conservare ecclesiasticam cupientes, nobilitatem tuam rogamus attente mandantes quatinus ab hujusmodi et aliis quibuscunque gravaminibus dicto priori et subditis ejus et dicti prioratus inferendis abstineas et officiales et gentes tuos facias abstinere in hac parte, taliter provisurus quod non oporteat nos aliud remedium adhibere. Dat. Avinione, idus Septembris, anno tercio.

LXI

Avignon, 1365 (30 octobre).

Urbain V révoque les dispenses générales de mariage accordées à quelque prince que ce soit par ses prédécesseurs, et mande aux archevêques de Reims et de Cambrai, aux évêques de Térouanne, de Tournay et d'Arras de s'opposer au mariage d'Edmond, fils du roi d'Angleterre, avec Marguerite, fille de Louis, comte de Flandre.

(Archives du Vatican, registre 247, fol. 326 v°.)

Venerabilibus fratribus . archiepiscopo Remensi ac.. Cameracensi, Morinensi,.. Tornacensi et.. Atrebatensi episcopis, salutem etc. Dudum cum ad nostrum pervenisset auditum quod nonnulle dispensationes per felicis recordationis Clementem VI et Innocencium VI Romanos pontifices, predecessores nostros, nonnullis imperatoribus, regibus, principibus, ducibus, marchionibus, comitibus, baronibus, militibus aliisque nobilibus et plebeis diversarum partium, in ipsorum predecessorum confectis super hiis litteris nominatis, pro bono pacis seu pro scandalis evitandis sub ea forma et verborum generalitate fuerant concesse, ut ipsi et eorum filii et nepotes utriusque sexus tam nati quam etiam nascituri matrimonium cum personis aliis, eorum nominibus non expressis, secundo vel tertio aut quarto consanguinitatis et affinitatis seu consanguinitatis aut affinitatis gradibus aut aliquo vel aliquibus ipsorum graduum sibi attinentibus, seu inter quos orta foret spiritualis cognatio aut quos in contrahendis matrimoniis publice honestatis justicia impediret, licite contrahere possent, ex quibus dispensationibus seu earum aliqua, prout multorum fidedignorum assertione percepimus grandia oriri scandala probabiliter timebantur, nos cupientes hujusmodi scandalis, prout ad nostrum spectabat et spectat officium, oportunis remediis obviare, omnes dispensationes hujusmodi quibuscunque personis cujuscunque preeminencie vel status existerent, etiam si imperiali, regali vel alia quacunque dignitate fulgerent, per predictos seu quosvis alios predecessores nostros Romanos pontifices generaliter et sine expressione aliarum hujusmodi personarum sub quacunque verborum forma concessas, quarum vigore contracta matrimonia non existerent, etiam si de ipsis matrimoniis contrahendis essent forsitan prestita juramenta, que per nostras litteras relaxavimus, quarum quidem litterarum eorundem predecessorum tenores haberi volumus in eisdem nostris litteris pro expressis, auctoritate apostolica revocavimus et nullius esse voluimus roboris vel momenti, decernentes irritum et inane si secus super hiis a quoquam scienter vel ignoranter contingeret attemptari, ac volentes revocationem et decretum nostra hujusmodi extunc ligare omnes et singulos quibus dispensationes hujusmodi forent concesse, et quos concernere aut tangere, et qui earum vigore insimul matrimonium contrahere possent, ac si eis personaliter intimate seu publicate fuissent, constitutione quacunque contraria non obstante, prout in nostris litteris inde confectis, quas in Atrebatensi, Cameracensi et Tornacensi civitatibus et diocesibus et aliis locis mandavimus publicari, plenius continetur. Cum autem nuper ad audienciam nostram relatibus fidedignis pervenerit quod dilectus filius nobilis vir Edmundus, natus carissimi in Christo filii nostri Edwardi, regis Anglie illustris, dilecte in Christo filie nobili mulieri Margarite, nate dilecti filii nobilis viri Ludovici, comitis Flandrie, in tercio et quarto gradibus consanguinitatis attingens, ac pretendens, ut dicitur, hujusmodi dispensationis apostolice gratiam se habere, quam si haberet extitit, ut prediciutr, revocata, cum dicta Margarita hujusmodi matrimonium intendit de facto contrahere, et ad hoc per se et suos dat operam juxta posse in anime sue periculum ac perniciosum exemplum et scandalum plurimorum ; nos, attendentes quod si ad ipsum matrimonium super quo nostra dispensatio petita extitit, quam nos ex eisdem causis expresse denegavimus, procederetur de facto, gravissima scandala et pericula, quibus ex officii nostri debito obviare tenemur, ex eo verisimiliter sequerentur, et propterea volentes hujusmodi periculis et scandalis oportunis remediis obviare, fraternitati vestre in virtute sancte obediencie et sub excommunicationis pena per apostolica scripta mandamus quatinus vos vel aliquis vestrum per vos vel alium seu alios infra tres dies, a presentacione presentium vobis facta seu earum noticia computandos, dictam Margaritam personaliter, si commode poterit reperiri et sine periculo adiri, alioquin per publicum edictum in vestris cathedralibus ecclesiis proponendum, ex parte nostra monere et ei sub excommunicationis pena, quam, si secus fecerit, preter sententiam in contrahentes matrimonium scienter in gradu prohibito promulgatam, a jure eo ipso eam incurrere volumus et terram ejus si quam habet subesse ecclesiastico interdicto, mandare curetis quod dictum matrimonium contrahere non presumat..... Datum Avinione, III kal. Novembris, anno tercio.

LXII

1365 (22 novembre) — 1368 (8 avril).

Remboursements de sommes prêtées par la Chambre apostolique aux Provençaux et à diverses autres personnes pour l'expulsion des Compagnies.

1. Die XII mensis Maii (1366), cum nuper videlicet die XXII mensis Novembris, de mandato domini nostri pape, de pecuniis sue camere apostolice traditi et assignati fuerunt domino P. Mausalani, socio domini cardinalis de Canilhaco, deputato ad solvendum ea que promissa fuerunt domino Bertrando de Claquino, comiti Longeville, pro expellendo societates in regno Francie tunc existentes, in deductionem eorundem, pro IIIIᵐ franchis auri boni ponderis dicta die XXII predicti mensis Novembris emptis, quod tunc non erant in camera supradicta, videlicet IIᵐ a Paulo Mathei de Florencia et a Johanne et Michaele Baroncelli fratribus, campsoribus Romanam curiam sequentibus, a quolibet M franch., pro precio IIIIᵐ IIIIᶜ XXIII flor. ponderis dicte camere, II sol. monete Avinionis, restituendis eidem camere juxta conventiones habitas de premissis; hinc est quod in deductionem et extenuationem dicte summe die ista prefatus dominus P. Mausalani nomine dicti domini cardinalis et pro ipso manualiter solvit et assignavit mille franchos boni ponderis. (Archives du Vatican. *Introitus et exitus*, registre 315 [1].)

2. Die XX dicti mensis (Junii 1366), cum die XXVII mensis Novembris proxime preteriti de mandato domini nostri pape fuerint traditi et assignati, ratione veri et puri mutui facti Provincialibus in extenuationem et deductionem eorum que promissa sunt domino Bertrando de Clequino, comiti Longeville, pro expellendo societates que olim erant in regno Francie, domino Petro de Mausalano, socio domini cardinalis de Canilhaco, ad predicta commissario specialiter deputato, de pecuniis camere apostolice, XIIᵐ franchorum auri boni ponderis, per ipsos Provinciales reddendi dicte camere infra tres menses, prout in instrumento per dominum Johannem Palaisini, notarium dicte camere, super hiis recepto plenius continetur, hinc est quod Johannes Baroncelli, serviens armorum domini nostri pape, deputatus per dominum episcopum Avinionensem ad predicta recipienda, in deductionem predictorum XIIᵐ franchorum, de pecuniis per ipsum habitis et receptis pro premissis, manualiter solvit et assignavit IIIIᵐ franch. boni ponderis. (Archives du Vatican, *Ibidem.*)

3. Die XVI mensis Octobris (1366), cum die XXII mensis Novembris proxime preteriti de mandato domini nostri pape de pecuniis sue camere apostolice per ipsam cameram traditi fuerunt domino Petro Mausiolani, sacriste ecclesie Carpentoratensis, socio domini cardinalis de Canilhaco, deputato ad solvendum ea que promissa fuerant domino Bertrando de Clequino, comiti Longueville, pro expellendo societates

---

1. Ce registre n'est pas folioté.

in regno Francie tunc existentes, in deductionem eorundem IIII^m franchorum auri boni ponderis, restituendorum et solvendorum eidem camere juxta conventiones habitas de premissis, hinc est in deductionem dictorum IIII^m franchorum dicte camere, ut predictum est, debitorum, die ista XVI hujus mensis Octobris, predictus dominus Petrus Mausiolani, ut deputatus ad premissa per prefatum dominum cardinalem, et pro ipso, manualiter solvit et assignavit (*sic*). (*Ibidem.*)

4. Die eadem (ultima mensis Octobris 1366), cum die XXVII mensis Novembris proxime preteriti..... (ut supra in articulo 1 usque ad :) Hinc est quod Johannes Borrocelli, serviens armorum domini nostri pape, per dominum cardinalem Avinionensem ad predicta recipiendum specialiter deputatus, in deductionem predictorum XII^m franchorum de peccuniis per ipsum habitis et receptis pro premissis manualiter solvit et assignavit, ista die ultima hujus mensis Octobris, IIII^c franch. bonos. (*Ibidem.*)

5. Die eadem (XXII Novembris 1365) soluti fuerunt de mandato domini nostri pape Paulo Mathey et Johanni ac Michaeli Borrocelli, campsoribus de Florentia curiam Romanam sequentibus, qui fuerunt traditi de dicto mandato domino Petro Masaulani, socio domini cardinalis de Canilhaco, deputato ad solvendum ea que promissa sunt domino Bertrando de Clequino, comiti Longeville, pro expellendo societates regni Francie, in deductionem eorundem, ipso domino Petro manualiter recipiente, IIII^m franchi auri boni ponderis, qui fuerunt empti quia non erant in camera apostolica, videlicet a Paulo predicto II^m franchi; item a Johanne et Michaele supradictis, a quolibet M franchi, ad rationem pro quolibet [1]....., qui ascendunt, Thoma Monis socio et factore societatis Albertorum antiquorum de Florentia Romanam curiam sequente pro omnibus tribus campsoribus manualiter recipiente, IIII^m IIII^c XXIII floreni camere, II solidi. (*Ibidem.*)

6. Die eadem (XXVII Novembris 1365) soluti fuerunt de mandato domini nostri pape domino Petro Masaulani, socio domini cardinalis de Canilhaco, nomine domini Bertrandi de Cliquino, comitis Longeville, recipienti, in extenuationem eorum que eidem domino Bertrando sunt promissa pro expellendo societates que diu durarunt et fuerunt in regno Francie ipsum dampnificando, recuperandi a Provincialibus infra III menses, prout in instrumento per dominum Johannem Palaysini, notarium dicte camere, super hiis recepto plenius continetur, XII^m franchi auri boni ponderis, qui fuerunt empti quia in predicta camera non erant, a campsoribus infrascriptis curiam Romanam sequentibus, videlicet a Lucha de Abbatibus et ejus societate VI^m franchi, a Michaele Borrocelli M VI^c franchi, a Johanne Borrocelli ejus fratre IIII^c franchi, et a Jacobo Bonacursi de Florentia IIII^m franchi qui sunt in summa XII^m franchi, qui valent, reducti ad florenos ponderis camere dando predictis campsoribus I florenum dicti ponderis camere et II sol. X den. pro quolibet francho, et computato quolibet floreno pro XXVI sol., ascendunt, ipsis campsoribus recipientibus inclus-[is] pro avantagio totius dicte summe quos plus constituunt, dicti franchi VIII^m flor. XIIII sol. III den. (*Ibidem.*)

7. Die X mensis Novembris (1366) cum die XXVII mensis Novem-

---

1. Lacune dans le manuscrit.

bris anno a nativitate Domini M° CCC° LXV° proxime preterito, de mandato domini nostri pape fuerint traditi et assignati per cameram apostolicam ratione veri mutui facti Provincialibus Provincie... (ut supra in articulo 1 usque ad :) Hinc est quod Johannes Baroncelli, serviens armorum domini nostri pape, per dominum A., cardinalem Avinionensem, ad premissa recipienda specialiter deputatus in deductionem predictorum XII^m francorum auri de pecuniis per ipsum habitis et receptis pro premissis manualiter solvit ista [die] presentis mensis novembris, II^m III^c XX francos auri boni ponderis. (Archives du Vatican. *Introitus et exitus*, registre 321, fol. 3.)

8. Die eadem (XX mensis februarii 1367), cum die XXVII mensis Novembris... (ut supra in articuliis 1 et 6 usque ad :) Hinc est quod (ut supra usque ad :) in deductionem predictorum XII^m francorum auri de pecuniis per ipsum habitis et receptis pro premissis ultra IIII^m francorum die XX Junii de anno LXVI^{to} et IIII^c franc. die ultima Octobris eodem anno et II^m III^c et XX franc. die X Novembris eodem anno solutorum et assignatorum per eundem Johannem, in extenuationem predictorum XII^m francorum per Michaelem Barocelli ejusdem Johannis fratrem solvi et assignari fecit M IX^c franc. bon. — M. III^c floren. bon. (*Ibidem*, fol 21 v°.)

9. Die eadem (XX mensis Septembris 1367) cum die XXVIII Augusti proxime preteriti mutuati fuerint per cameram apostolicam Provincialibus Provincie de pecuniis domini pape et sue camere apostolice II^m VI^c LXXX floreni auri boni ponderis dicte camere pro necessitatibus dicte Provincie et ipsius reipublice utilitate et bono, pro quibus reddendis et restituendis in festo Sancti Andree proxime venturo magnificus vir dominus Raimundus de Agouto, senescallus Provincie, Reginalis et multi alii se efficaciter obligaverunt volueruntque et concesserunt quod reverendus in Christo pater dominus R., dei gratia episcopus Penestrinus, sancte ecclesie Romane cardinalis, de pecuniis per eum receptis seu recipiendis de decimis per dominum nostrum papam domino regi Francie concessis pro expulsione perversarum societatum de regno Francie, et de summa XII^m franchorum per dictos Provinciales mutuatorum dudum in extenuationem et deductionem eorum que promissa erant domino Bertrando de Clequino, comiti Longueville, pro expellendo hujusmodi societates de regno; etque summa eis debet restitui de pecuniis hujusmodi decimarum, predicte camere apostolice de dicta summa II^m VI^c LXXX flor. ponderis camere eis mutuatis plane satisfaciat cum expensis, prout de dicto mutuo, de voluntate et concessione hujusmodi Provincialibus super predicta restitutione et satisfactione fienda constat publico instrumento facto et confecto Aquis anno Domini M° III° LXVII° et die XXVIII Augusti per magistrum Andream de Privato, regiali et imperiali auctoritate notarium publicum, prout legitur in eodem, per dictam apostolicam cameram dicto domino cardinali de Canilhaco in signum plene satisfactionis et restitutionis dictorum II^m VI^c LXXX flor. restituto inciso ; hinc est quod die presenti XX Septembris prefatus dominus cardinalis de pecuniis hujusmodi decimarum et summa XII^m franchorum dictis Provincialibus debitorum solvi et assignari fecit in satisfactionem dictorum II^m VI^c LXXX flor. auri, quolibet floreno pro XXVI s. et quolibet francho pro XXVIII s. computatis, per manus domini Petri Masiaulani,

ejus castellani et socii ,sacriste Carpentoratensis pro dicto domino cardinali manualiter assignantis II^m IIII^c LXXXVIII franch. XVI s. monete Avinion. (*Ibidem*, fol. 56.)

10. Die eadem (VIII mensis Aprilis 1368), cum die XXVII mensis Novembris de anno Domini a Nativitate M° CCC° LXV°, pontificatus domini Urbani divina providentia pape quinti anno IIII^to, de mandato ipsius domini nostri pape fuerunt traditi et assignati per cameram apostolicam et de pecuniis ipsius camere apostolice, ratione veri et puri mutui facti Provincialibus Provincie in extenuationem et deductionem eorum que promissa erant domino Bertrando de Clequino, comiti Longeville, pro expellendo societates que olim sive tunc erant in regno Francie, domino Petro Masaulani, socio domini cardinalis de Canilhaco, ad predicta commissario deputato, XII^m franchi auri boni ponderis, per ipsos Provinciales dicte camere reddendi infra III menses a dicta die XXXII mensis Novembris predicti in antea computatos, prout in instrumento per dominum Johannem Palaysini notarium quondam dicte camere apostolice, super hiis recepto plenius continetur, qui quidem XII^m franchi eisdem Provincialibus vel ipsi camere restitui debebant de pecuniis biennalis decime domino regi Francie per dominum nostrum papam concesse ex dicta camera per prefatum dominum cardinalem de Canilhaco specialiter deputatum ad recipiendum pecunias biennalis decime supradicte; hinc est quod in extenuationem et deductionem dicte summe XII^m franchorum, sic per cameram apostolicam Provincialibus mutuatorum et predicto domino Petro Masaulani traditorum ex causa declarata, idem dominus Petrus nomine dicti domini cardinalis et pro ipso de expresso mandato, consensu et voluntate dictorum Provincialium seu procuratorum et sindicorum ipsorum habentium ad hoc potestatem, prout constat nota seu instrumento recepto per magistrum Johannem de Regio, notarium publicum auctoritate apostolica, Avinione commorantem, sub anno Domini a nativitate M° CCC° LXVII, die XXIII mensis Novembris, manualiter solvit et assignavit dicte camere apostolice ex una de summa III^m V^c LXVI franchorum XVII s. X d., ad quam summam ascendunt III^m VIII^c XCIII floreni ponderis sentencie, in quibus predicti Provinciales dicte camere apostolice tenebantur ex resta [1] cujusdam mutui XV^m flor. eisdem facti tam de pecuniis camere apostolice quam communitatis Avinionis tempore bone memorie domini Innocentii pape VI de anno Domini a nativitate M° CCC° LVIII°, quolibet francho pro XXVII s. X d. et quolibet floreno sentencie pro XXV s. VI d. computato, III^m CLXXVII franch. auri; item, ex alia parte, pro duobus milibus florenis ponderis camere in quibus senescallus Provincie et multi certi alii eidem camere sunt efficaciter obligati ex resta census quadraginta milium florenorum censualium, quos facit domina regina Cessilie domino nostro pape et Romane ecclesie, prout de dicta obligatione constare dicitur instrumento recepto sub anno a nativitate MCCCLXVII et die contenta in eo, quolibet francho pro XXVII s. X d. et quolibet floreno camere pro

---

1. Note marginale : « Solutio Provincialium pro parte reste Archipresbyteri. » — Dans le registre 298, au fol. 94, on trouve la mention d'une somme remise par le Saint-Siège à Arnaud de Cervole : « Die XX Februarii (1363) soluti fuerunt de mandato domini nostri pape domino Jacobo Sene, legum doctori, advocato in Romana curia, in deductione II^c flor. quos dudum mutuaverat pro expellendo Archipresbyterum de Verinis et ejus societatem de Provincia, ut in compositione facta patet quondam, C flor. fortes.

XXVI s. computato, M VIIIe LXVIII franch. VII s. IIII d. ; item, ex alia parte pro M. centum flor. de XXIIII s. quolibet, debitis per gentes reginales domino comiti Armanniaci pro eo quod de certis redditibus eidem comiti assignatis per ipsas gentes reginales ipsi reginales leaverunt et ipse comes longe in majori summa eidem camere apostolice tenetur, quolibet francho pro XXX s. et quolibet floreno pro XXIIII s. computatis, VIIIe LXXX franch. ; item, ex alia parte, pro mille centum et novem florenis sententie in quibus ipsi Provinciales Ludovico et Johanni de Ruspo, fratribus et mercatoribus de Avinione, pro eis teneri dicuntur, et ipsi fratres camere apostolice predicte in ipsa summa et longe majori, quolibet francho pro XXII s. X d. et quolibet floreno pro XXV s. VI d. computatis, M XVI franchi X d. ; item, ex alia parte, pro CCCXCl flor. sententie, in quibus ipsi Provinciales Guideto de Malebaylis, mercatori olim commoranti Avinione, seu communitati Avinionis pro eo teneri dicuntur ex simili causa qua predictis Ludovico et Johanni de Ruspo tenentur, et ipse Guido in ipsa summa et longe majori predicte camere apostolice tenetur, quolibet francho et quolibet floreno sententie ut supra proxime computatis, IIIe LVIII franch. VI s. IIII d., quorum franchorum omnium pro predictis summis sic avaluatis et summatis ac reductis sol. et denar. ad franchos est summa, dicto domino Petro Masaulani nomine et vice ac pro dicto domino cardinali manualiter assignante, VII^m IIe XCIX franch. XIIII s. VI d. (Archives du Vatican, *Introitus et exitus*, reg. 322, fol. 11.)

LXIII

Avignon, 1365 (23 novembre).

Urbain V consent à ce que certaines personnes remettent aux capitaines des compagnies l'argent de la décime et perçoivent l'argent de cette décime pendant deux ans. Il ajoute certaines instructions sur les termes de paiement de la décime.

(Archives du Vatican, registre 248, fol. 175.)

Venerabilibus fratribus.. archiepiscopo Remensi ejusque suffraganeis, salutem etc.[1]..... Dudum cum in regno Francie quod multo tempore guerrarum turbinibus fluctuarat[2]..... Verum cum dicte gentes armigere pro magna parte jam recesserint de partibus gallicanis et ad partes senescalliarum Tholose, Carcassone et Bellicadri que de dicto regno existunt declinaverint et exire velle dictum regnum se asserunt, si eis pecunia dictarum decimarum pro eorum necessitatibus de proximo solveretur, et cum nonnullis personis concordaverint quod eisdem capitaneis et ductoribus certam magnam pecunie summam traderent et ipse persone reciperent et haberent pecunias totius decime supradicte dictorum duorum annorum, si ad hoc noster interveniret

---

1. Des bulles de même teneur furent adressées aux autres métropolitains de France et.à leurs suffragants comme pour la bulle du 19 juillet 1365, *Pièces justificatives*, n° LVIII.
2. Comme dans la bulle du 19 juillet 1365, *Pièces justificatives*, n° LVIII.

assensus, nobisque pro parte prefati regis ac incolarum dictarum senescalliarum fuerit humiliter supplicatum ut in hac parte nostrum prestare
consensum hujusmodi dignaremur, nos pro liberatione citiori regni prefati consensum prestitimus prelibatum. Sed quia, sicut nuper audivimus,
hujusmodi nostre littere, super impositione dicte decime confecte, non
fuerunt aliquibus ex dictis archiepiscopis et episcopis quos'tamen igno-
ramus ante dictum festum Omnium Sanctorum, seu tali tempore quod
ipsarum posset executio commode fieri, presentate, propter quod quoad
tales fuit dictus primus terminus circunductus, nos volentes in hac
parte debite providere presentium tenore statuimus et ordinamus quod
dictus primus terminus quoad illos qui ob defectum dicte' presenta-
tionis earundem litterarum seu aliàs non solverunt, in eo sit in kalendis mensis Marcii proxime secuturis, et quod illi qui jam pro dicto preterito termino solverunt intelligantur pro ipso futuro termino kalendarum Marcii persolvisse; terminum vero predictum Resurrectionis
videlicet dominice proxime future prorogamus et esse volumus in
kalendis Augusti proxime secuturis, in sequenti anno super dicta solutione ejusdem decime similibus terminis observatis; et hii qui in solutione dicte decime defecerint in hujusmodi terminis per nos prorogatis
seu de novo prefixis, illas penas et sentencias incurrant, quas non solvendo in predictis terminis per nos in prioribus assignatis litteris
incurrissent, et demum tam ipsi quam illi qui ante dictum terminum
festi Omnium Sanctorum fuerunt super solutione dicte decime infra
competentem terminum et aliàs canonice moniti, et solvere ipsam
decimam non curarunt, propter quos quasvis sententias incurrerunt,
postquam satisfecerint, sicut vigore dictarum litterarum absolvi poterant, absolvantur et cetera observentur que in dictis prioribus litteris
continentur. Ceterum quia justum est et debitum quod prefata pecunia
dicte decime, que jam pro medietate est dictis gentibus persoluta
et reliquam medietatem oportet infra breve tempus de necessitate per-
solvi, celeriter restituatur eis qui solverunt et mutuarunt eandem, fraternitati vestre presentium auctoritate mandamus quatinus vos et singuli vestrum infra unum mensem post singulos dictorum terminorum
omnem pecuniam quam in singulis predictis terminis exegeritis de
decima supradicta venerabili fratri nostro Raymundo, episcopo Penes-
trino, ad Romanam curiam caute ac fideliter cum moderatis expensis
ejusdem decime transmittatis, alioquin illos ex vobis qui in hoc defecerint excommunicationis sententiam, a qua per alium quam per Roma-
num pontificem nisi in mortis articulo absolvi nequeant, incurrere volumus ipso facto. Ceterum quia presentes littere nequirent forsan propter viarum discrimina vel aliàs vestrum singulis commode presentari, volumus quod per te, frater.. archiepiscope, dictarum litterarum
transumptum manu scriptum publica tuoque communitum sigillo vobis
predictis suffraganeis transmittatur, cui adhiberi per vos volumus velut
originalibus plenam fidem. Dat. Avinione, VIIII kal. Decembris, anno
quarto.

LXIV

Avignon, 1366 (9 janvier).

*Urbain V prie Charles V de confirmer les lettres de naturalisation
accordées par le duc d'Anjou à deux marchands florentins.*

(Archives du Vatican, registre 248, fol. 24.)

Carissimo in Christo filio Carolo, regi Francie illustri, salutem etc.
Gratum habemus, fili carissime, cum viri laudabiles et tuo regno utiles
ad conversandum in ipso tuis et tuorum locumtenencium graciis et
beneficiis attrahuntur, cum ex hoc regie providencie cumulus laudis
accrescat et subditorum utilitas producatur. Hinc est quod, cum dilectus filius nobilis vir Ludovicus, dux Andegavensis, tuus frater ac
locumtenens in partibus occitanis, de legalitate et magna negotiatione
dilectorum filiorum Nicolai Jacobi militis et Benedicti Nerozi de Albertis antiquis, mercatorum florentinorum, laudabili et fidedigno testi-
monio intellecto, ipsos eorumque posteros auctoritate tua regia qua
fungitur, in burgenses, mansionarios et regnicolas dicti regni receperit
graciose, prout in suis litteris inde confectis dicitur plenius contineri,
nos, gratiam hujusmodi ad regium honorem et utilitatem regni prefati
cedere arbitrantes, serenitatem tuam affectuose rogamus quatinus
mercatores ipsos qui et eorum socii tam in Romana curia quam in
aliis partibus nonnulla nostra et Romane ecclesie negotia exercent fideliter et prudenter, et quos propter eorum fidelitatem et grata obsequia
dilectione prosequimur speciali, suscipiens pro nostra et apostolice
sedis reverencia commendatos, hujusmodi receptionem et gratiam
factam per prefatum ducem digneris auctoritate regia ex certa sciencia
confirmare ac eam facere transire per regiam cameram computorum,
ut ipsi mercatores et socii de perpetua firmitate dicte gratie per hujusmodi confirmationem certiores effecti negotiationes eorum in regno jam
dicto citius et certius valeant exercere. Datum Avinione, V idus Januarii, anno quarto.

LXV

Avignon, 1366 (14 mars).

*Urbain V envoie comme ambassadeur auprès du roi Charles V Guillaume
Noelet, chantre de Bayeux, chapelain apostolique.*

(Archives du Vatican, registre 248, fol. 64 v°.)

Carissimo in Christo filio Carolo, regi Francie illustri, salutem etc.
Super certis negotiis arduis digne cordi nostro infixis, regie celsitudini,
quam gratiarum largitor dono prudencie et zelo justicie stabilivit, per
vivam vocem plenius exponendis, dilectum filium magistrum Guillel-

mum Noeleti, utriusque juris professorem, cantorem ecclesie Bajocensis, capellanum nostrum ac sacri palacii apostolici causarum auditorem, harum latorem, ad tuam presentiam destinamus, cui super hiis que tue serenitati ex parte nostra narraverit velis indubiam dare fidem. Dat Avinione, II idus Marcii, anno quarto.

Venerabili fratri Johanni, episcopo Belvacensi, salutem etc. Super certis arduis negotiis..... Dat. ut supra.

LXVI

Avignon, 1366 (9 avril).

Urbain V prie Charles V d'ordonner au gouverneur du Dauphiné de faire hommage en son nom à l'archevéque d'Embrun pour la moitié de la cité d'Embrun.

(Archives du Vatican, registre 248, fol. 71.)

Carissimo in Christo filio Carolo, regi Francie illustri, salutem etc. Cum, prout fidedigna relatione percepimus, dalphynus Viennensis, qui est pro tempore, teneat in feudum ab ecclesia Ebredunensi medietatem civitatis Ebredunensis ac quedam terras et castra, pro quibus tenetur homagium facere archiepiscopo Ebredunensi pro tempore existenti, quod dilectus filius.. gubernator Dalphynatus Viennensis absque tuo speciali mandato prestare recusat, serenitatem tuam rogamus attente quatinus pro honore tuo ac jure dicte ecclesie conservandis, eidem gubernatori ad tuam presentiam, ut dicitur, de proximo profecturo precipias, quod debitum incumbens in hac parte prelibato dalphyno exequi non omittat. Dat. Avinione, V idus Aprilis, anno quarto.

Dilecto filio nobili viro.. comiti Stamparum, salutem etc. Cum prout fidedigna relatione,..... Tuam igitur nobilitatem affectuose rogamus quatinus in hujusmodi negotio apud dictum regem efficaciter promovendo velis operam adhibere. Datum ut supra.

Eodem modo venerabili fratri Johanni, episcopo Belvacensi, sed loco noblitatem dicatur fraternitatem.

LXVII

Avignon, 1366 (14 avril).

Urbain V recommande au roi Charles V Jean d'Armagnac, fils de Jean, comte d'Armagnac.

(Archives du Vatican, registre 248, fol. 74 v°.)

Carissimo in Christo filio Carolo, regi Francie illustri, salutem etc. Regia serenitas non ignorat quod dilectus filius, nobilis vir Johannes de Armaniaco, natus dilecti filii nobilis viri Johannis, comitis Armaniaci, ex sincera devotione quam gerit ad serenitatem eandem ac sua generosa strenuitate ac affinitate quam habet cum tua progenie condignis honoribus et favoribus meretur attolli, presertim cum, prout audivimus, non habeat unde statum decentem valeat retinere. Quare ipsum tue magnificencie intime commendamus, super quo dilecto filio.. abbati Cluniacensi, latori presentium, in hiis que tibi ex parte nostra narraverit velis fidem credulam adhibere. Dat. ut supra [1].

LXVIII

Avignon, 1366 (20 avril).

Urbain V renvoie auprès de Philippe, duc de Bourgogne, l'abbé de Cîteaux venu en ambassade à Avignon de la part du dit duc.

(Archives du Vatican, registre 248, fol. 76.)

Dilecto filio nobili viro Philippo, duci Burgundie, carissimi in Christo filii nostri Caroli, regis Francie illustris, [fratri], salutem etc. Nobilitatis tue litteras per dilectum filium.. abbatem monasterii Cisterciensis, Cabilonensis diocesis, recepimus et eorum que nobis dictus abbas pro parte tua exposuit plenum concepimus intellectum, super quibus eidem abbati nostram intentionem expressimus per ipsum tibi verbotenus referendam, quem ad te revertentem ad presens eadem nobilitas benigne audiat et credenciam adhibeat in dicendis. Dat. Avinione, XII kal. Maii, anno quarto.

LXIX

Avignon, 1366 (29 mai).

Urbain V mande à l'évêque de Nantes d'absoudre Robert Knolles, sa femme, sa famille et ses complices, de l'excommunication dont ils étaient frappés pour avoir eu des relations avec les compagnies et avoir occupé, après le traité de Brétigny, divers lieux de l'Anjou et du Maine.

(Archives du Vatican, registre 255, fol. 32.)

Venerabili fratri episcopo Nannetensi salutem etc. Pietas sacrosancte matris ecclesie erga filios delinquentes..... Dudum siquidem adversus nonnullos iniquitatis filios qui comitive seu societates vocantur... et adversus illos qui presumerent hujusmodi socialibus bladum, panem, vinum, carnes, pannos, equos, arma,..... vel quicquid aliud quod posset in eorum redundare utilitatem vel commodum portare, dare vel

1. La bulle précédente est datée ainsi : « Dat. Avinione, XVIII kal. Maii, anno quarto. »

vendere aut emere ab eisdem..... aut aliàs eis dare auxilium.....
nonnullos processus fecimus, excommunicationis in singulares personas
ac interdicti in civitates, opida, castra, villas et terras eorum sentencias
continentes, voluimusque quod a dicta excommunicationis sententia ab
alio quam Romano pontifice nullus posset absolvi nisi in mortis
articulo constitutus et hujusmodi interdictum nullus posset nisi Romanus pontifex relaxare..... Nuper autem pro parte dilectorum filiorum
cleri et populi civitatis et diocesis Andegavensis et nobilis viri Roberti
Knolles, militis, et nobilis mulieris Constancie, ejus uxoris, Lichefel-
densis diocesis, nonnullorumque suorum familiarium, stipendiariorum,
sequacium et adherentium utriusque sexus partium diversarum nobis
fuit expositum quod iidem conjuges, familiares, stipendiarii, sequaces
et adherentes cum ipsis socialibus communicaverunt, aliqui videlicet
eorum in criminibus, alii vero in cibo, potu et loquela ac eis vendendo
victualia et res alias et emendo diversas res et animalia ab eisdem et
aliàs ipsis eciam in hujusmodi eorum criminibus et excessibus dando
auxilium consilium et favorem. Continebat eciam exposicio supradicta
quod ipsi conjuges, familiares, stipendiarii, sequaces et adherentes post
et ante diversos processus auctoritate quarundam litterarum felicis
recordacionis Innocencii pape VI, predecessoris nostri, que incipiunt
Ad reprimendos factos et habitos, nonnullas personas ecclesiasticas
ceperunt et multis eciam personis et locis ecclesiasticis ac piis locis
dampna gravia intulerunt nonnullaque alia perpetrarunt, propter que
timent penas et sententias in eisdem contentas processibus incidisse, et
insuper post pacem inter carissimum in Christo filium nostrum Edwardum, Anglie illustrem, et clare memorie Johannem, Francie reges,
factam necnon post promulgationem sentenciarum excommunicationis,
suspensionis et interdicti contra non servantes dictam pacem auctoritate apostolica factam, loca de Gravella, de Grena et de Eugrandia,
Andegavensis et Cenomanensis diocesium, vi armorum occuparunt et
detinuerunt longo tempore occupata ac nonnulli ex stipendariis dicti
Roberti et sequacibus et adherentibus supradictis, dicto Roberto id
ratum habente, cum dictis socialibus et eciam absque illis illam patriam
devastando et homines capiendo ac eis redempciones varias impendendo
sepius equitarunt. Quare pro parte dilectorum conjugum et aliorum
premissorum nobis fuit humiliter supplicatum ut cum ipsi predicta loca
per eos occupata realiter et de facto restituerint eisque et aliis supradictis nimis difficile et periculosum existat ad sedem apostolicam pro abso-
lucionibus a sentenciis et penis supradictis accedere, ipsis ac eorum saluti
providere de benignitate apostolica dignaremur. Nos itaque, qui salutem querimus singulorum, hujusmodi supplicacionibus inclinati, fraternitati tue..... per apostolica scripta committimus et mandamus quatinus per te vel alium seu alios prefatos conjuges ac omnes et singulos
familiares, stipendiarios, sequaces, complices et adherentes ac recepta-
tores, fautores et consiliarios eorum ac participantes quomodolibet cum
eisdem, eciam si clerici seculares seu religiosi fuerint, cujuscunque dignitatis, ordinis vel condicionis existant, ab omnibus et singulis excom-
municationum aliisque sentenciis atque penis quas per litteras et processus predictos vel eorum occasione ac eciam auctoritate canonum
vel per constituciones seu sinodales in premissis delinquendo quomodolibet incurrerunt, si hec humiliter pecierint..... absolvas, injunctis

eis et eorum singulis pro modo culpe penitencia salutari et specialiter illa quam sub bulla nostra tibi mittimus interclusam ac aliis que de jure fuerint injungenda necnon quodlibet ecclesiasticum interdictum..... relaxes et cum eisdem clericis secularibus seu religiosis super irregularitate quam divina, non tamen in contemptum clavium, celebrando....... contraxerunt....... predicta auctoritate dispenses. Dat. Avinione, IIII kalendas Junii, pontificatus nostri anno quarto.

LXX

Avignon, 1366 (8 juin).

Urbain V prie le gouverneur du Dauphiné et Raimond d'Agout, sénéchal de Provence, d'accorder le vicomte de Talard et le seigneur de « Segoerio. »

(Archives du Vatican, registre 248, fol. 103.)

Dilecto filio nobili viro.. gubernatori Dalfinatus Viennensis salutem etc. Molesta nimis et dampnosa dissensio, quam inter dilectos filios nobiles viros.. vicecomitem Talardi ex parte una et dominum de Segoerio, subditum tuum, ex altera intentor malorum omnium, ut dicitur, suscitavit.... Nobilitatem tuam rogamus et hortamur attencius quatinus circa sedandam prefatam discordiam et pacem ac concordiam inter dictos nobiles procurandam, prout ad te ex debito tui officii pertinere dinoscitur, tuum studium fervente adhibeas et efficacem operam interponas. Nos enim dilecto filio nobili viro Raymundo de Agouto, militi, senescallo Provincie et Forcalquerii, super hoc similes nostras litteras destinamus. Dat. Avinione, VI idus Junii, anno quarto.

Eodem modo dilecto filio nobili viro Raymundo de Agouto, militi, senescallo Provincie et Forcalquerii, mutatis mutandis.

LXXI

Avignon, 1366 (3 septembre).

Urbain V prie l'empereur Charles IV de révoquer les privilèges accordés par lui aux habitants de Romans, et en vertu desquels ceux-ci, au mépris des droits de l'église Romaine et de l'église Saint-Bernard de Romans, avaient élu des magistrats municipaux. Il prie aussi le roi de France de s'opposer à tout empiétement des dits bourgeois sur les droits des dites églises.

(Archives du Vatican, registre 248, fol. 150 v°.)

Carissimo in Christo filio Carolo, Romano imperatori semper augusto, salutem etc. Ad noticiam tue magnitudinis deducimus per presentes quod, licet villa de Romanis, Viennensis diocesis, ratione superioris dominii sit ecclesie Romane immediate subjecta, et ipsius medietatem dalfinus Viennensis ab eadem ecclesia recognoscat in feudum, eique pro ipsa medietate prestet juramentum fidelitatis et homagium faciat, et altera medietas ad ecclesiam Sancti Bernardi dicte ville, predicte Romane ecclesie immediate subjectam, pertinere noscatur et secunde appellationes in temporalibus hominum dicte ville ad Romanam curiam deferantur, ac homines ipsius ville consules vel alios officiales aut sindicos creare non possint, et alia non habeant universitatis insignia, et quondam Humbertus, dalfinus Viennensis, tempore quo dictam medietatem a felicis recordationis Clemente papa VI, predecessore nostro, recepit in feudum, cum dicta ecclesia Sancti Bernardi specialiter convenerit et juraverit se dictis hominibus hujusmodi insignia minime concessurum et carissimus in Christo filius noster Carolus, rex Francie illustris, dalfinus Viennensis, ejusdem Humberti immediatus successor, asseratur hujusmodi conventionem confirmasse et renovasse etiam juramentum, tamen iidem homines, premissorum tacita veritate, certas litteras a tua serenitate surrepticie impetrasse dicuntur, in quibus dictus rex executor dicitur deputatus quarumque auctoritate iidem homines se invicem congregarunt et congregant ac consules et sindicos creaverunt necnon tallias imposuerunt et alia insignia universitatis exercere ab anno citra presumpserunt temere et presumunt ac venerabili fratri nostro Ludovico, episcopo Valentinensi, administratori et gubernatori ecclesie Viennensis pastore carentis, cujus mense archiepiscopali abbacia secularis prefate ecclesie Sancti Bernardi canonice est unita, et dilectis filiis.. capitulo ipsius ecclesie dictas duas litteras surrepticie ut premittitur impetratas pro conservatione sui ac dictarum ecclesiarum juris rationabiliter impugnantibus de pena in eisdem litteris tuis apposita et aliàs de offendendo eos in personis et rebus graviter comminantur, ex quibus nisi providencia tua de oportuno remedio succurrat celeriter gravia venire scandala et perdi jam dictarum ecclesiarum jus et jurisdictio formidantur. Quare serenitatem tuam requirimus et hortamur et in Domino affectuose precamur quatinus ad conservationem juris ecclesiastici, quod fovisti semper et foves, tue dirigens oculos majestatis, super hiis summaria informatione de qua possit tua consciencia contentari premissa, velis prefatas tuas litteras eisdem hominibus concessas tanquam per eos surrepticie impetratas, et quicquid secutum est de certa sciencia totaliter revocare, vel ubi eadem consciencia tua non esset informata plenarie, hujusmodi reformationem et revocationem alicui vel aliquibus probis viris de partibus istis, tua dignetur committere celsitudo; super hiis latori presentium qui sublimitatem imperialem de ipsis poterit plenius informare oportunas tuas litteras tribuendo. Dat. Avinione, III nonas Septembris, anno quarto.

(Fol. 151.) Carissimo in Christo filio Carolo, regi Francie illustri, salutem etc. Ad noticiam tue magnitudinis (*ut supra mutatis mutandis*)..... Quare serenitatem tuam requirimus et hortamur et in Domino affectuose precamur quatinus pro conservatione juris ecclesiastici ac tui, circa premissa dirigens tue oculos sublimitatis, de eis informatione sufficienti recepta, quam lator presentium regie magnificencie poterit

exhibere, eisdem hominibus nolis in hac parte favere, sed potius contra-
dicere et resistere, et cum eisdem ecclesiis unam partem facere sicut
debes ac revocare omnes litteras et processus que super premissis a tua
magnitudine emanassent. Dat. ut supra.

LXXII

Avignon, 1366 (31 octobre).

*Urbain V remercie Jean d'Armagnac de l'offre qu'il lui avait faite
de l'accompagner avec des gens d'armes jusqu'à Rome.*

(Archives du Vatican, registre 248, fol. 168.)

Dilecto filio nobili viro Johanni de Armaniaco, militi, dilecti filii
nobilis viri Johannis comitis Armaniaci nato, salutem etc. Oblationem
tuam magnificam quam de tua persona strenua ac gentibus armigeris
ad associandum nos ad Urbem per dilectum filium Raymundum Garsaballi, magistrum ostiarium et familiarem nostrum, facere curavisti
letanter auditam gratam habuimus multipliciter et acceptam ; verum,
quia per mare, duce Deo, facere proponimus iter nostrum, nobilitatem
tuam circa premissa nolumus fatigare, devotioni quam ex oblatione
predicta et aliàs erga nos te habere cognoscimus gratiarum referentes
uberes actiones. Dat. Avinione, II kalendas Novembris, anno quarto.

LXXIII

Avignon, 1366 (31 octobre).

*Urbain V recommande à Charles V Gui de Montlaur, chevalier
du diocèse de Viviers.*

(Archives du Vatican, registre 248, fol. 168 vᵒ.)

Carissimo in Christo filio Carolo, regi Francie illustri, salutem etc.
Cum dilectus filius nobilis vir Guido de Montelauri, miles Vivariensis
diocesis, lator presentium coram tua serenitate quedam habeat sua
negotia procurare, serenitatem eandem rogamus attente quatinus dictum Guidonem et ejus negotia habere velis pro nostra et apostolice
sedis reverencia commendatum. Dat. Avinione, II kalendas Novembris,
anno quarto.

LXXIV

Avignon, 1367 (17 mars).

Urbain V mande à l'archevêque de Tours, aux évêques du Mans et de Nevers, d'enjoindre à certaines personnes qui possédaient des titres établissant les droits du roi de France sur la terre de Celleville, au diocèse de Luçon, de les montrer aux arbitres chargés de terminer le différend qui s'était élevé entre les rois de France et d'Angleterre au sujet de cette terre.

(Archives du Vatican, registre 256, fol. 96 v°.)

Venerabilibus fratribus.. archiepiscopo Turonensi et.. Cenomanensi et.. Nivernensi episcopis, salutem etc. Exhibita nobis pro parte carissimi in Christo filii nostri Caroli, regis Francie illustris, peticio continebat quod inter eum et carissimum in Christo filium nostrum Edwardum, regem Anglie illustrem, quedam controversia super terra de Cellavilla, Lucionensis diocesis, coram certis arbitris assumptis a partibus ventilatur, quodque nonnulle persone ecclesiastice dicte terre et parcium vicinarum habent nonnulla privilegia, instrumenta, litteras et scripturas alias faciencia ad probacionem juris regis Francie memorati, que arbitris ipsis exhibere seu ostendere, licet super hoc instanter requisite fuerint, contradicunt; super quo fuit nostre auctoritatis remedium postulatum. Nos igitur finem celerem imponi litibus, presertim vertentibus inter personas sublimes ex quarum discordia mala plurima possunt verisimiliter provenire, et jus utriusque dictorum regum patefieri paternis desideriis cupientes, fraternitati vestre per apostolica scripta mandamus quatinus vos vel duo aut unus vestrum per vos vel alium seu alios hujusmodi personas, cujuscumque dignitatis, ordinis, status aut condicionis existant, item si pontificali vel qualibet alia prefulgeant dignitate, illas, videlicet que vobis nominate fuerint nominatim, alias vero in genere per publicum edictum in ecclesiis et locis de quibus vobis videbitur proponendum, ex parte nostra monere curetis quod infra certum terminum peremptorium competentem per vos statuendum eisdem hujusmodi privilegia, instrumenta, litteras et scripturas tam pro una parte quam pro alia faciencia, que apud eas existunt, eisdem arbitris ostendere ac eis illorum copiam, prout faciunt ad causam hujusmodi, tradere, expensis tamen partis pro qua exhibebuntur, procurent, contradictores, ... Datum Avinione, XVI kal. Aprilis, pontificatus nostri anno quinto.

LXXV

Saint-Pierre de Rome, 1367 (20 octobre).

Urbain V accorde au roi de France Charles V, pour l'aider à supporter les dépenses que lui occasionnent la défense du royaume et le paiement de la rançon du roi Jean, une décime de deux ans sur les revenus ecclésiastiques du royaume.

(Archives du Vatican, registre 256, fol. 80).

Carissimo in Christo filio Carolo, regi Francie illustri, salutem etc. [1]. Dum clara devocionis et fidei merita.......... Nuper siquidem pro parte celsitudinis tue fuit propositum coram nobis et venerabilibus fratribus nostris sancte Romane ecclesie cardinalibus, quod pro defensione et tuicione regni tui Francorum necnon ecclesiarum ecclesiasticarumque personarum et incolarum dicti regni ac eciam pro solucione redempcionis clare memorie Johannis, regis Francorum, genitoris tui, magna te oportuit et oportet subire onera expensarum fuitque nobis humiliter supplicatum ut pro faciliori supportacione expensarum et onerum predictorum de aliquo decimarum vel aliorum ecclesiasticorum proventuum auxilio providere de benignitate apostolica dignaremur. Nos itaque, considerantes quod defensio et tranquillitas predicti regni non solum tuum sed eciam ecclesiarum et personarum ecclesiasticarum ejusdem regni communia commoda concernere dinoscuntur, hujusmodi supplicacionibus inclinati, de dictorum fratrum consilio, duas decimas omnium reddituum et proventuum ecclesiasticorum in dicto regno existencium, qui ad manum nostram non tenentur, per duos annos a data presencium inchoandos in subscriptis terminis solvendas et eciam exigendas ab omnibus archiepiscopis et episcopis ceterisque personis ecclesiasticis quibuscunque exemptis et non exemptis predicti regni, quantacumque prefulgeant dignitate..... preterquam a venerabilibus fratribus nostris sacre Romane ecclesie cardinalibus monasteria, prioratus, dignitates..... qualiacunque et quotcunque beneficia ecclesiastica in dicto regno obtinentibus..... et a dilectis filiis magistro, prioribus, preceptoribus et fratribus hospitalis Sancti Johannis Jherosolimitani....., quos cardinales et magistrum, priores, preceptores et fratres a prestacione hujusmodi decime exemptos esse volumus et immunes, tibi auctoritate concedimus per presentes; volentes quod hujusmodi duas decimas per venerabiles fratres nostros archiepiscopos et episcopos dicti regni, quos executores duarum decimarum predictarum et principales collectores esse volumus et eciam deputamus, necnon per subcollectores clericos dumtaxat ab ipsorum archiepiscoporum et episcoporum singulis deputatos in singulis eorum civitatibus et diocesibus ac terris et locis dicti regni....... colligatur et eciam exigatur.......; hujusmodi autem solucio fiet per dictum biennium in

---

1. Des bulles *in eodem modo* furent adressées à la même date aux archevêques de Toulouse, Lyon, Reims, Sens, Tours, Rouen, Bourges, Narbonne et à leurs suffragants. (Même registre, fol. 81 à 83 v°.)

terminis infrascriptis ; siquidem solucionis medietatis unius predictarum duarum decimarum primi anni duorum annorum primum terminum fore statuimus festum Resurrectionis proxime venturum, secundum vero terminum solucionis alterius medie partis ejusdem decime
ipsius primi anni esse volumus festum Omnium Sanctorum, dictum
festum Resurrectionis tunc proxime secuturum ; in alio anno dictorum
duorum annorum tunc immediate sequenti pro solucione alterius decime
similibus terminis observandis. Dictaque exactio in Lugdunensi,
Remensi, Senonensi, Turonensi et Rothomagensi provinciis ac in
eorum necnon in Bituricensi ac Claromontensi civitatibus et diocesibus
fiat secundum novam taxam seu reductionem decime in illis dudum
per nos de decima ipsa factam ; in aliis vero civitatibus et diocesibus
dicti regni fiat exactio ipsa secundum taxationem decime in ipsis civitatibus et diocesibus hactenus factam vel, ubi nulla hujusmodi certa taxatio fuerit, secundum morem, modum et consuetudinem in exactione et
solucione hujusmodi decime hactenus observatos..................
Dat. Rome apud Sanctum Petrum, XIII kal. Novembris, anno quinto.

LXXVI

Saint-Pierre de Rome, 1367 (26 novembre).

Dispense de mariage en faveur de Jean de Grailly, captal de Buch,
et de Jeanne, fille de feu Philippe, roi de Navarre.

(Archives du Vatican, registre 258, fol. 132 v°, n° 7.)

Venerabili fratri episcopo Parisiensi salutem etc. Oblate nobis pro
parte dilecti filii nobilis viri Johannis de Grelli, militis, Captaldi de
Busch, et dilecte in Christo filie nobilis mulieris Johanne, clare
memorie Philippi, regis Navarre, nate, peticionis series continebat quod
de matrimonio inter ipsos Johannem et Johannam contrahendo habitus
est sermo, sed quia iidem Johannes et Johanna tercio et quarto gradibus consanguinitatis ex utroque latere invicem se contingunt hujusmodi tractatus adimpleri non potest, dispensatione super hoc apostolica
non obtenta. Quare, pro parte dictorum Johannis et Johanne fuit
nobis humiliter supplicatum ut providere eis super hoc de oportune
dispensacionis gracia de benignitate apostolica dignaremur ; nos igitur
consideracione eciam carissimi in Christo filii nostri Caroli, regis
Navarre illustris, fratris ejusdem Johanne, asserentis dictum Johannem
in tractatu pacis et concordie inter carissimum in Christo filium nostrum Carolum, regem Francorum illustrem, et ipsum regem Navarre
ultimo facte et aliàs sibi magna servicia exhibuisse ipsasque pacem et
concordiam, eodem Johanne procurante et tractante, factas fuisse, et ex
dicto matrimonio pacem hujusmodi corroborari et eciam observari et
propterea super hoc humiliter supplicantis ac ipsorum Johannis et

Johanne in hac parte supplicacionibus inclinati, fraternitati tue, de
qua in hiis et aliis specialem in Domino fiduciam obtinemus, per apostolica scripta committimus et mandamus quatinus, si est ita, et per
informacionem per te summarie recipiendam repereris et credas quod
ex matrimonio hujusmodi, si fiat firmiter, observatio dicte pacis et alia
bona perveniant et non mala et utilitati publice expediat, super quibus
omnibus tuam conscientiam oneramus, cum eisdem Johanne et
Johanna ut, impedimento quod ex consanguinitate hujusmodi pervenit
non obstante, matrimonium insimul contrahere et in eo postquam con-
contractum fuerit licite remanere valeant, auctoritate apostolica dispenses, prolem suscipiendam ex hujusmodi matrimonio legitimam
nunciando, Dat. Rome apud Sanctum Petrum, VI kal. Decembris,
anno sexto.

LXXVII

Saint-Pierre de Rome, 1368 (3 janvier).

*Urbain V prie le roi de France de révoquer l'ordonnance par laquelle il
avait établi une cour royale à Brioude, institution qui porterait atteinte
aux privilèges de la ville et de l'église de Brioude.*

(Archives du Vatican, registre 249, fol. 48.)

Carissimo in Christo filio Carolo, regi Francie illustri, salutem etc.
Intelleximus, fili carissime, quod nuper tua serenitas, ignorans forte
vel non reminiscens exemptionem et privilegia regalia ville Brivatensis,
Sancti Flori diocesis, in qua recognitionem feudi et resortum duntaxat diceris obtinere, in ipsa villa curiam regiam statuit permansuram,
quod contra eadem privilegia in prejudiciumque majoris ecclesie dicte
ville ac dilecti filii nostri Petri, Sancte Marie Nove diaconi cardinalis,
prepositi ejusdem ecclesie, ad quos dicta villa pertinet, noscitur redundare. Quare serenitatem eandem rogamus et hortamur attente quatinus
dictam exemptionem et privilegia, prout decet devotionem regiam, illi-
bata conservans, dictasque ecclesiam et villam habens pro nostra et
apostolice sedis, cui immediate subesse noscuntur, reverentia favorabiliter commendatas, velis hujusmodi ordinationem totaliter revocare
dictaque privilegia ad ipsorum majus robur et pleniorem noticiam
confirmare. Dat. Rome apud Sanctum Petrum, III nonas Januarii,
anno sexto [1].

1. Une bulle *in eodem modo* est adressée au chancelier de France, Jean, évêque de Beauvais.
(Même registre, fol. 48 v°.)

LXXVIII

Saint-Pierre de Rome, 1368 (3 avril).

Urbain V prie le roi Charles V et l'empereur Charles IV d'intervenir auprès du duc d'Anjou pour l'arrêter dans ses attaques contre les terres de la reine Jeanne de Naples.

(Archives du Vatican, registre 249, fol. 88 v°.)

Venerabili fratri Johanni, episcopo Belvacensi, salutem etc. Super negotio detestabilis novitatis Provincie, quod insidet cordi nostro et debet merito insidere, carissimo in Christo filio nostro Carolo, regi Francie illustri, interclusi tenoris litteras destinamus; ideoque fraternitatem tuam rogamus et hortamur attente quatinus super congruis et efficacibus remediis circa dictum negocium celeriter adhibendis tua solicitudo invigilet, et suam virtutem prudentia operetur, nobisque ad nostram consolationem, quid in hac parte per regiam providentiam factum fuerit rescribere non retardes. Dat. Rome apud Sanctum Petrum, III nonas Aprilis, anno VIᵗᵒ.

Carissimo in Christo filio Carolo, regi Francie illustri, salutem etc. Pungit nos interne quod scribimus et amaricat nimium mentem nostram, quod unde lux dilectionis effulgere debuerat, inde tenebre odiorum et persecutionis erumpant, unde tuitionis sperabatur presidium, inde lapis offensionis et petra scandali jaciatur. Famosa siquidem relatio ad nostrum perduxit auditum quod quedam gentes armigere regni tui de ipso regno progredientes ac habentes arma, victualia, navigia aliaque auxilia et favores, comitatum Provincie, qui feudum imperialis serenitatis existit, absque causa nedum legitima sed etiam colorata et absque diffidatione subito hostiliter invaserunt et castrum Terrasconi occupare temptarunt, et hujusmodi invasionis incursum continue prosecuntur, et quod suspirare nos cogit amarius, dilectus filius nobilis vir Ludovicus, dux Andegavensis, frater et locumtenens tuus in partibus occitanis, hujusmodi detestabilis rei conscius dicitur et tractatur, quod ex premissis et aliis colligitur argumentis. Hec carissima in Christo filia Johanna, regina Sicilie illustris, ad quam idem comitatus pertinet, a personis inclite tue domus, a qua traxit originem, et que tibi dictoque duci stricta linea consanguinitatis jungitur, non meretur, imo a duce prefato juvanda foret potius contra exteros invasores. Quare piam sublimitatem tuam rogamus omni affectione qua possumus quatinus circa hec celeriter providere digneris de remediis oportunis et sic ordinare quod idem dux consanguineam vicinam pacienter substineat, ne ipsa merito provocata extraneum invocet qui senescallie Bellicadri et Dalfinatui posset suscitare scandala et pericula generare. Dat. Rome apud Sanctum Petrum, III nonas Aprilis, anno sexto.

(Fol. 89.) Carissimo in Christo filio Carolo, Romanorum imperatori semper augusto, salutem etc. Pungitur etc. ut supra usque dux Ande-

gavensis nepos tuus non solum hujusmodi detestabilis etc. usque pertinet, et que a personis regalis domus Francie traxit originem, et dicto
duci stricta linea etc. usque imo ab eis juvanda foret potius contra
exteros invasores. Quare piam celsitudinem augustalem rogamus etc.
usque invocet qui regno prefato et Dalfinatui etc. ut supra.

LXXIX

Saint-Pierre de Rome, 1368 (3 avril).

*Urbain V déclare au roi de France, Charles V, qu'il ne peut prétendre
légitimement exercer le droit de régale sur les évêchés de Laon, de
Chartres et de Soissons à l'occasion de prétendues translations d'évêques
qui de fait n'ont pas eu lieu.*

(Archives du Vatican, registre 249, fol. 89 v°.)

Carissimo in Christo filio Carolo, regi Francie illustri, salutem etc.
Regie serenitatis litteris super translationibus venerabilium fratrum..
Laudunensis et.. Carnotensis ac.. Suessionensis episcoporum nuper
nostro apostolatui destinatis solita benignitate perlectis, ad eas presentibus respondemus quod absit, fili carissime, ut nos qui tuorum sublimitatis et regni, prout possumus, obviamus dispendiis, et desideramus
augmentum regalis fastigii, velimus juribus et honoribus derogare ; sed,
ubi de veritate et justicia presertim ecclesiarum agi sentimus, decet nos
illas non preterire silentio, quas etiam eadem serenitas audit desiderabiliter et exaudit. Alias siquidem regie celsitudini scripsisse memini-
mus et repetimus per presentes quod dudum, cum venerabilem fratrem
nostrum.. episcopum Laudunensem ad ecclesiam Cenomanensem tunc
vacantem transtulimus, nostre intentionis extitit translationem hujusmodi habere vigorem, si ad hoc idem episcopus consentiret, et quia ipsi
translationi non consensit, alia translatio per nos facta de venerabili
fratre nostro.. episcopo Carnotensi ad Laudunensem ecclesiam, licet
ipse episcopus in hoc consenserit, sortiri nequit effectum, dicta Laudu-
nensi ecclesia non vacante, et sic si ejusdem Laudunensis et Carnotensis ac Suessionensis ecclesiarum ex hiis non provenit vacatio, regalia
non vendicat sibi locum. Quare serenitatem eandem rogamus et hortamur attente quatinus illa que per tuam excellentiam aut officiales regios
vigore hujusmodi regalie fore gesta noscuntur, cum in ipsarum ecclesiarum et aliarum personarum gravamen cedere dinoscantur, velis penitus
revocare. Et, si aliqui sint forsan soliciti ad faciendam regaliam hujusmodi ultra antiquam observationem extendi, cum id in ecclesiarum
[prejudicium] et ecclesiasticarum personarum, quas tua devotio et conscientie puritas consuevit et debet favorabiliter prosequi, vergeret mani-
feste, sublimitatem rogamus et hortamur paterne quatinus talium consiliis minime acquiescas. Dat. ut supra [1].

1. La bulle précédente est ainsi datée : « Dat. Rome apud Sanctum Petrum, III nonas Aprilis,
anno sexto. »

LXXX

Montefiascone, 1368 (8 août).

Urbain V prie l'archevêque de Lyon, l'évêque de Valence et le comte de Valentinois d'aider le recteur du Comtat Venaissin dans la défense des terres de l'église Romaine contre les Compagnies.

(Archives du Vatican, registre 249, fol. 142.)

Venerabili fratri.. archiepiscopo Lugdunensi salutem etc. Ad preservationem status pacifici civitatis Avinionensis et comitatus Venayssini..... Cum itaque, sicut audivimus, ille gentes pestifere que comitive vocantur comitatus Provincie et Forcalquerii hostiliter discurrant ad presens et propter vicinitatem et pravam intentionem ipsarum turbatio et oppressio civitatis et comitatus prefatorum verisimiliter formidentur, fraternitatem tuam, de qua in majoribus prestatur fiducia, rogamus et hortamur attente quatinus ob reverentiam apostolice sedis et nostram ad requisitionem venerabilis fratris nostri Philippi, patriarche Jerosolimitani, dictorum civitatis et comitatus pro nobis et ecclesia prefata rectoris, velis pro defensione et conservatione dictorum civitatis et comitatus tam in gente armigera quam in victualibus et aliàs, prout oportunum fuerit, omne quod poteris auxilium exhibere. Dat. apud Montemflasconem, VI idus Augusti, anno VI.

Eodem modo, venerabili fratri.. episcopo Valentinensi et Diensi.

Eodem modo, dilecto filio nobili viro Ademario de Pictavia, comiti Valentinensi.

LXXXI

Montefiascone, 1368 (8 août).

Urbain V prie les habitants d'Avignon et les communautés du Comtat Venaissin de payer la contribution à eux imposée par le recteur et le capitaine d'Avignon et du Comtat pour la défense du pays contre les Compagnies.

(Archives du Vatican, registre 249, fol. 150.)

Dilectis filiis universitatibus civitatis Avinionensis ac Comitatus Venayssini, nostris et ecclesie Romane fidelibus, salutem etc. Prudentis est consilii pericula ne noceant precavere..... Sane cum gentium societatis pestifere filiorum Sathane, qui a multis retro temporibus superbie cornua in diversis mundi partibus erexerunt, rabies in Provincie et Forcalquerii comitatibus, vobis vicinis, hiis diebus deseviens terras eorundem comitatuum depopulentur, prout notorium est, incendiis et rapinis, sitque verisimiliter formidandum quod societates ipse seviciis imbute et iniquitati laxatis habenis malicie sue terminum non ponentes, terris predictis eorum seva depopulatione vastatis, fines vestros ingredi moliantur, fidelitatem vestram requirimus et hortamur attente districte mandantes ut, secundum ordinationem quam venerabilis frater noster Philippus, patriarcha Jerosolimitanus, rector, et dilectus filius nobilis vir Jacobus Albe, miles, dictorum civitatis et Comitatus Venaysini capitaneus, auctoritate apostolica deputati duxerint faciendam, contributionem pecuniariam dandam stipendariis in locis minus fortibus et aliàs immunitis locandis seu aliter, prout eis videbitur, pro securitate vestra deputandis, tantis obviaturi periculis facere studeatis, ne gentes pestifere supradicte terras vestras, quod absit, indefensas invenientes gravissimis damnis et periculis bona vestra subiciant et personas. Dat. apud Montemfiasconem, VI idus Augusti, anno VI.

LXXXII

Montefiascone, 1368 (29 août).

Urbain V refuse d'accorder une dispense de mariage à Louis, duc de Bourbon, et à Anne, fille de Béraud, dauphin d'Auvergne, avant d'avoir pris avis du roi Charles V.

(Archives du Vatican, registre 249, fol. 147 v°.)

Carissimo in Christo filio Carolo, regi Francie illustri, salutem etc. Supplicavit nobis hiis diebus dilectus filius nobilis vir Ludovicus, dux Borbonii, quod, cum habitus sit tractatus de contrahendo matrimonio inter eum et dilectam in Christo filiam nobilem mulierem Annam, natam dilecti filii nobilis viri Beraudi, dalphini Alvernie, se tercio consanguinitatis gradu attingentes, dispensationem super hoc oportunam concedere dignaremur. Nos autem, habentes ad regnum tuum specialem dilectionis affectum et an hoc expediat ipsi regno vel non volentes a tua celsitudine informari, serenitatem tuam requirimus quatinus super hoc velis tua nobis informationem et beneplacitum reserare ut deliberare possimus quid super hoc agere habeamus. Dat. apud Montemfiasconem, IIII kalendas Septembris, anno sexto.

Dilecto filio nobili viro Ludovico, duci Borbonii, salutem etc. Recepimus litteras tuas nobis per dilectum filium nobilem virum Egidium de Syon, militem tuum, latorem presentium, presentatas, in quibus et per dictum militem pro dispensatione super matrimonio inter te et dilectam in Christo filiam nobilem mulierem Annam, natam dilecti filii nobilis viri dalphini Alvernie, tercio gradu consanguinitatis vos invicem attingentes contrahendo humiliter supplicasti, super quo an expediat regno Francie vel non, cum illius statum prosperum specialiter affectemus, intendimus plenius informari carissimum filium in Christo filium nostrum Carolum, regem Francie illustrem. Quare nobilitas tua non ferat moleste si statim in hoc non adimplevimus votum tuum; nam in hiis et aliis que pro tua nobilitate sine conscientie lesione poterimus tibi intendimus complacere. Dat. ut supra proxime.

LXXXIII

Montefiascone, 1368 (1er septembre).

Urbain V lance l'excommunication contre Bertrand du Guesclin et ses complices.

(Archives du Vatican, registre 249, fol. 165 v°.)

Dilecto filio.. officiali Avinionensi salutem etc. Exigit detestanda perversitas..... Sane nuper fidedigna multorum significatio ad nostri apostolatus auditum, non absque multa nostre mentis turbatione, perduxit quod Bertrandus de Clarquino, comes de Longavilla, et Nolyus Pavalhonis, ac parvus Meschinus, Bosometus de Pau et Petrinus de Sauria, capitanei cujusdam gentis armigere atque detestabilis et perverse que societas appellatur, immemores quod de mense Martii proxime preteriti, cum tenerent exercitum contra castrum Terrasconis, Avinionensis diocesis, ipsorum ac omnium de dicta societate seu exercitu et eorum sequacium quorumcunque nominibus, non intendentes, ut dixerunt, ob nostram reverentiam civitatem Avinionensem et Comitatum Venaysini et terras et loca eis adjacentia ad Romanam necnon terras et castra ad Avinionensem ecclesias spectantia invadere, aggredi vel offendere per vim armorum vel aliàs quoquo modo nec se ponere seu castramentari in territoriis civitatis Comitatus et terrarum predictorum nec quodcunque damnum in personis vel rebus aut bonis inferre civibus, incolis et habitatoribus eorundem, dictam civitatem, comitatum et districtum loca per litteras eorum sigillis munitas necnon fidem propriam et etiam sacramentum assecuraverunt et etiam affidarunt, promittentes contra eadem per fidem et sacramenta ac assecurationem et affidationem per se vel alios non facere vel venire, quacunque occasione vel causa, ac adicientes quod non essent in consilio vel auxilio quod aliquis, cujuscunque status existeret, damnum aliquod civitati, Comitatui, terris et locis predictis vel aliquibus eorundem in personis vel bonis eorum inferret, quin ymo promiserunt ad eorum posse impedire damna hujusmodi inferrentes ac omnia damna, si qua ipsi vel gentes eorum dictis civitati, Comitatui, terris et locis intulissent, juxta eorum legalem possibilitatem emendarent et facerent emendari, prout in eisdem eorum litteris plenius continetur, vel ut sub tali affidatione et promissione magis nocere valerent, tam ipsi quam etiam nonnulli eorum in hac parte complices, fautores et sequaces, Deum et sacrosanctam Romanam ecclesiam graviter offendere ac penas et sententias olim per processus felicis recordationis Johannis pape XXII, predecessoris nostri, contra omnes et singulos principes, duces, comites, marchiones, barones nobiles, potestates, capitaneos et officiales quoscunque et alios universos et singulos tam clericos quam laicos..... qui per se vel alios directe vel indirecte civitates, terras, castra, villas et loca quecunque ad dictam ecclesiam pertinentia vel ipsorum aut alicujus eorum partem occupare, invadere vel turbare aut occupantibus, invadentibus et turbantibus publice vel occulte assistere aut auxilium, consilium vel favorem directe vel indirecte, publice vel occulte per se vel alium seu alios prestare presumerent, quoquo factos et habitos ac in diversis mundi partibus publicatos, quos pie memorie Clemens papa VI, predecessor noster, confirmavit et innovavit ac voluit vim perpetue constitutionis habere in Romana curia, inflictas et latas incurrere temerarie non verentes, nuper territoria dicte civitatis Avinionensis ac Comitatus Venaysini, ad ecclesiam prefatam pleno jure spectantium, invadere, occupare, turbare ac subicere incendiis et rapinis, cives et incolas dictorum civitatis et Comitatus et alios in eisdem territoriis vulnerando crudeliter et etiam occidendo, presumpserunt presumptione damnabili et presumere non desistunt, in ipsorum animarum grande periculum, ecclesie predicte injuriam et ejus subditorum gravissimum detrimentum ; nolentes igitur sicut nec velle debemus premissa conniventibus oculis pertransire..... fraternitati tue, de qua in hiis et aliis gerimus in Domino fiduciam pleniorem, tenore presentium committimus et mandamus quatinus dictum Bertrandum et omnes et singulos eosdem suos complices, fautores et sequaces, tam clericos quam laicos, cujuscunque status..... existant..... quos...... inveneris hujusmodi occupationem, invasionem et turbationem..... perpetrasse aut imposterum perpetrare nominatim et specifice, alios vero in hiis culpabiles in genere fore vigore dictorum processuum excommunicatos ipsorumque civitates, terras, castra, villas et loca ecclesiastico interdicto subjecta ac eos et ipsorum quemlibet omnibus indulgentiis, privilegiis, gratiis et immunitatibus realibus et personalibus per eandem ecclesiam concessis eisdem, omnibus etiam bonis, honoribus, feudis officiis, juribus et jurisdictionibus, que ab eadem et aliis ecclesiis obtinent, privatos et eos ad illa et similia et quelibet alia ipsorumque filios et nepotes ad dignitates, personatus, officia et alia quelibet ecclesiastica beneficia cum cura vel sine, cum quovis nomine censeantur, auctoritate qualibet obtinenda usque ad terciam generationem exclusive redditos inhabiles et indignos declarare procures; et nichilominus omnia civitates, castra, villas, loca et territoria in quibus iidem Bertrandus, complices et sequaces morabuntur, quamdiu manebunt in eis et per octo dies postquam inde recesserint, supponas ecclesiastico interdicto, et insuper, cum manifestum existat quod ad eorundem Bertrandi ac complicum, fautorum et sequacium presentiam, propter eorum sevitiam, pro monitione et citatione ipsorum super hiis faciendis tutus haberi non possit accessus, volumus tibique committimus et mandamus quod per publicum edictum, in ecclesia Avinionensi et aliis publicis locis de quibus tibi videbitur proponendum, eosdem Bertrandum ac complices et fautores ac sequaces ex parte nostra moneas eisque districte precipias quod infra certum peremptorium terminum competentem, quem eis assignes, omnia et singula animalia ac res et bona quecunque per eos in dictis Comitatu ac territorio civitatis predicte necnon castris et terris eidem Comitatui adjacentibus, que per rectorem dicti Comitatus qui est pro tempore gubernantur, ac in territoriis castrorum et locorum ecclesie Avinionensis, quam ex certis causis ad manus nostras presentialiter retinemus, per eos rapta et occupata, si extant, alioquin ipsorum extimationem, necnon civitates, terras, castra, villas et loca dictorum Comitatus et ecclesie Avinionensis, si qua ex eis, et illa etiam que ex eisdem terris et castris adjacentibus forsitan occupassent et detinerent, tibi, nomine dictarum ecclesiarum Romane et Avinionensis, et aliis ad quos spectant, plene, integre et expedite restituant, relaxent et omnino dimittant....; omnibus principibus, ducibus, marchionibus, comitibus, baronibus, senescallis..... ac aliis universis et singulis tam clericis quam laicis..... dictorum Bertrandi ac complicum..... participationem et commercicun auctoritate apostolica interdicas et prohibeas omnino ita videlicet quod nullus eis bladum, panem, vinum, carnes, pannos....... vel quicquid aliud quod possit in eorum redundare utilitatem vel commodum deferre..... audeant vel emere ab eisdem aut eos in terris..... suis receptare, fovere, stipendiare seu conducere aut aliàs eis..... dare auxilium..... quodque nullus cum eis confederationem..... faciat seu ligam. Nos enim eas et omnes quascunque alias confederationes..... cum eisdem Bertrando et aliis predictis sub quavis forma verborum factas vel faciendas imposterum, etiamsi juramentorum interpositionis..... vallate fuerint, ex nunc cassamus et annullamus..... Et si qui contrafecerint..... Contradictores et rebelles..... Dat. ut supra proxime [1].

LXXXIV

Saint-Pierre de Rome, 1369 (9 janvier).

Dispense de mariage en faveur de Jean, duc de Girone, fils de Pierre, roi d'Aragon, et de Jeanne, fille de Philippe, roi de France.

(Archives du Vatican, registre 259, fol. 113 v°, n° 416.)

Dilecto filio nobili viro Johanni, duci Gerundensi, carissimi in Christo filii nostri Petri, regis Aragonum illustris, primogenito, et dilecte in Christo filie nobili mulieri Johanne, nate clare memorie Philippi regis Francorum domicelle, salutem etc. Intenta salutis operibus..... Oblate nobis nuper pro parte vestra peticionis series continebat quod vos desideratis invicem matrimonialiter copulari; sed, quia tercio et quarto consanguinitatis gradibus vobis invicem attinetis, desiderium vestrum hujusmodi adimpleri non potest, dispensatione apostolica super hoc non obtenta..... Nos igitur certis ex causis pro parte vestra nobis expositis prefati regis et carissime in Christo filie nostre Elienoris, regine Aragonum illustris, nobis super hoc eciam humiliter supplicancium ac vestris hujusmodi supplicacionibus inclinati, vobiscum ut, impedimentis que ex hujusmodi consanguinitatibus proveniunt non obstantibus, matrimonium invicem libere contrahere et in eo, postquam contractum fuerit, remanere licite valeatis, auctoritate apostolica tenore presencium dispensamus, prolem ex hujusmodi matrimonio suscipiendam legitimam nunciantes. Nulli ergo etc. nostre dispensacionis infringere etc. Datum Rome apud Sanctum Petrum, V idus Januarii, anno septimo.

---

1. La bulle précédente est ainsi datée : « Dat. apud Montefiasconem. kalendis Septembris. anno sexto. »

LXXXV

Montefiascone, 1369 (21 juillet).

Urbain V autorise le clergé du royaume de France, la province de Languedoc exceptée, à fournir à Charles V pendant deux ans un subside, dont le taux sera fixé par Jean, cardinal prêtre, et par les archevêques de Reims, de Rouen et de Sens.

(Archives du Vatican, registre 259, fol. 81 v°, n° 345.)

Dilecto filio Johanni, tituli Sanctorum Quatuor Coronatorum presbytero cardinali, in partibus Gallie commoranti, et venerabilibus fratribus Remensi et Rothomagensi ac Senonensi archiepiscopis salutem, etc. Ingentis devocionis sinceritas quam carissimus in Christo filius noster Carolus, rex Francie illustris, ad nos et Romanam ecclesiam [impendit], promeretur ut eum in suis peticionibus favore benivolo prosequamur, ipsiusque itaque regis supplicacionibus inclinati, discrecioni vestre dandi licenciam universis et singulis archiepiscopis et episcopis, aliisque personis ecclesiasticis secularibus et regularibus eorumque capitulis et conventibus, exemptis et non exemptis, Cisterciensis, Cluniacensis, Cartusiensis, Premonstratensis, Sanctorum Benedicti et Augustini et aliorum quorumcumque ordinum in regno Francie, excepta lingua occitana dumtaxat, constitutis, exhibendi per biennium solummodo aliquod subsidium, cujus moderacionem seu taxacionem eidem vestre discrecioni committimus, super ipso vestras consciencias onerantes et ad id contradictores quoslibet, quantacumque prefulgeant dignitate seu cujuscumque sint preeminencie, condicionis aut status, religionis vel ordinis, quibus aut eorum alicui nulla privilegia vel indulgencias sub quacumque verborum forma vel expressione concessa nolumus suffragari, preter venerabiles fratres nostros ejusdem Romane ecclesie cardinales monasteria, prioratus, dignitates, personatus, officia, canonicatus et prebendas ac quecumque, qualiacumque et quotcumque beneficia ecclesiastica in dicto regno obtinentes ac imposterum obtenturos, qui nobiscum assidue indefessis laboribus onera universalis ecclesie sortiuntur, et dilectos filios magistros et fratres hospitalium Sancti Johannis Jerosolimitani et Sancte Marie Theotonicorum qui contra hostes fidei cristiane exponunt jugiter se et sua, quos cardinales et magistros ac fratres ab ejusdem prestacione subsidii exemptos et liberos fore decernimus et immunes, auctoritate nostra per censuram ecclesiasticam appellacione postposita compescendi, non obstante si eis vel eorum alicui seu aliquibus communiter vel divisim aut ipsorum locis vel ordinibus a predicta sede indultum existat quod prestare quodcumque subsidium cuicumque persone seu in ipso contribuere minime teneantur, et ad id compelli aut quidem interdici, suspendi, vel excommunicari non possint per litteras apostolicas que de indulto hujusmodi ac toto ejus tenore plenam et expressam non fecerint mencionem et quibuslibet privilegiis et indulgenciis quibuscumque locis, personis, et ordinibus sub quacumque forma vel expressione verborum ab eadem sede concessis, de quibus quorumque totis tenoribus in nostris litteris mencio sit habenda et per que presentis mandati nostri effectus quomodolibet valeat impediri. In quo quidem subsidio vos, fratres, archiepiscopi, juxta taxacionem hujusmodi moderacionis per vos faciende contribuere teneamini, plenam concedimus auctoritate apostolica tenore presencium facultatem. Datum apud Montemflasconem, XII kal. Augusti, anno septimo.

LXXXVI

Saint-Pierre de Rome, 1370 (5 avril).

Urbain V prie Louis, duc d'Anjou, d'interdire à ses officiers d'exiger du clergé de la province de Toulouse le paiement des impositions et gabelles consenties par les communautés du Languedoc.

(Archives du Vatican, registre 250, fol. 68.)

Dilecto filio nobili viro Ludovico, duci Andegavensi, carissimi in Christo filii nostri Caroli, regis Francie illustris, fratri et locumtenenti in partibus occitanis, salutem etc. Decorem gloriosissimi generis tui..... Sane venerabiles fratres nostri archiepiscopus Tholosanus ejusque suffraganei aliique prelati ecclesiarum cleri quoque civitatis, diocesis et provincie Tholosane nobis nuper exponere curaverunt quod, cum olim communitates lingue occitane pro ducendis guerris earum et regni Francie presertim parcium occitanarum defensione, tibi certum obtulissent subsidium seu juvamen et pro ipso levando nonnullas imposiciones seu gabellas super bladis, vinis et aliis victualibus ordinassent, collectores seu levatores dicti subsidii prefatos exponentes ad solucionem imposicionum et gabellarum hujusmodi passim et indifferenter a laicis compellebant et hujusmodi imposiciones atque gabellas levabant, propter quod prefati exponentes sencientes indebiter se gravari ad te duxerunt humiliter recurrendum; tuque, auditis racionibus per eos propositis, ipsarum imposicionum et gabellarum exactionem et levationem quoad illos sub certis forma et distinctione suspendisti, donec super hoc quod nobis placeret per nos existeret ordinatum, levatas vero ab ipsis antea imposiciones et gabellas hujusmodi usque ad dictam ordinationem nostram voluisti sub certo modo servari. Quare pro parte dictorum exponencium fuit nobis humiliter supplicatum quod, attentis debili et miserabili statu Tholosane ac suffraganearum suarum et aliarum ecclesiarum ceterorumque piorum locorum civitatis diocesis et provincie predictarum multisque quoque oneribus que habent subire continue, necnon damnis et detrimentis que occasione guerrarum perpessi fuerant et patiebantur assidue, ac insuper inconvenientibus que procul dubio ex imposicionibus et gabellis hujusmodi, si contra tales procederent, sequerentur, providere super hoc paterna diligentia curaremus. Nos igitur, eosdem supplicantes ex pastoralis officii debito pia confoventes in Domino caritate ipsorumque in hac parte precibus annuentes, illos quoad imposiciones et gabellas hujusmodi jam ab eis, ut prefertur, levatas contra canonicas sanctiones indebite fuisse gravatos, quamvis sit de jure, notorium declaravimus et tibi tenore presencium declaramus ac volumus et ordinamus ipsos ad soluciones imposicionum et gabellarum hujusmodi faciendas imposterum non teneri; nobilitatemque tuam instanter et affectuose requirimus et rogamus ac ex paterne dilectionis visceribus hortamur attente tibi nichilominus per apostolica scripta mandantes quatinus inclite memorie progenitorum tuorum qui non solum de ecclesiarum et ecclesiasticorum locorum ac personarum tam prelatorum quam aliorum libertate et indemnitate soliciti sed ipsos honorum et graciarum devota exhibicione ac liberali munificencia prosequti fuerunt exemplaribus inherendo vestigiis... exponentes ipsos... sincere caritatis astringens amplexu, de dictis imposicionibus atque gabellis ab eis aut eorum aliquo jam levatis plenam ipsis facias satisfactionem impendi et insuper eos aut eorum aliquem ad hujusmodi imposicionum seu gabellarum solucionem faciendam imposterum non compellas neque a dictis collectoribus seu officialibus tuis aut quantum in te est a quibuslibet aliis compelli permittas, occasione qualibet seu pretextu, eisdem exponentibus et eorum quibuslibet ad suorum in hac parte repressionem gravaminum de oportunis mandatis et litteris cum super hoc ad te recursum habuerint pie ac liberaliter providendo. Nos autem irritum decrevimus ac decernimus et inane quicquid contra predictas declaracionem, ordinacionem et voluntatem nostras a quoquam quavis auctoritate scienter vel ignoranter contigerit attemptari. Dat. Rome apud Sanctum Petrum, nonis Aprilis, anno octavo.

LXXXVII

Montefiascone, 1370 (5 mai).

Urbain V prie le roi Charles V de faire enfermer la Chartreuse fondée par Innocent VI, près Villeneuve-lès-Avignon, dans l'enceinte de cette ville.

(Archives du Vatican, registre 250, fol. 78 v°.)

Carissimo in Christo filio Carolo, regi Francie illustri, salutem etc. Relatu fide digno, carissime fili, percepimus quod dilecti filii officiales tui senescallie Bellicadri et universitas loci Villenove, Avinionensis diocesis, locum ipsum muris et fossatis fortificare de proximo statuerunt et locum Vallis Benedictionis, Cartusiensis ordinis, fundatum per felicis recordationis Innocentium papam VI, predecessorem nostrum, consistentem in extremis Villenove prefate extra muros et fossata relinquere prelibata. Cum autem dubitetur quod locus ipse Vallis Benedictionis, propter multam vicinitatem et quasi contiguitatem hujusmodi fortificationis faciende, per amicos vel inimicos tui regni pro tempore destruatur in magnum ipsius ordinis detrimentum et multum dedecoret locum ipsum Vallis Benedictionis, ob memoriam dicti predecessoris, cujus et quorundam sancte Romane ecclesie cardinalium corpora ibidem sunt sepulta, destrui per quoscumque, serenitatem tuam rogamus et hortamur attente quatinus locum ipsum Vallis Benedictionis, ob reverenciam Dei ac ipsius ordinis nostrorumque adjectione precaminum, in fortificacione ipsa, presertim cum, sicut a discretis fertur et creditur, propter hoc expensa ejusdem fortificacionis habeat modicum augmentum, includi districte precipias, super hoc oportunas tuas litteras concedendo, Dat. apud Montemflasconem, III nonas Maii, anno VIII.

LXXXVIII

1370, (28 mai — 7 août).

Locations de vaisseaux, pour le retour du pape Urbain V de Rome à Avignon.

(Archives du Vatican, *Introitus et exitus*, registre 322.)

Die XXVIII mensis Maii (1370), cum de mandato domini nostri pape facto reverendo in Christo patri domino Gaucelino, episcopo Magalonensi, domini nostri pape thesaurario, pro adventu ipsius domini nostri de partibus Ytalie ad Avinionem haberet providere unacum domino abbate Montismajoris de conduxione sex galearum aplicandarum infra et citra mensem Septembris proxime futurum ad portum de Corneto et servire per mensem certo precio faciendo et pro rata si amplius serviret de precio facto solvendo, super quibus dominus abbas Montismajoris habens noticiam personarum et experientiam in talibus de mandato domini thesaurarii procuravit et conduxit in Massilia duas galeas, videlicet unam a Johanne Casse et aliam a Johanne Audeberti, sufficientes et bonas, dando cuilibet supradictorum pro conduxione singularum galearum pro spacio XXX dierum infallibiliter, dante Deo, aplicandarum in portu Corneti in ultima septimana Augusti proxime futura cum omni provisione victualium et bene armatas, juxta conventiones inter ipsos expressas, expensis ipsorum, precio facto videlicet MCCCL flor., quorum quilibet valeat in Massilia XII grossos, et debent recipere unum florenum de grayleto cum VI den. monete Avinionis pro XII grossis, vel florenum camere pro XIIII grossis, medietatem de presenti ex pacto solvendo et aliam medietatem de mense Julii proxime venientis, et si ultra XXX dies ipsos de dictis galeis domino nostro servire contingeret, debebunt habere pro rata juxta precium XXX dierum factum, prout per litteras dicti domini abbatis domino thesaurario directas continebatur; hinc est quod hac die XXVIII Maii fuerunt traditi Johanni Casse de mandato domini thesaurarii in deductionem summe MCCCL flor., Guillelmo de Troyas mercatore Massiliensi factore dicti Johannis Casse pro ipso Johanne manualiter recipiente, VIᶜ flor. de grayleto et pro quolibet floreno ulterius sex denar. monete Avinionis in XII florenis de grayleto et XII s. monete

Avinionis. Ita enim dominus abbas Montismajoris mandaverat per suas litteras dictò Guillelmo tradendos dictos VI° flor. cum avantagio predicto VI denariorum pro pecia, quos idem Guillelmus se recepisse recognovit, VI° XII flor. de graileto XII s. monete Avinionis.

Item, per tenorem dictarum litterarum dicti domini abbatis domino thesaurario directarum mandabatur quod, pro provisione aliarum galearum in Tholono et alibi facienda, erant de presenti necessarii II^m floreni, dicto domino abbati mittendi per dictum Guillelmum de Troyas, qui quidem II^m floreni de mandato domini thesaurarii cum cedula fuerunt traditi dicto Guillelmo de Troyas, ipso Guillelmo manualiter recipiente et recognoscente ipsos recepisse et promittente eodem tradere et assignare dicto domino abbati Montismajoris, II^m flor. de grayleto.

Die XIII^a Junii sequenti fuit presentata domino thesaurario littera recognitionis et receptionis dictorum II^m florenorum de grayleto per dictum Guillelmum de Troyas, ut sequitur copiata :

Tenore harum presentium litterarum confitemur nos Pontius, miseratione divina abbas monasterii Sancti Petri Montismajoris, recepisse per manus Guillelmi de Troyas, campsoris Massilie, II^m florenos de grayleto, quorum quilibet valet in Massilia XI grossos argenti et tres partes unius grossi, tam nobis missos per reverendissimum in Christo patrem et dominum, dominum G., permissione divina Magalonensem episcopum et domini nostri pape thesaurarium, pro certis galeis conducendis in Massilia de mandato predicti domini nostri et ad ejus servicium, in quorum testimonium sigillum nostrum autenticum presentibus duximus apponendum. Datum in monasterio Sancti Victoris Massiliensis, die undecima mensis Junii, anno Domini millesimo trecentesimo septuagesimo.....

Eadem die (XIIII mensis Junii 1370), cum reverendus pater dominus frater Pontius, abbas Montismajoris, per suas litteras domino thesaurario directas mandaverit per Guillelmum de Troyas, campsorem Massiliensem, ut per eundem Guillelmum sibi mitteretur in franchis valor mille florenorum de grayleto pro provisione galearum pro servicio domini nostri pape procurandarum, hinc est quod die presenti XIIII Junii, de mandato domini thesaurarii, cum cedula fuerunt traditi dicto Guillelmo de Troyas, ex causa predicta, pro valore mille florenorum de grayleto, VIII° franchi empti, et ipsis singulis pro XXX s. V d. computati fuerunt pro ipsis infrascripte monete expense, videlicet IIII° XXXVI flor. regine, quolibet pro XXIII s. ; item, centum LXXXI de grayleto, quolibet pro XXIIII s. ; item, XLIX de grayleto cum puncteto, quolibet pro XXIIII s. I d.....

Die VI mensis Julii, cum dominus abbas Montismajoris cum suis litteris destinaverit domino thesaurario Jacobum Mercerii de Massilia mandant[ibus] quod VI° et sex flor. de grayleto, quos, de duobus milibus in eadem specie receptis, per dictum Jacobum revertebat, faceret per supplementum valere quemlibet ad valorem XII grossorum, fuit pro qualibet pecia suppletum XVIII d. monete Avinionis, ipso Jacobo manualiter recipiente, XLV libr. IX s., necnon de expresso et mandato dicti domini abbatis pro MCCCXCIIII florenis de grayleto, de summa II^m flor. in dicta specie, ut prefertur, receptorum fuerunt suppleti pro qualibet pecia VI den. monete Avinionis, dicto Jacobo pro ipso domino abbate recipiente. facientes XXXIIII libr. XVII s. Item, pro VIII° franchis auri pro valore mille flor. a camera missis domino abbati et per ipsum receptis per manus Guillelmi de Troyas, prout in presenti mandato cavebatur, fuerunt suppleti pro pecia cujuslibet franchi VI d. monete Avinionis, dicto Jacobo Mercerii recipiente et recognoscente, in summa G libr. VI s. monete Avinionis.

Die XXII Julii, de mandato domini thesaurarii fuerunt traditi Guillelmo de Troyas de Massilia specialiter misso per dominum abbatem Montismajoris ad recipiendum pro ipso domino abbate pro solutione galee Johannis Casse summam VII° L flor. valentium quolibet XII grossos, et computato floreno de grayleto pro XXII s. VI d. pro premissis ipso Guillelmo recipiente, VIII° flor. de grayleto.

Et nunc fuerunt integre soluti Johanni Casse pro galea sua pro uno mense MCCCL flor. valentes quolibet XII grossos.

Die ultima Julii, cum per litteras domini abbatis Montis Majoris pro conduxione V galearum pro servicio domini nostri pape deputati mandatum fuerit domino thesaurario per Jacobum Mercerii de Massilia specialiter Avinionem super hoc destinatum ut pro solutione conduxionis galearum mitterentur eidem domino abbati per eundem Jacobum III^m VII° L flor., quorum quilibet valeret XII grossos argenti in Massilia, que quidem summa esset complementum solutionis sex galearum pro uno mense conductarum, qualibet de MCCCL flor.. que faciunt summam VIII^m C flor., quolibet de XII grossis, que quidem galee sunt infrascriptorum Johannis Casse, Johannis Audeberti, Bernardi de Berra, Salvor. Austrie, Perrini Simonis, Raymundi Fresqueti.

Item, mandabatur per dictum dominum abbatem quod sibi mitterentur pro expensis occasione premissorum factis et debite faciendis prefato Jacobo Mercerii unacum premissis assignandis XXV flor., valore simili quolibet XII gross., pro quibus III^m VII° LXXV flor. fuerunt traditi dicto Jacobo Mercerii de mandato domini thesaurarii cum cedula, floreno camere computato pro XXVIII s. et floreno de grayleto pro XXII s. VI d., pro dictis III^m VII° LXXV flor. valore quolibet XII grossorum, III^m CCXXXV flor. camere XX solid. monete Avinionis, facta avaluatione per Johannem de Albespino campsorem, pro quibus fuerunt traditi flor. de grayleto supradicto precio IIII^m XXVI flor. de grayleto et XV s. monete Avinionis computati, et ipso Jacobo manualiter recipiente, IIII^m XXVI flor. de graileto XV s. monete Avinionis.

Die VII Augusti fuerunt traditi de mandato domini thesaurarii cum cedula domino abbati Montismajoris, pro una barca conducenda et armanda pro servicio galearum domini nostri pape, CL flor., quolibet valente XII grossos. Item, pro expensis Amelii Bonifacii, admirati seu gubernatoris VI galearum domini nostri pape, C flor. ejusdem valoris in CC et XIIII flor. ad pondus camere et VIII s. monete Avinionis, floreno debito pro XII grossis et floreno camere pro XIIII grossis computatis, domino Vesiano de Croso, camerario monasterii Montismajoris, nomine dicti domini abbatis manualiter recipiente, CCXIIII flor. camere VIII s. monete Avinionis.

LXXXIX

Paris, 1370 (16 juillet).

Jean de la Grange, abbé de Fécamp, mande à Jean le Mire de faire payer à Martine la Terrie, mercière, la somme de 128 francs d'or et trois quarts de franc à elle due pour 22 livres et demie de soie qu'elle avait fournies pour l'équipement de dix galères, envoyées par le roi Charles V au pape Urbain V.

(Bibl. Nat., titres scellés de Clairambault, vol. 54, fol. 4139.) 1

Jehan de la Grange, par la grâce de Dieu abbé de Fescamp, conseiller du roy nostre sire, et commissaire sur le fait de dix galées d'armée que le roy nostre dit seigneur veult faire mener en Lombardie pardevers nostre Saint-Père le pape pour son retour de deça les mons, à Jehan le Mire, commis à faire la despense dudit fait, salut. Nous vous mandons que vous bailliez ou faites baillier à Martine la Terrie, la somme de six vins huit frans d'or et trois quars de franc qui lui sont deuz pour vins deux livres et demie de soye qu'elle a vendue et délivrée à sire Berthelemi Spifame pour faire faire et estoffer certains paremens ordenez estre fais pour l'ordenance des dictes galées. Et par rapportant ces presentes et quittance de la dicte Martine la dicte somme sera allouée en voz comptes sans contredit. Donné à Paris soubz nostre seel le XVIe jour de juillet l'an mil. CCCLXX.

XC

Gênes, 1370 (22 août).

Jean de la Grange, abbé de Fécamp, certifie, que Jaquemin Gat, clerc et lieutenant de Jean le Mire, commis à faire les dépenses nécessaires à l'envoi de dix galères au port de Corneto, a payé les sommes dues pour cette cause à diverses personnes.

(Bibl Nat., titres scellés de Clairambault, vol. 54, fol. 4139.)

Sachent tuit que nous Jehan de la Grange, par la grâce de Dieu abbé de Fescamp, conseiller du roy nostre sire et commissaire sur le fait de dix galées d'armée que le roy nostre sire ha envoiées au port du Cornet en Lombardie pardevers nostre Saint-Père le pape pour son retour de deça les mons, certifions à tous que de nostre commande-

1. Je dois à l'obligeance de M. S. Luce, la copie de cette pièce et de la suivante.

ment et ordenance, Jaquemin Gat, clerc et lieutenant de Jehan le Mire, commis à faire la mise pour le dit fait, ha baillié et distribué les sommes de deniers aux personnes nommez et esclarcis es trois quittances comprinses en l'instrument atachié à ces présentes soubz nostre signet pour les causes et par la manière dedens contenues. En tesmoing de laquelle chose nous avons mis nostre seel à ces lettres le XXIIᵉ jour d'aoust l'an mil CCCLXX en la ville de Jennes.

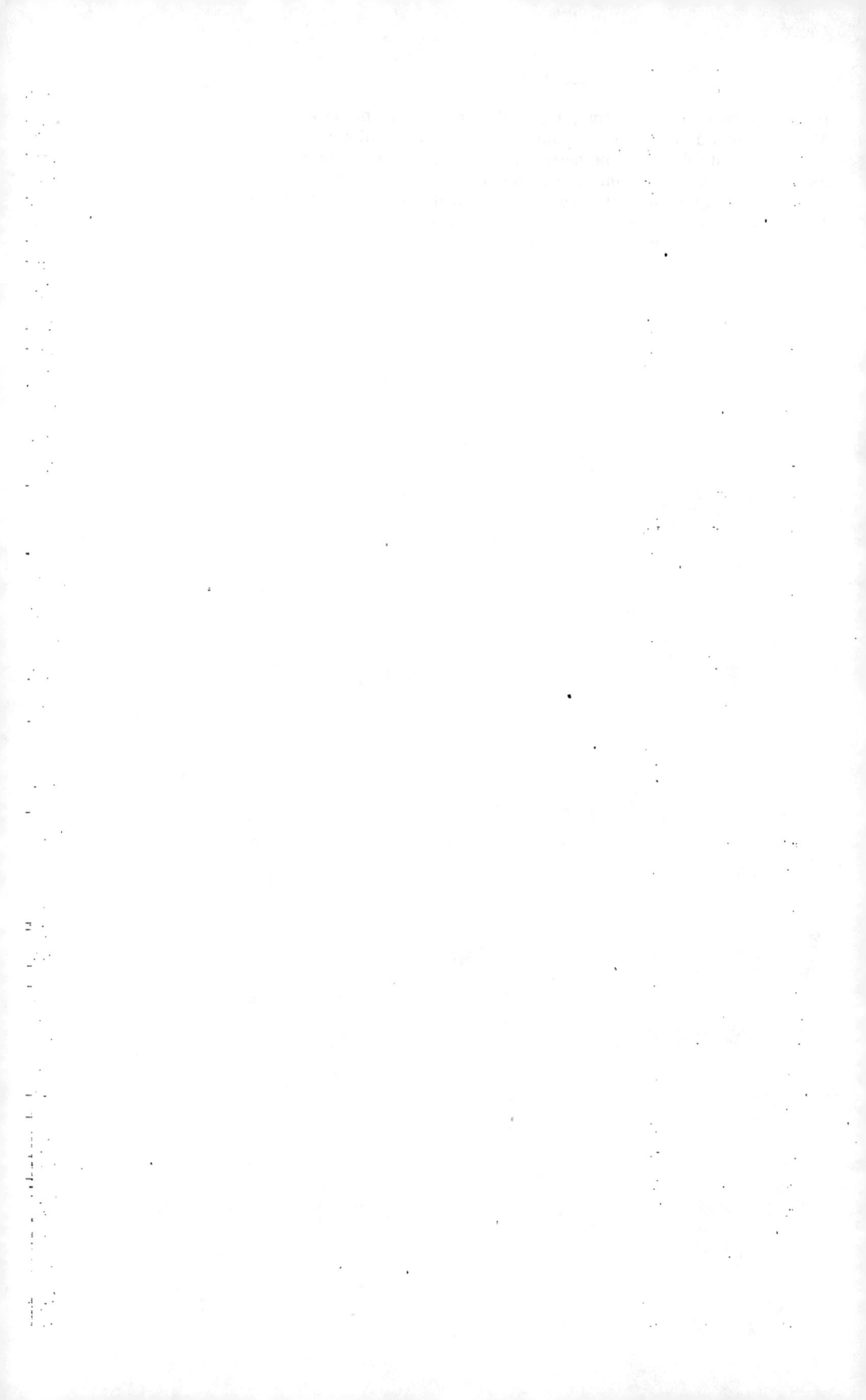

TABLE ALPHABÉTIQUE DES NOMS PROPRES

A

Auxitanus archiepiscopus, 136.
Auxy (Pierre d'). Voyez Pierre.
Avenione (*dat.*). Voyez Avignon
(bulles données à).
Avignon, 1, 2, 4, 5, 8, 9, 11, 13, 14, 15,
17, 18, 20, 22, 23, 24, 25, 28, 31, 32,
34, 35, 39, 40, 42, 43, 44, 45, 46, 47,
48, 49, 50, 51, 57, 58, 59, 60, 63, 64,
65, 67, 68, 70, 72, 73, 75, 76, 79, 80,
119, 122, 137, 144, 159, 167, 169; —
(bulles données à), 4, 7, 14, 16, 17,
19, 21, 31, 36, 38, 41, 61, 82, 83, 84,
85, 86, 87, 88, 89, 90, 91, 92, 94, 95,
102, 103, 104, 105, 106, 107, 108, 109,
110, 111, 112, 113, 115, 116, 117, 118,
119, 120, 121, 122, 123, 124, 125, 126,
127, 128, 129, 132, 133, 136, 137, 139,
145, 146, 147, 148, 150, 151, 152, 153;
— (église d'), 19, 21, 73; — (évêque
d'), 26; — (pont d'), 76, 122. Voyez
Anglic Grimoard, *Avinionensis*,
Jean Ferdinand.
Avinio. Voyez Avignon.
Avinione (*dat.*). Voyez Avignon
(bulles données à).
Avinionensis cardinalis (*Anglicus*),
141, 142; — *civitas*, 105, 159, 161,
162; — *diocesis*, 21, 22, 126, 161, 166;
— *ecclesia*, 21, 161, 162; — *episco-*
pus, 21, 22, 136, 140, 141; — *pons,*

123; — *officialis*, 161. Voyez Avi-
gnon.
Avinionis moneta, 2, 140, 167, 168,
169.
Avisan, 88. Voyez *Avisani castrum*.
Avisani castrum, dioc. Tricastrine,
89. Voyez Avisan.
Aymar de Poitiers, comte de Valen-
tinois, 73, 123. Voyez *Ademarius*,
Adhémar, *Aymarus*.
Aymarus, comes Valentinensis, 123.
Voyez *Ademarius de Pictavia*,
Adhémar, Aymar.
Aymé ou Aymon de Neure, bourgeois
de Lyon, 70, 124, 131, 132. Voyez
Aymo de Neuro.
Aymo de Neuro, civis Lugdunensis,
locumtenens baillivi Malisconensis,
114, 118, 124, 130. Voyez Aymé de
Neure.
Aymon de Neure. Voyez Aymé de
Neure.
Aymon, comte de Cambridge, 74, 76.
Voyez Edmond, fils du roi d'Angle-
terre.
Aymon (Pierre). Voyez Pierre.
Azémar, prieur de Sangüesa, 42, 43.
Voyez *Azenarius*.
Azenarius, prior de Sangosse, 43, 122.
Voyez Azémar.

B

Badafol (*Seguinus de*). Voyez *Segui-*
nus.
Badavallo (*Seguinus de*). Voyez *Segui-*
nus.
Badefol (Seguin de). Voyez Seguin.
Bagneux (Gontier de). Voyez Gontier.
Bagnols, 28.
Bajocensis cantor. Voyez *Guillelmus*
Noeleti.
Balneolis (*Gonterus de*). Voyez *Gonte-*
rus.
Balneolis (*terra de*), 127.
Banhac (Pierre de). Voyez Pierre.
Bar (duc de), 74. Voyez Henri et Ro-
bert.
Barbasano (*Manaldus, dominus de*),
86. Voyez Barbazan.
Barbazan (le seigneur de), 16. Voyez
Barbasano.

Baroncelli. Voyez *Johannes* et *Mi-*
chael.
Barrensis dux. Voyez *Henricus* et *Ro-*
bertus.
Baux (Bertrand, Guiot, Raymond de).
Voyez Bertrand, Guiot et Raymond.
Baveux (Gui le). Voyez Gui.
Bayeux. Voyez Guillaume Noelet.
Beaucaire (sénéchal de), 22, 78, 113;
— (sénéchaussée de), 36, 61, 70, 127.
Voyez *Bellicadri senescallia*, Gui
de Prohins et *Petrus Raymundi de*
Rapistagno.
Beaufort (comte de). Voyez Guillaume.
Beaujeu (Antoine de). Voyez Antoine.
Beaune, 29, 50.
Beauvais (évêque de), 112, 113. Voyez
Belvacensis episcopus et Jean de
Dormans.

Brétigny (paix de), 3, 14, 25, 47, 48, 78, 148.
Bretons, 33.
Briançonnais, 20.
Brioude, 156.
Brivatensis villa, 156. Voyez Brioude.
Buch (Captal de). Voyez Jean de Grailly.
Bullacio ou *Burlacio* (*decanus eccle-*

sie de). Voyez *Raymundus de Sancta Gemma.*
Burdegalensis diocesis, 128.
Burdegali, civitas Gallie, 55.
Burgundie cancellarius. Voyez *Philippus Paillart*; — *dux.* Voyez *Philippus.*
Bustholene (*ecclesia de*). Voyez *Odinus Auberti.*

C

Cabilone (*Hugo* et *Ludovicus de*), 125.
Cabilonensis diocesis, 148. Voyez Chalonnais.
Cahors, 74.
Cambrai (diocèse de), 74; — (évêque de), 138. Voyez *Cameracensis diocesis* et Pierre, évêque de Cambrai.
Cambridge (comte de). Voyez Aymon.
Cameracensis diocesis, 139; — *episcopus*, 138. Voyez Cambrai et *Petrus, episcopus Cameracensis.*
Canilhac (cardinal de), 60, 68. Voyez *Canilhaco.*
Canilhaco (*cardinalis de*), 140, 141, 142, 143. Voyez Canilhac.
Capellani (*Stephanus*). Voyez *Stephanus.*
Capellis (*Thomas de*). Voyez *Thomas.*
Caramanno (*vicecomes de*), 86. Voyez Carmaing.
Carcassonne, 116; — (sénéchal de), 62; — (sénéchaussée de), 36, 61, 80. Voyez *Carcassone senescallia.*
Carcassone senescallia, 144. Voyez Carcassonne.
Carcassonensis civitas, 117.
Carmaing (vicomte de), 16. Voyez *Caramanno.*
Carmelitarum ordo, 122.
Carnotensis ecclesia, 158.
Carolus V, rex Francie, 4, 21, 38, 72, 108, 112, 113, 114, 115, 116, 117, 118, 119, 120, 121, 122, 123, 124, 125, 126, 127, 128, 129, 132, 133, 146, 147, 148, 151, 152, 153, 154, 155, 156, 157, 158, 160, 164, 165, 166. Voyez Charles V, roi de France.
Carolus, rex Navarre, 41, 102, 113, 119, 120, 122, 155. Voyez Charles le Mauvais.

Carolus, imperator Romanus, 150, 157. Voyez Charles IV.
Carolus, primus rex Sicilie, 82. Voyez Charles I d'Anjou.
Caromanno (*S. Felix de*). Voyez *Petrus de Sarcenaco.*
Carpentoratensis ecclesia, 140, 143.
Cartusiensis domus Ville Nove, 9, 166, 167; — ordo, 135, 164.
Casse (*Johannes*). Voyez *Johannes.*
Castille, 57.
Castrensis diocesis, 90; — *episcopus*, 136.
Catalogne, 32. Voyez *Catalonia.*
Catalonia, 103, 104. Voyez Catalogne.
Caturcensis diocesis, 44.
Caylano (*Guido de*). Voyez *Guido.*
Cellavilla (*terra de*), dioc. *Lucionensis*, 153.
Celleville (terre de), diocèse de Luçon, 153.
Cenomanensis diocesis, 149; — *ecclesia*, 158; — *episcopus*, 153.
Cervola (*Arnaldus de*). Voyez *Arnaldus.*
Cervole (Arnaud de). Voyez Arnaud.
César (Jules), 65, 66.
Cessilie regina. Voyez *Sicilie.*
Chaimbasilica (*Franciscolus*). Voyez *Franciscolus.*
Chalon-sur-Saône, 2, 3, 29, 49, 50, 65; — (bailli de), 55, 76; — (évêque de), 61. Voyez Girard de Longchamp.
Chalonnais, 3. Voyez *Cabilonensis diocesis.*
Chambéry, 20.
Chandos (Jean). Voyez Jean.
Chapelles (Thomas de). Voyez Thomas.

F

G

Gilles, évêque de Sabine, 29. Voyez Albornoz.

Gilles, cardinal de Térouanne, 22, 60, 70. Voyez *Egidius, S. Martini in montibus presbyt. cardinalis.*

Giovanna, 10. Voyez Jeanne, reine de Naples.

Girard de Longchamp, bailli de Chalon, 43, 44, 49.

Girone (Jean, duc de), 163.

Gontaut (Seguin de). Voyez Seguin.

Gonterus de Balneolis, 21. Voyez Gontier de Bagneux.

Gontier de Bagneux, 21. Voyez *Gonterus de Balneolis.*

Gorchigos, en Arménie, 24.

Gracianopolitana ecclesia, 104.

Grailly (Jean de). Voyez Jean.

Gralleyo (Johannes de). Voyez *Johannes.*

Grelli (Johannes de). Voyez *Johannes de Gralleyo.*

Grancey (Eudes de). Voyez Eudes.

Grançon (Jaquet de). Voyez Jaquet.

Grandimontensis ordo, 135.

Grange (Jean de la). Voyez Jean.

Grange (Pierre de la). Voyez Pierre.

Gravella (locus de), 149.

Grena (locus de), 149.

Grenade, 58, 62.

Grenoble (église de), 70, 104. Voyez *Gracianopolitana ecclesia.*

Grimoard. Voyez Anglic et Guillaume.

Grimoardi (Guillelmus). Voyez *Guillelmus.*

Grisac (seigneur de), 3, 68. Voyez Guillaume Grimoard.

Grisaco (domina de), 68.

Grisaco (Guillelmus Grimoardi, dominus de), 4. Voyez Guillaume Grimoard, seigneur de Grisac.

Gualdisius de Lovixellis, bourgeois de Crémone, ambassadeur de Bernabo Visconti, 14.

Guersaballi (Raymundus). Voyez *Raymundus Garsaballi.*

Gui le Baveux, chambellan du duc de Bourgogne, 76.

Gui Couper, 7.

Gui Demorges, capitaine de Lers, 21, 23.

Gui de Montlaur, 152.

Gui, évêque de Porto, 60, 70. Voyez *Guido, episcopus Portuensis.*

Gui de Prohins, gouverneur de Montpellier, 47, 60, 126. Voyez *Guido de Prohinis.*

Gui de la Trémoille, 49.

Guidetus de Malebaylis, mercator Avinionensis, 144.

Guido de Badafolle, 54. Voyez Seguin de Badefol.

Guido de Caylano, prior de Asperis, 137.

Guido, dominus de Frolois, 109.

Guido de Montelauri, 152.

Guido, episcopus Portuensis, 60, 124. Voyez Gui, évêque de Porto.

Guido de Prohinis, gubernator Montispesulani, 60, 126, 137. Voyez Gui de Prohins.

Guillaume d'Aigrefeuil, cardinal, 68.

Guillaume, comte de Beaufort, 127.

Guillaume de Courson, 21. Voyez *Guillelmus de Cursone.*

Guillaume de Dormans, chancelier du Dauphiné, 22, 40, 41, 45, 49, 65.

Guillaume Grimoard, seigneur de Grisac, père d'Urbain V, 3, 4. Voyez Grisac.

Guillaume Grimoard, pape sous le nom d'Urbain V, 3, 5, 6. Voyez Urbain V.

Guillaume, archevêque de Lyon, 70, 71, 124. Voyez *Guillelmus, archiepiscopus Lugdunensis.*

Guillaume Noelet, chantre de Bayeux, 146. Voyez *Guillelmus Noeleti.*

Guillelmus, comes Bellifortis, 127.

Guillelmus de Cursone, decanus ecclesie Valentinensis, 21. Voyez Guillaume de Courson.

Guillelmus Grimoardi, dominus de Grisaco et de Bellagarda, miles Mimatensis diocesis, 4. Voyez Guillaume Grimoard, seigneur de Grisac.

Guillelmus, archiepiscopus Lugdunensis, 114, 124. Voyez Guillaume, archevêque de Lyon.

Guillelmus Noeleti, cantor Bajocensis, 146, 147. Voyez Guillaume Noelet.
Guillelmus Rogerii, vicecomes Turenne, 127.
Guillelmus de Spinassia, custos eccl. Lugdunensis, 54.

Guillelmus de Troyas, mercator Massiliensis, 167, 168, 169.
Guillelmus de Varey, aliàs Plocon, burgensis de Lugduno, 54.
Guiot de Baux, 20.

H

Hanicourt (Jean de). Voyez Jean.
Hanon (Huet). Voyet Huet.
Hauterive. Voyez Adémar de Clermont.
Henri, duc de Bar, 39. Voyez Henricus, dux Barrensis. Voyez Bar.
Henri de Trastamarre, 2, 57.
Henricus, dux Barrensis, 116. Voyez Henri, duc de Bar.
Henricus Martineti, 131.
Hispania. Voyez Ispania.
Hongrie, 47, 48, 49, 57; — (roi de), 47, 52.
Hostiensis episcopus (Petrus), 121.

Huet Hanon, trésorier du duc de Bourgogne, 50.
Hugo, episcopus Albiensis, 18.
Hugo de Cabilone, 125.
Hugo Faydici, decanus Aurelianensis. Voyez Hugues de Fay.
Hugo Per., 62, 132.
Hugues Aubriot, bailli de Dijon, 64, 65.
Hugues IV, roi de Chypre, 24.
Hugues de Fay, doyen d'Orléans, 3.
Hugues, sire de Raigny, 50.
Humberthus de Vareyo, locumtenens baillivi Matisconensis, 130.
Humbertus, dalfinus Viennensis, 127, 151.

I

Innocent V, pape, 75.
Innocent VI, pape, 1, 2, 3, 4, 8, 14, 15, 19, 21, 24, 32, 166. Voyez Innocentius papa VI.
Innocentius papa VI, 9, 21, 89, 138, 143, 149. Voyez Innocent VI.

Ispani, 120.
Ispania, 103, 104. Voyez Arnaldus et Bertrandus de Ispania.
Italia, 167.
Italie, 4, 5, 13, 14, 29, 52, 63, 67.
Itier, cardinal, 68.

J

Jacobi (Nicolaus). Voyez Nicolaus.
Jacobus Albe, ou Albi, miles de Tarascone, 126, 160. Voyez Jacques Albe.
Jacobus Bonacursi de Florentia, 141.
Jacobus Faber, legum professor, 130.
Jacobus, rex Majoricarum, 14, 82 Voyez Jacques, roi de Majorque.
Jacobus Mercerii de Massilia, 168, 169.
Jacobus Sene, legum doctor, 143.
Jacobus de Vienna, miles, 109. Voyez Jacques de Vienne.
Jacquemin Gat, 171.
Jacques Albe, capitaine du Comtat Venaissin, 72. Voyez Jacobus Albe.
Jacques Artaut, 20.
Jacques, roi de Majorque, 10, 11, 13,

82. Voyez Jacobus, rex Majoricarum.
Jacques le Riche, 40, 41.
Jacques de Vienne, 50. Voyez Jacobus de Vienna.
Jaquet de Grançon, 49.
Jaucourt (Philippe de). Voyez Philippe.
Jean de Saint-Antoine, 35.
Jean, comte d'Armagnac, 15, 17, 18, 19, 31, 46, 63, 85, 86, 87, 88, 90, 112. Voyez Johannes, comes Armaniaci.
Jean d'Armagnac, fils de Jean, comte d'Armagnac, 88, 147, 152. Voyez Johannes de Armaniaco.
Jean d'Aubenton, 49.

M

Monte Brando (locus de). 137. Mont-brand (Hautes-Alpes).

Monte Eisquino (dominus de). 86. Voyez Montesquieu.

Monteferrando (dominus de), 8.

Monteflascone (bulles données à), 72, 74. 159. 160. 161, 163, 164, 165, 166, 167.

Montelauri (Guido de). Voyez Guido.

Montélimar, 32, 33, 34, 88, 104. Voyez Montilii Ademari castrum.

Montemflasconem (littere date apud). Voyez Monteflascone.

Montesquieu (le seigneur de), 16. Voyez Monte Eisquino.

Montferrand (seigneur de), 68. Voyez Amphélise de Montferrand.

Montfirmin (château de), 20.

Montfort (Jean de). Voyez Jean.

Montilii Ademari castrum, dioc. Valentinensis, 89, 105. Voyez Montélimar.

Montisferrandi (domina), 68. Voyez Montferrand.

Montismajoris abbas, 167, 168, 169. Voyez Pontius.

Montispesulani gubernator. Voyez Guido de Prohinis.

Montmajour (abbé de), 79. Voyez Pierre de Banhac.

Montpellier, 31, 45, 46, 57, 64, 69, 76. Voyez Gui de Prohins.

Morinensis cardinalis (Egidius). Voyez Egidius, S. Martini in Montibus presbyt. cardinalis.

Moulins (Philippe des). Voyez Philippe.

N

Nannetensis episcopus, 148.

Nantes (évêque de), 148.

Naples (royaume de), 4, 13, 14. Voyez Bernard du Bouquet, archevêque, et Jeanne, reine de Naples.

Narbonenses cives, 120.

Narbonensis archiepiscopus, 136; — civitas, 120, 121. Voyez Narbonne.

Narbonne, 120; — (archevêque de), 26, 94, 102, 154; — (vicomte de), 62. Voyez Narbonensis archiepiscopus.

Navarra. Voyez Ludovicus de Navarra.

Navarre rex, 85. Voyez Carolus, Philippus.

Navarre, 44. Voyez Charles le Mauvais, Louis de Navarre, Philippe, roi de Navarre. Voyez Navarre rex.

Nemausi senescallia, 127. Voyez Bellicadri senescallia.

Nerocii de Albertis de Florentia (Benedictus). Voyez Benedictus.

Neufchâtel (Jean de). Voyez Jean.

Neure (Aymé de). Voyez Aymé.

Neuro (Aymo de). Voyez Aymo.

Nevers (évêque de), 22, 49, 153.

Nicholaus Jacobi, miles, 60. Voyez Nicolaus Jacobi.

Nicholaus de Tholono, canonicus ecclesie Eduensis, 129.

Nicolas Lombardi, courrier du pape, 17.

Nicolaus Jacobi, mercator florentinus, 146. Voyez Nicholaus Jacobi.

Nimes (sénechaussée de), 127. Voyez Gui de Prohins.

Nivernais, 75.

Nivernensis episcopus, 153.

Noelet (Guillaume), chantre de Bayeux, 146.

Noeleti (Guillelmus), cantor Bajocensis, 147.

Nogairoli (Bertrandus). Voyez Bertrandus.

Nolyus Pavalhonis, 161.

Normandie, 58; — (Charles, duc de). Voyez Charles V.

Normannie dux (Carolus). Voyez Carolus V, rex Francie.

Noyers, en Bourgogne, auj. dans le départ. de l'Yonne, 64, 65.

O

P

Rodulfus de Lupeyo, 137. Voyez Raoul de Louppy.

Roger de Saint-Séverin, comte de Milet, 29.

Rogerii (Guillelmus). Voyez *Guillelmus.*

Rogeti (Rigaldus). Voyez *Rigaldus.*

Romagne, 29.

Romana curia, 87, 105, 108, 113, 114, 122, 123, 124, 129, 132, 137, 140, 141. 143, 145, 146, 151, 162; — ecclesia, 7, 82, 103, 112, 115, 116, 125, 134, 138, 142, 143, 146, 151, 154, 161, 162, 164, 166.

Romanayo (castrum de), dioc. Matisconensis, 110.

Romanis (villa de), dioc. Viennensis, 151. Voyez Romans.

Romans, en Dauphiné, 7, 20, 22, 34,

40, 44, 50, 51, 150. Voyez *Romanis (villa de).*

Romanus pontifex, 149.

Rome, 63, 64, 65, 66, 67, 68, 79, 167.

Roth. (Petrus de). Voyez *Petrus.*

Rothomagensis archiepiscopus, 89, 136, 164; — diocesis, 74: — provincia, 89, 90, 95, 133, 155. Voyez Rouen.

Rouen (archevêque de), 26, 94, 102, 115, 154, 164; — (province de), 27, 89. Voyez *Rothomagensis archiepiscopus.*

Rouvre, en Bourgogne, 50. Voyez Philippe de Roùvre.

Ruspo (Johannes et Ludovicus de). Voyez *Johannes et Ludovicus.*

Ruthena (Johannes Vesati de). Voyez *Johannes.*

Ruthenensis diocesis, 137.

S

Sabaudie comes, 110; — comitatus, 106. Voyez *Amedeus, comes Sabaudie.*

Salvatoris (S.) vicecomes. Voyez *Johannes* Chandos.

Salvor. Austrie, 169.

Sangosse prior (Azenarius), ord. Carmelitarum, dioc. Pampilonensis, 122. Voyez Sangüesa.

Sangüesa. Voyez Azémar, Martin Michel et *Sangosse prior.*

Saône, 53.

Saquet (Bernard). Voyez Bernard.

Saqueti (Bernardus). Voyez *Bernardus.*

Sarcenaco (Petrus de). Voyez *Petrus.*

Sarlat (diocèse de), 54, 55. Voyez *Sarlatensis, diocesis.*

Sarlatensis diocesis, 129, 132, 137. Voyez Sarlat.

Sarrasins, 23.

Sarrebrouck (comte de), 40, 41.

Satalie, 23, 24.

Sauria (Petrinus de). Voyez *Petrinus.*

Savoie, 32; — (comte de), 20, 34, 35, 61, 62; — (comté de), 34, 51, 106. Voyez Amédée et *Sabaudie comes.*

Scatisse (Pierre). Voyez Pierre.

Segoerio (dominus de), 150.

Seguin de Badefol, 53, 54, 55, 57, 132,

137. Voyez *Guido* et *Seguinus* de Badafol.

Seguin de Gontaut, 57.

Seguinus de Badafol, *miles Sarlatensis dioc.* 54, 132, 137. Voyez Seguin de Badefol.

Senonensis archiepiscopus, 89, 136, 164; — provincia, 89, 90, 133, 155. Voyez Sens (archevêque de).

Sens (archevêque de), 22, 26, 45, 49, 94, 102, 112, 115, 154, 164; — (province de), 27, 89. Voyez *Senonensis archiepiscopus.*

Séverin (Roger de Saint-). Voyez Roger.

Séville (trésor de), 62.

Sicile (royaume de), 10, 12, 13.

Sicilie regnum, 82, 83, 84. Voyez *Carolus rex Sicilie*, et *Johanna, regina Sicilie.*

Simonis (Perrinus). Voyez *Perrinus.*

Sistarico (Johannes de). Voyez *Johannes.*

Sisteron, 32. Voyez Jean de Sisteron.

Soissons (évêché de), 158; — (évêque de), 71.

Sombernon (le sire de), gouverneur de Bourgogne, 55. Voyez Jean de Montaigu.

Spifame (Berthelmi). Voyez Berthelmi.

U

Urbain V, pape, entre à Avignon, 4, 5; — date de son élection et son couronnement, 5, 6 ; — informe le roi de France de sa promotion au pontificat, 7; — reçoit le roi Jean II, 8 ; — approuve le mariage de la reine Jeanne avec le roi de Majorque, 10 ; — engage la même reine à épouser le duc de Touraine, 11, 12, 13 ; — négocie avec Bernabo Visconti, 14 ; — intervient entre les comtes de Foix et d'Armagnac, 15 à 19 ; — proteste contre la main mise par le dauphin Charles sur le château de Lers, 19 à 23 ; — fait la paix avec Bernabo, 29, 30; — prend des mesures contre les compagnies 31 à 37; — accorde une dispense de mariage à la sœur de Charles V, 39; — s'entremet entre Jean II et Charles V, d'une part, et Charles le Mauvais, d'autre part, 39 à 43; — reçoit l'empereur, 51; — cherche à lancer les compagnies en Hongrie, 52; — négocie pour la délivrance de la ville d'Anse, 53 à 57; — donne de l'argent à Duguesclin et aux compagnies, 58 à 61 ; — cherche à envoyer les compagnies outre mer, 62, 63; — se résout à quitter Avignon et à retourner à Rome, 63, 64; — reçoit une ambassade de Charles V, 65, 66, 67; — part pour Rome, 68; — intervient pour rétablir la paix entre le duc d'Anjou et la reine Jeanne, 69, 70; — défend les privilèges des églises contre le roi de France, 70, 71, 72; — fait prendre des mesures contre les compagnies qui menacent le Comtat Venaissin, 72, 73; — crée des cardinaux, 73; — cherche à réconcilier le duc de Bar avec les habitants de Metz, 74; — se montre favorable au projet de mariage entre Philippe de Bourgogne et Marguerite de Flandre, 74, 75, 76; — obtient de Charles V quelques faveurs, 76, 77, 78; — quitte Rome, 79; — revient à Avignon, 80; — meurt, 80, 81; — (bulles d'), 82, 83, 84, 85, 86, 87, 88, 89, 90, 91, 95, 113, 114, 115, 116, 117, 118, 119, 120, 121, 122, 133, 124, 125, 126, 127, 128, 132, 133, 146, 147, 148, 149, 150, 151, 152, 153, 154, 155, 156, 157, 158, 159, 160, 161, 163, 164, 165, 166. Voyez *Urbanus, papa V.*

Urbanus, papa V, 129, 143. Voyez Urbain V.

V

Valence, 57; — (évêque de), 26, 33, 73, 104, 159. Voyez Louis.

Valentinenses partes, 125.

Valentinesii comes (Ademarus de Pictavia), 105. Voyez *Ademarius.*

Valentinensis comes, 110 ; — *comitatus,* 106; — *diocesis,* 89; — *episcopus,* 159. Voyez *Ademarius de Pictavia, Guillelmus de Cursone, Ludovicus, episcopus Valentinensis.*

Valentinois (comte de), 33, 34, 35, 106, 159. Voyez Adhémar de Poitiers.

Vallis Benedictionis monasterium juxta Villam Novam, 166, 167. Voyez Villeneuve-lès-Avignon et *Cartusiensis domus.*

Vapincensis diocesis, 137. Voyez Gapençois.

Varey (*Guillelmus et Matheus* de). Voyez *Guillelmus* et *Matheus.*

Vareyo (Humberthus de). Voyez *Humberthus.*

Venacio (prior de). Voyez *Rigaldus Rogeti.*

Vénitiens, 68.

Verinis (archipresbyter de). Voyez *Arnaldus de Cervola.*

Vesati (Johannes) de Ruthena. Voyez *Johannes.*

Vesianus de Croso, camerarius monasterii Montismajoris, 169.
Victoris (S.) Massiliensis monasterium, 168.
Vienna (Jacobus de). Voyez Jacobus.
Vienne, en Dauphiné, 50 ; — (archevêque de), 26. Voyez Jacques de Vienne et Viennensis archiepiscopus.
Viennense concilium, 135.
Viennenses partes, 121, 125.
Viennensis archiepiscopus, 106 ; — diocesis, 125, 126, 151 ; — ecclesia, 125, 126, 151. Voyez Ludovicus, episcopus Valentinensis, et Vienne.
Viennensis Dalfinatus, 147, 150 ; — dalfinus, 147, 151. Voyez Humbertus.
Viennois, 20, 125.
Vilares (Petrus de). Voyez Petrus.
Villanova, 166. Voyez Villeneuve-lès-Avignon.

Villanova (Ysnardus de). Voyez Ysnardus.
Ville-sous-Givry, en Bourgogne, 50.
Villeneuve-lès-Avignon, 2, 8, 19, 23, 28, 58, 59. Voyez Villanova.
Villers (Pierre de). Voyez Pierre.
Vinay (le sire de), 7, 32, 33, 64, 65.
Vinayo (dominus de), 105. Voyez Vinay.
Vincennes (lettres royaux données au Bois de), 132.
Violandis, regina Majoricarum, 113. Voyez Yolande.
Visconti (Bernabo). Voyez Bernabo.
Viterbe, 68, 79.
Vito (Johannes lo). Voyez Johannes.
Vivarais. Voyez Raymond Garcibaud.
Vivariensis diocesis, 152 ; — episcopus, 136.
Viviers (évêque de), 26, 94, 102.
Voudenay (Thomas de). Voyez Thomas.

W

Wallie princeps. Voyez Edwardus princeps Wallie.

Winchester (évêque de), 74.

Y

Yolande, reine de Majorque, 113. Voyez Violandis.

Ysnardus de Villanova, burgensis de Lugduno, 54.

ERRATA

Page 6, notes 2 et 4, au lieu de : Voyez la note 5 de la page 2, lisez : Voyez la note 2 de la page 5.

www.ingramcontent.com/pod-product-compliance
Lightning Source LLC
Chambersburg PA
CBHW070637100426
42744CB00006B/714